福祉先進国における
脱施設化と
地域生活支援

河東田　博
編著者代表

現代書館

はしがき

　2004年10月に厚生労働省から障害者福祉サービスの枠組みを大きく変えるグランドデザイン案が示され、2005年10月31日には衆議院本会議でグランドデザイン案具体化の一つとも言える障害者自立支援法案が可決され、2006年10月から完全施行となった。新法は全ての障害者を対象とし、地域移行の促進、障害別分類から能力別分類の制度へ、サービス利用料等の一部自己負担など、従来の福祉的枠組みを大幅に変更する新しい福祉的枠組みの導入を目的としている。しかし、新制度に対して異を唱える障害者団体が多く、わが国の障害者福祉をめぐる動きは大きな転換期を迎えようとしている。
　現在、福祉先進国では、多くの障害のある人たちが地域の普通の住宅で生活するようになってきているが、障害のある人たちが地域住民と関係をつくり、地域社会と関わりながら生活していくためにはどのように支援すればよいのかが課題となっている。それは、地域に移行した障害のある人たちに対して適切なサポートがなければ、"再施設化"になる可能性があるからである。事実、施設を出た一人ひとりの生活という点で見れば、生活の場がグループホームなどに変わっただけで、施設的な伝統とか考え方、培ってきたものが依然として残り続けている実態がある。それは、入所施設の構造的問題とコンセプトを無意識のうちに地域に持ち込み、入所施設時代と同じことをやっているからであり、地域に移り住んだ後も居住者を管理したり自己決定を阻害するなど、まだまだ問題が多いからである。さらに困ったことに、こうした伝統は時間がたてばひとりでに薄れていくというものではなく、障害のある人たちが行動を起こさない限り私たちは気づかず、永遠に続いていく傾向がある。また、施設的な伝統は私たち関係者自身の中にもあり、障害のある人たちの思いや願いに耳を傾け、どうしたら彼らの望む方向に向かっ

て有効な制度を確立することができるのかが問われている。そして一日も早く、誰もが地域であたり前の生活を送ることができるようにするための働きかけやルールづくりが必要となっている。私たちはそうした認識に立ち、障害者施策の問題を考え、障害当事者支援のあり方を考え、一日も早く障害当事者を中心に据えた地域生活支援システムを構築していく必要がある

　さて、私たちは、日本学術振興財団より2003年度より3年間にわたる科学研究費補助金（基盤研究（A）(2)）をいただき、「障害者の入所施設から地域の住まいへの移行に関する研究」に取り組むことができた。お陰でオーストラリア、ノルウェー、オランダの海外3カ国に飛び、脱施設化の実態を調べることができた。日本の各地の入所施設の実態を調べることもできた。4カ国の入所施設で暮らしていた人たちにも、その家族や職員にも会うことができた。2006年3月には研究のまとめを研究報告書として日本学術振興財団に提出することもできた。そして幸いにも、この度、2007年度科学研究費補助金（研究成果公開促進費）学術図書に採用され、本書の出版が可能となった。望外の幸せである

　本書は今話題の課題を扱っている。そこで、安く多くの方に読んでいただくために、タイトルを『福祉先進国における脱施設化と地域生活支援』とし、通常の学術図書よりも多くの部数（1800部）を発行することにした。多くの関係者にお読みいただき、今後の障害者福祉の向上と環境の整備に役立てていただければ幸いである。

　　　　　　　　　　　　　　2007年11月15日　編著者代表　河東田　博

編著者および協力者紹介

編著者：河東田　博（代表　立教大学コミュニティ福祉学部教授）
　　　　赤塚　光子（立教大学コミュニティ福祉学部教授）
　　　　浅井　春夫（立教大学コミュニティ福祉学部教授）
　　　　新保（杉田）穏子（立教女学院短期大学幼児教育科准教授）
　　　　孫　　　良（神戸学院大学総合リハビリテーション学部准教授）
　　　　朝田　千惠（大阪大学外国語学部兼任講師）
　　　　竹端　　寛（山梨学院大学法学部講師）
　　　　麦倉　泰子（関東学院大学文学部講師）
　　　　鈴木　　良（日本学術振興会特別研究員）

協力者：遠藤　美貴（立教大学地域移行研究センター研究員）
　　　　蜂谷　俊隆（神戸学院大学総合リハビリテーション学部助手）
　　　　三宅亜津子（立教大学地域移行研究センター研究員）
　　　　大夛賀政昭（立教大学地域移行研究センター研究員）
　　　　ウイリアム・ヴェステヴェル（William Westveer）
　　　　　　（オランダ・ＬＦＢオンドリングシュタルク所長）
　　　　ヴィレム・クワッケル（Willem Kwakkel）
　　　　　　（オランダ・ＬＦＢオンドリングシュタルク北西地区事務所
　　　　　　　長）
　　　　ロール・コック（Roel Kok）
　　　　　　（オランダ・ＬＦＢオンドリングシュタルク本部コーチ）
　　　　リッチェ・オーメン（Rietje Oomen）
　　　　　　（オランダ・ＬＦＢオンドリングシュタルク北西地区事務所
　　　　　　　コーチ）

ヘーラ・ナス（Gerard Nass）
　　　（オランダ・ＬＦＢオンダリングシュタルク本部研究員）
マリアンネ・カルボゥール・ハンセン（Marianne Karbøl Hanssen）
　　　（ノルウェー・ボードゥー大学研究員）
レスリー・アイリーン・チェノウエス（Lesley Irene Chenoweth）
　　　（前オーストラリア・クイーンズランド大学上級講師、現オーストラリア・グリフィス大学教授）

目　次

はしがき 1
編著者および協力者紹介 3

序　章　研究テーマ設定にあたって ……………………………………… 7

第1章　研究の目的と方法 ………………………………………………… 15

　　第1節　研究の目的 15
　　第2節　研究の課題 16
　　第3節　研究の方法 17

第2章　オーストラリアにおける脱施設化の実態と課題 ……………… 20
　　　　　──クィーンズランド州における脱施設化に関する取り組みを通して

　　第1節　オーストラリアにおける脱施設化 20
　　第2節　脱施設化の実態と課題──インタビュー調査に基づいて 27

第3章　ノルウェーにおける施設解体・地域生活支援の実態と課題 …… 56

　　はじめに 56
　　第1節　障害のある人を巡る歴史──文献研究に基づいて 57
　　第2節　ＨＶＰＵ改革後、障害者本人の生活の質はどう変化したのか 70
　　　　　　──インタビュー調査に基づいて
　　資　料　1985年審議会答申34号『知的障害者の生活状況』 89

第4章　オランダにおける地域移行・地域生活支援の実態と課題 … 92

　　第1節　オランダにおける保健福祉政策──文献研究に基づいて 92

第2節　オランダにおける地域移行・地域生活支援の実態と課題　100
　　　　　──インタビュー調査に基づいて

第5章　日本における地域移行・地域生活支援の実態と課題　137

　　第1節　知的障害者の地域移行・地域生活支援の実態と課題　137
　　　　　──知的障害者援護施設Aにおけるインタビュー調査に基づいて
　　第2節　身体障害者の地域移行・地域生活支援の実態と課題　185
　　　　　──療護施設におけるインタビュー調査に基づいて
　　第3節　個別地域移行支援プログラム──施設職員のためのマニュアル　221

第6章　障害者の地域移行と権利擁護　241
　　　　　──アメリカとスウェーデンの事例をもとに

　はじめに　241
　　第1節　地域移行と権利擁護　241
　　第2節　裁判と監視で勝ち取るアメリカ　244
　　第3節　ノーマライゼーションを保障するスウェーデン　251
　　第4節　権利擁護の二つの戦略　259
　　第5節　日本の地域移行政策と権利擁護　264
　おわりに　281

終　章　日本での障害者の地域移行を促進させるための課題　285

　　第1節　本研究で検討してきたこと　285
　　第2節　地域移行に関する課題整理　287
　　第3節　課題を乗り越えるための提案　291
　　第4節　四つの結論　296

　おわりに　298

序　章　研究テーマ設定にあたって

「よびつけされるのはいやだ！」
「こどもあつかいされるのもいやだ！　君やチャンでなく、〇〇さんと呼んでほしい！」
「自分のお金は自分で管理したい！」
「さべつはいやだ！」[1]

　短くやさしい言葉や文章の中に、障害のある人たち自身の思いや願いが、そして、鈍感な私たち関係者や社会に対する批判をたくさん見出すことができる。このような発言を通して、彼らがものが言えなかったのではなく、ものを言わないようにさせられてきただけだったのではないかということに気づかされるようになってきた。こうした変化をつくり出してきたのは、紛れもなくノーマライゼーション理念であり、脱施設化の動きであった。
　多くの論者によって様々なノーマライゼーション理念に関する見解が示されているが、本稿ではバンク=ミケルセンの（障害のある人たちを）「いわゆるノーマルな人にすることを目的としているのではなく、その障害を共に受容することであり、彼らにノーマルな生活条件を提供すること」[2]という見解を採用する。この見解は博愛主義的な考え方に基づくノーマライゼーション理念の極致と言われている。彼は後に、「ノーマライゼーションとは、市民権をも含む生活のあらゆる場面において、……ほかの人々と同等な立場におかれるべきであるということを意味している」[3]と述べ、「市民権とは、住居と教育と仕事の権利のことである。また市民権は、投票権、結婚する権利、子どもを産む権利、そして性生活を営む権利をも意味している」[4]とも表現するようになっていった。つまり、バンク=ミケルセンは、ノーマライ

ゼーションを人としてのあらゆる権利を保障することのできる根本原理と考えていたのである。

　ノーマライゼーション理念は20世紀半ば頃までの社会的状況を改善するための理念として、デンマークやスウェーデンなど北欧の障害者対策に対する実際的な体験や検討の中から生み出されていったが、スウェーデンのベンクト・ニィリエによって八つの基本的枠組みをもつ分かりやすい「ノーマライゼーションの原理」[5]が示されたことにより、世界各国の福祉関係者の注目の的となっていった。その後ノーマライゼーション理念は急速に世界各国に広まり、今やあらゆる社会的支援を必要とする人々の共通の理念として活用されるようになってきている。

　ノーマライゼーション理念に関する論議が盛んになされるようになるにつれ、入所施設がどうあらねばならないのかがよく分かるようになってきた。スウェーデン社会庁は1990年に、「入所施設というところは目に見えず、隔離されていて、利用者の日々の暮らしや働いている人たちも機械的な状況に陥ってしまい、集中管理され、保護的になり、障害当事者の意思が尊重されず、一人ひとりの思いや願いが叶えられないところである」[6]という見解を示したほどである。そして、入所施設は小さければよいのかというと実はそうでもなく、職員が多ければいいかというとこれもそうではない、ということが少しずつ分かってくるようになってきた。むしろ入所施設というところは、解決困難な構造的な欠陥をもつ場だということが認識されるようになってきた。専門家意識が逆に多くの弊害をもたらしているという実態も浮かび上がってくるようになった。

　入所施設で何年も毎日決まった同じような暮らしを続けている人たちが大勢いる。そのような人たちには生気がほとんど見られない。「あなたはここで暮らせますか？」[7]という問いかけをしているジャーナリストもいる。「どんな立派な施設でも、その人たちが望まなければ、刑務所のような場になってしまっても不思議ではない」[8]と記したジャーナリストもいる。

では、知的障害者がおかれている実態はどうか。筆者たちが2003年度に行った全国の入所更生施設・授産施設・障害児施設・通勤寮を対象とした地域移行に関する実態調査[9]を通して、その実態を垣間見てみたい。

　2001年度または2002年度の1年間に地域に移行した人たちは、入所施設利用者のわずか2.5％程度しかいなかった。また、移行先は半数近くがグループホームで、他の施設に移って行った人もいた。さらに、このグループホームをバックアップしているのは、同じ法人の入所施設が圧倒的に多く、せっかく地域で暮らすようになっても施設時代の職員と利用者との関係（職員や世話人を「先生」と呼び、利用者を「君」「ちゃん」づけで呼ぶ関係）を温存しながら地域生活が営まれている可能性があるという実態が見られていた。

　地域移行を促進するために国が制度化した自活訓練事業を4割近くの施設で利用していたが、そのうちの約半数が施設の敷地内で実施していた。また、自活訓練事業を利用した人たちの2割しか地域の住まいに移行できていないという実態があることも判明した。地域移行をスムーズに進めるための体験型地域ホームとして用意したのにもかかわらず、自活訓練事業が必ずしも有効に機能していないということを示していた。さらに、地域移行する際に、障害当事者たちが移行の決定プロセスにほとんど関わることができていないということも明らかとなった。このことは、地域移行を行う際の判断基準や人選が障害当事者以外の支援者（家族や職員等）によって決められ、実施されているということを示していた。

　地域住民はグループホームの世話人として働いていることが多かったが、それ以外の関わりはそれほど多く見られず、地域の人たちとの触れ合いがあまり持てていないことが分かった。地域移行後の日中活動や余暇活動も十分ではなかった。

　こうした結果の数々は、地域移行がなされた後の地域での暮らしがミニ施設化してしまっている可能性があるということを示唆しており、私たちの支援の仕方を障害当事者中心に改め、地域との関係のなかで捉え直していく必

要性があるということを示していた。

　ノーマライゼーション理念は、生活、労働、余暇といった日常の生活に関わるものから個人の尊厳や自己決定といった人権に関わるものに至るまで大きな影響を与えてきた。殊に、住まいの変化は著しい。スウェーデン、イギリス、カナダ、オーストラリア、ニュージーランドといった福祉先進国では脱施設化が進み、入所施設が解体されてきている。これが世界の潮流なのである。入所施設解体の動きを、筆者らが2000年度～2002年度科学研究費補助金研究のなかで行ったスウェーデンでの研究結果を例に見てみたい。

　「良い住居とは、障害をもつ人々が社会共同体に参加でき、他の人々と同様に生活できるための前提条件である。住宅政策の目標は全ての人々が自分の住居をもつことにある。障害をもつ人々の生活形態としての入所施設は、明らかに時代遅れのものである。これらは、基本的な評価に対する避けることのできない特徴的な争点なのである。入所施設居住をなくそうとする長年の努力は今後とも続けられるべきである。」[10]

　これは、スウェーデンの社会サービス法草案（Socialtjänstlag-prop 1979/80:1）が国会に提出された際の論議の一こまである。では、入所施設居住をなくそうとする努力はスウェーデンでどのようになされてきたのであろうか。
　1967年制定の精神発達遅滞者援護法はスウェーデンで初めてノーマライゼーションの理念を盛り込んだ法律であり、障害者福祉分野における地域福祉化の基礎を形づくった法律としても知られている。この法律では、居住環境の質的改善（グループホームの試行、小グループ制、個人処遇プログラム等）が図られた。1985年には精神発達遅滞者等特別援護法が制定された。この法律により地域福祉理念が制度的に確立され、ノーマライゼーションの理念が法的にさらに具体化されるようになっていった。この法律では施設福祉から地域福祉へという福祉理念を打ち出し、入所施設閉鎖の方向を明示した。また

これに伴い、新入所受け入れを全面的にストップさせた。1993年には一定の機能的な障害をもつ人々の援助とサービスに関する法律（LSS）が制定された。LSSは権利法とも言えるものだが、この法律で、各県の特別病院や入所施設の閉鎖・解体計画の提示に期限（1994年12月31日まで）を設けた。また、障害のある人たちが地域で暮らし続けていくために必要な種々の特別な援助やサービス（ガイドヘルプサービス、レスパイトサービス等、物的・人的援助）の具体化の一つとしてパーソナルアシスタンス制度を導入し、協同組合方式による自立生活援助と新しい介護体制を確立させた。1997年には入所施設解体を完結させるために、特別病院・入所施設解体法を制定・施行した。

　このようにスウェーデンにおける脱施設化は入所施設解体時期の明示、新入所受け入れストップ、地域生活支援システムの構築という形で確実になされ、施設解体に向かって歩んできたことが分かる。

　施設解体の動きにより、新しいタイプの住まいが整備され、自分で自分のアパートをもつ人たちが増えてきている。とても施設以外では暮らせないだろうと思われていた重度・最重度の障害のある人たちも、街中で24時間の介護を受けながら他の人々と共に暮らすことが夢ではなく、もう現実のものになってきているのである。

　日本のグループホーム制度はまだ重度・最重度の人たちが利用できるようなシステムにはなっていないが、スウェーデンの場合には重い人たちも含め誰でもが利用できる住まいになってきている。中軽度の人たちはできるだけ一人で居住（アパート形式）し、必要があるときにだけ援助者が入り、24時間介護の必要な重い人たちには職員が交替で援助を提供するという体制がとられている。住まい提供のあり方も、最近では様変わりしてきた。スウェーデンの建築基準法によると誰でも機能的な住まいを得ることができるようになっているため、各自治体は基準に見合った住宅の整備が求められてきている。そのため、新しいタイプの住まいは、入居者一人ひとりが1LDKまたは2DK位の広いスペースを保有できるようになってきている。中には4人

用のケア付きホームの入居者一人ひとりが40～45平方メートルもの広さを占有している所もある。入り口のドアには表札があり、台所、寝室、居間、浴室が一人で使えるようになっているのである。また、住まいの改革は、活動や労働、介護のあり方にまで影響を与えてきている。活動の規模や場を小さくして街中へ移し、個別のニーズに応じた介護のあり方へと変わってきているからである。

　スウェーデンにおける施設解体と地域生活支援の実践は、「差別から平等へ」「施設から地域へ」「代弁者中心から当事者中心へ」「保護から援護」さらには「援護から権利の達成へ」「福祉サービス提供の中央集権化から地方分権化へ」という変革の流れと連動しながら確実に取り組まれてきているのである。

　筆者たちがこれまでに行ってきた「生活の質」に関する研究[11]では、入所施設のような障害当事者の意思や主体性が生かしにくい居住形態では「生活の質」の評価が最低で、入所施設にはむしろ「生活の質は存在しないに等しい」という結果を示していた。これは、障害当事者の意思とは全く関係のない生活環境や支援体制の不備が心理的な満足度にマイナスの影響を与えているためと思われた。「生活の質」は大変な苦労を伴いながらも地域で自立して生活している人たちが最も高く、「結婚」という「二人で支え合う関係」は自己実現や自由・自己決定を促し、より一層「生活の質」を高めていっているという結果が示されていた。

　また、同じく筆者たちの別の「地域移行に関する国際比較研究」[12]では、在宅から入所施設へ、入所施設から地域の住まいへと波乱万丈の生活を余儀なくされてきた障害当事者たちが、結果として、地域への移行を二度目の人生を送ることのできる「肯定的な体験」と受け止めており、自分たちの生活や人生を取り戻す必要不可欠な要件となっていることを明らかにした。しかし、入所施設から地域への住まいへの移行に際して、事前に十分な情報（例えば、移行時期、移行先、移行先の環境、共同入居者のこと、移行後の生活

のイメージ、働く場や日中活動へのイメージなどがもてるもの）を提供され、今後の生活や人生を見通すことができるような働きかけはあまりなされていなかった。さらに、地域の住まいへの移行に際して、自立度の高い人たちから地域移行してきたことが多く、このような対応のなかで地域の住まいに物理的（機械的）に移行しても、自立が困難だと思われる人たちが取り残され、入所施設で見られていた伝統的な上下関係に基づく「利用者（障害当事者）対職員」のまま地域生活支援が行われていくのではないかという危惧すら感じられた。

　こうした結果は、単に物理的に地域移行を進めるだけではなく、地域移行後の生活をいかに支援し、充実させていくのかが求められているということを示している。したがって今後は、施設の構造的な問題を絶えず見つめ直し、変革し、障害当事者の意思が尊重され、一人ひとりの障害当事者のニーズを基に地域移行プログラムが用意される必要がある。地域内での機能性を高める取り組みや対人関係の調整、政策立案への参加・参画なども具体的に用意される必要がある。地域生活を充実したものとしていくためには、物的・人的支援を含む社会的支援体制を整備し、知的障害のある人をグループとしてではなく、個々の生活主体者として尊重・尊敬していく視点をもった支援が必要となる。その時には、知的障害のある障害当事者も自分の生活をどれだけ自分のものとして考え、様々な支援を得ながらも、人生の主人公としていかに暮らしていくのかが問われていくことになるであろう。

　地域生活を営むにあたり、「住まい」は殊の外重要である。地域の住まいは、「障害のある人々が他の人々と共に生活していくための前提条件」であり「拠点」となるからである。私たちは地域移行を促進させ、地域に私たちと同様の新しいタイプの快適な住まいを造りあげ、共に生きる隣人として地域に居住していく必要がある。そして一日も早く、誰もが地域であたり前の生活を送ることができるようにしたいものである。私たちはそうした認識に立ち、地域移行に留まることなく脱施設化の問題を考え、社会政策の根底と

なるべきノーマライゼーション理念についてより一層理解していく必要がある。

注
1) さくら会編集委員会編『私たちにも言わせて　ぼくたち　私たちのしょうらいについて——元気のでる本』1992年度版及び1993年度版、全日本精神薄弱者育成会より引用。
2) N．E．バンク＝ミケルセン著、中園康夫訳（1978）「ノーマリゼーションの原理」『四国学院大学論集』42号、143～153頁、（146頁）。
3) 同上（153頁）。
4) 同上。
5) Nirje, B., The Normalization Principle - Its Human Management Implications. In Kugel, R.B. & W. Wolfensberger (eds.), 1969, *Changing Patterns in Residential Services for the Mentally Retarded.* Washington D.C., President's Committee on Mental Retardation.（B．ニィリエ著、河東田博他訳『ノーマライゼーションの原理』現代書館、1998年に所収）
6) Institutionsavveckling – Utvecklingsstörda personers flittning från vårdhem. Socialstyrelsen, 1990:11.（本稿に関する内容は、次の論文で紹介されている。河東田博（1994）「スウェーデンにおける入所施設解体と地域生活」『発達障害研究』16巻2号、35～39頁。
7) 嘉悦登（1998）「あなたはここで暮らせますか？」『手をつなぐ』No.509、全日本手をつなぐ育成会、（12頁）。
8) 2002年7月7日付毎日新聞1面（解説：野沢和弘）。
9) 主任研究者：河東田博（2005）2004年度厚生労働科学研究費補助金研究報告書『障害当事者支援の在り方と地域生活支援システムに関する研究』。
10) 前掲書（河東田、1994）（36頁）。
11) 河東田博他（1999）『知的障害者の生活の質に関する日瑞比較研究』海声社、（217頁）。
12) 研究代表者：河東田博（2003）2000－2002年度科学研究費補助金研究成果報告書『知的障害者の入所施設から地域の住まいへの移行に関する研究』。

（河東田博・杉田穏子・孫良・朝田千惠・麦倉泰子・鈴木良・竹端寛・遠藤美貴・蜂谷俊隆・三宅亜津子・大夛賀政昭・赤塚光子・浅井春夫）

第1章　研究の目的と方法

第1節　研究の目的

　わが国にも素晴らしい先駆的な実践を行っている施設が多数あることを承知しながらも、わが国の入所施設をめぐる実態はまだまだ暗澹たるものがある。このことは、先駆的な実践を行っている施設でも同様であることが、並行して進めている2003年度の研究[1]で明らかになってきた。生き直しのきかない人生を送っている施設利用者のことを考えた場合、このような実態を可能な限り早期に改善・変革していかなければならない。一方で、入所施設から地域生活への移行は世界的な潮流となってきている。このような状況を認識し、わが国のこの面での遅れを認識し、改善していくための方策を得ることがこの研究には必要である。その際、国際比較研究がこのことをより鮮明にする。

　ノルウェーなどの福祉先進国では、入所施設を閉鎖・解体し、施設で暮らしてきた人たちの住まいを地域に移行しようとする動きが急速に進んできている[2]。

　わが国ではこのような動きはまだ見られず、むしろ、施設数・施設入所者数共に増加傾向にある。しかし、2003年度から10年間かけて取り組まれる「障害者基本計画」とその数値目標を盛り込んだ「新障害者プラン」にようやく「脱施設」という内容が盛り込まれた。2005年10月31日に制定された「障害者自立支援法」も脱施設化策をとっている。しかし、新障害者プランも障害者自立支援法も施設解体からはほど遠い。こうした現状だからこそ地域生活支援体制を整備し、入所施設から地域の住まいへの移行を促進させていく具体的な方途を考えていくことが必要となっている。

そこで本研究では、今後わが国で障害のある人たちの入所施設から地域の住まいへの移行をどうしたらスムーズに行うことができるのか、また、どんなことに留意をして地域の住まいへの移行を考えたらよいのかなど、地域移行促進の具体策を検討するために、
(1) 積極的に地域移行（脱施設化）政策を推し進めてきたオーストラリアやノルウェー、オランダに焦点をあて、この3カ国における脱施設化や入所施設閉鎖・解体の取り組みの途上で見られた問題と課題を明らかにすること、また、
(2) わが国で地域移行を推進している入所施設に焦点をあて、入所施設から地域の住まいへの移行の取り組みの実態を把握し、課題を明らかにすること、さらに、
(3) 4カ国の比較を通して、わが国の入所施設から地域の住まいへの移行の取り組みの課題と指針を明らかにすること、
を主要な目的とすることにした。

第2節　研究の課題

本研究では入所施設で暮らしている障害当事者の地域居住化をさらに推し進めるため、以下の研究課題を設定する。
(1) 入所施設で暮らしている障害当事者を積極的に地域へ移行させ、グループホーム等地域の住まいを設置・運営できるようにするための制度のあり方および運営の方法。
(2) 入所施設で暮らしている障害当事者が施設から地域へ移行する際に混乱をきたさないようにするための移行方法と支援のあり方（個別地域移行支援プログラムの作成を念頭に入れて）。
(3) 入所施設からグループホーム等地域の住まいに移行した後に、障害当事者が地域に定着し、地域住民として生活をしていくために必要な地域支援システム。

第3節　研究の方法

1．研究方法の概要

上記研究課題（1）～（3）に対処するために、3年間の継続研究を行ってきた。研究初年度は、社会体制の異なるオーストラリア、ノルウェー、オランダの福祉先進国3カ国を対象として、わが国との比較検討を行った。具体的には、①研究課題（1）を明らかにするために、入所施設からグループホーム等地域の住まいへの移行を支える各国の制度面における類似点・相違点を比較した。②研究課題（2）を明らかにするために、積極的に地域移行（脱施設化）を進めてきた入所施設・旧入所施設を選び、関係者やバックアップ機関（団体）責任者からの聞き取り調査を実施した。③研究課題（3）を把握するために、上記施設に帰属するグループホーム等を訪問し、現地調査を実施した。研究2年目は、研究課題（2）および（3）に関する実態を障害当事者の立場から把握するために、上記グループホーム等地域の住まいで暮らす障害当事者や支援者（知的障害関係では親・家族や職員が対象、身体障害関係では職員が対象）へのインタビュー調査を実施した。研究3年目は、研究初年度・研究2年目の結果を総括し、研究課題（1）～（3）に対する具体的なまとめと課題の整理を行った。

2．対象地域・調査時期

研究の対象となった施設（旧施設）・法人及び調査時期は、以下のとおりであった。

　　　①オーストラリア　（調査時期：2004年9月）
　　　　　クィーンズランド　　州立施設チャリナーセンター（1998年解体）
　　　②ノルウェー　　　（調査時期：2004年10月～2005年2月）
　　　　　ボードゥー　　　　HVPU（知的障害者保健）施設（1995年解体）
　　　③オランダ　　　　（調査期間：2004年10月～2005年2月）

　　　　　シーレックスシー　　　社会福祉法人コッシュ
　④日　　本　　　（調査時期：2004 年 9 月～ 2005 年 2 月）
　　（知的障害）北海道　　　知的障害者援護施設 A
　　（身体障害）愛知　　　　身体障害者療護施設 A
　　　　　　　　東京　　　　身体障害者療護施設 B

3．対象者

　研究対象者は、4 カ国共次の 3 グループ計 40 人を目標とした。日本の身体障害者療護施設における調査では、親または家族を除く 30 人を目標とした。
　　　a．入所施設での生活経験があり現在地域の中で生活している障害当
　　　　事者　　　　　　　　　　　　（男女各 10 人ずつを目標に）20 人
　　　b．対象者の親または家族　　　　　　　　　　　　　　　　　10 人
　　　c．対象者に関わったことのある職員（元職員も含む）　　　　10 人
　　　　　　　　　　　　　　　　　（b、c 共男女各 5 人ずつを目標に）
　なお、章により、「障害当事者」を「障害者本人」「本人」「利用者」「入居者」、「親または家族」（親・家族）を「家族」と表現してあるが、書き手の思いが各用語に込められていると判断し、あえて修正を加えなかった。

4．調査方法

　各国とも、原則として次のような方法でインタビュー調査が行われた。対象者（障害当事者）の選定は、旧施設で暮らしていた障害当事者をよく知っている旧施設を管轄していた協会（施設）の幹部職員（地域コーディネーター）にお願いをした。調査は現地の方に協力を求め、協力をしながら実施した。障害当事者に関する補足調査用紙（調査実施前に研究の対象者に関して職員に記入いただく用紙）、障害当事者用調査用紙、親・家族用調査用紙、職員用調査用紙を用意し、これらの調査用紙を参考にしながら、予め準備したインタビューガイド（個別情報、地域の住まいへの移行プロセスの他に、河東田ら

の先行研究[3]を基に、「生活の質」に関わる質問項目が盛り込まれたもの）に沿って、一人ずつインタビュー形式で行った。インタビューは、障害当事者が最もリラックスできる場や環境が用意できるように、障害当事者の家や部屋で行い、時にはお茶を飲み、お菓子を食べながらリラックスした雰囲気の中で行うようにした。面接時間は、30分から3時間と、障害当事者によって幅があった。面接内容は、障害当事者の了解を得て、テープ録音を行った。インタビューの内容は、①施設から地域の住まいへの移行プロセスに関して：施設での生活、転居にいたる過程、②現在の生活に関して：居住状況、日中活動、余暇活動、会議への参加、対人関係、などである。

　障害当事者の親・家族に対しては、一部施設や機関（団体）に来ていただいた方もいるが、多くは家庭訪問をして面接調査を実施した。調査内容は、主に施設から地域の住まいへの移行プロセスに関して（施設での生活、転居にいたる過程）であり、障害当事者の現在の生活状態や満足度といったものについても意見聴取を行った。

　何人かの障害当事者を知っている旧施設で働いていたことのある職員には、主に旧施設を所管している機関・団体の建物の一室を利用して面接調査を実施した。調査内容は、親・家族とほぼ同様であった。

注
1）　主任研究者：河東田博（2004）厚生労働科学研究費補助金（障害保健福祉総合研究事業）2003年度総括研究報告書『障害者本人支援の在り方と地域生活支援システムに関する研究』。
2）　マンセル・J．＆エリクソン・K．編著、中園康夫・末光茂監訳（2000）『脱施設化と地域生活』相川書房。
3）　河東田博他編著（1999年）『知的障害者の「生活の質」に関する日瑞比較研究』海声社。

（河東田博・杉田穏子・孫良・朝田千惠・麦倉泰子・鈴木良・竹端寛・遠藤美貴・蜂谷俊隆・三宅亜津子・大夛賀政昭・赤塚光子・浅井春夫）

第2章　オーストラリアにおける脱施設化の実態と課題
——クィーンズランド州における脱施設化に関する取り組みを通して——

孫　良

　本章の目的は、クィーンズランド州における州立大規模入所施設チャリナーセンター（Challinor Center）の施設解体にいたるプロセスの紹介、地域に移行した障害者本人の地域生活の実態調査の結果報告、およびオーストラリアにおける「脱施設化」の現状と課題の整理である。

　第1節では、まずオーストラリアの脱施設化の歴史と背景について紹介し、今回の調査のフィールドであるクィーンズランド州の脱施設化の現状について概観する。第2節では、クィーンズランド州で行った障害者本人・職員・家族を対象にしたインタビュー調査について報告し、地域移行と地域生活支援の問題と課題を考察する。

第1節　オーストラリアにおける脱施設化

1．オーストラリアの脱施設化の歴史と現状

　オーストラリアにおける「脱施設化」は、州政府や民間が運営している大人数の入所施設（収容型施設や病院）から、地域にある少人数の「普通の」住居に、入所者を移住させることを意味している。入所施設とは「20名以上が収容され、24時間のサポートが提供されている住居」と定義されている。

　オーストラリアの脱施設化の歴史は、北欧や北米と比較するとやや遅い、1970年代から脱施設化の議論が始まり、1980年代から本格的に推進された。

　当初オーストラリアは、19世紀イギリスや北米のように、障害者や精神疾患のある人を対象に施設を設置していた。施設の多くは、数百名以上の障害者を集団的に収容する大規模な施設であり、一般社会から隔離された場所

にあった。また入所者があふれるほど過密であり、虐待や介助放棄の場にもなった。

このような状況にあったオーストラリアは、1960年代から障害者の人権に対する関心が高まり、1970年代から1980年代にかけて、ニィリエやヴォルフェンスベルガーのノーマライゼーション理念から影響を受け、脱施設化の政策を開始した。

ノーマライゼーションの理念は、1959年にデンマークで、バンク＝ミケルセンによって「知的障害者の生活をできる限り普通の生活状態に近づけること」（Bank-Mikkelsen, 1969）という意味で使われ始めた。その後、ニィリエ、およびヴォルフェンスベルガーによって世界中に広められた。ニィリエはノーマライゼーションを「知的障害者に対して、メインストリーム社会の規範や様式に可能な限り近い生活様式や日常生活の条件を得られるようにすること」（Nirje,1969）と定義した。

ヴォルフェンスベルガーは後に、ノーマライゼーションを「ソーシャル・ロール・バロリゼーション（Social Role Valorization）」と再概念化した。その要点は、障害者が一般社会の人の目にどのように映り、認知されているのかを重要視し、彼らに社会的に価値のある役割を付与することでノーマライゼーションは実現する、という理論的主張である。障害者本人に不利な社会的役割が与えられるのを阻止し、肯定的なイメージや文化的に価値のある役割をつくり出しサポートすることこそ、ノーマライゼーションにおけるサービスの目標であるとした。

ヴォルフェンスベルガーの「ソーシャル・ロール・バロリゼーション」理論は北米、イギリス、オーストラリアなど、英語圏の国々において脱施設化の政策やサービスのあり方に大きな影響力を及ぼしてきている。

以上のようなノーマライゼーション理念の影響を受け、オーストラリアにおいて障害者の社会参加や「ノーマルな生活」を営む権利が重視され、1981年の国際障害者年以降、障害者の生活の質の向上と公平な社会参加の拡大を

目指した法律や政策が続々と出された。それによって、障害のある人の生活に大きな変化が見られた。

まず、1986年に障害者サービス法（The Disability Service Act）が制定された。障害者サービスに対する補助や提供方法を改革する法律であった。この法律では、障害者サービスの理念と目標が示されている。たとえば、どんなレベルの障害をもっていても、一般の国民と同様に、身体的・社会的・情緒的・知的な発達の権利を保障し、自分の生活に関わる選択をする自己決定権が守られるべきことが明記されている。また、同じ年に連邦在宅地域ケア法も制定された。

1992年には障害者差別禁止法が制定された。障害者が、すべての活動において不必要な差別を受けることなく公平に扱われるように求めている。この法律を実行するために、人権及び機会均等委員会が設置された。

1992年末までに、すべての州政府と準州政府で、それぞれの障害者サービス法が制定された。また、すべての州政府と連邦政府との間で、連邦・州政府障害協約（Commonwealth State Disability Agreement）が結ばれた。それにより、障害者の雇用サービスは連邦政府の責任になり、生活環境や生活支援サービスは州政府の責任となった。

これらの法律を基礎に、全ての州において、施設が閉鎖され、障害者の地域生活をサポートするサービスが提供されるようになった。とはいえ、州によって脱施設化の政策は異なっている。例えば、施設が完全になくなった州がある一方で、ニューサウスウェールズ州、ヴィクトリア州、クィーンズランド州には、2005年現在、入所施設がまだ残っている（約5,000人が施設に入所）。

2．クィーンズランド州の脱施設化の歴史と現状

今回の調査先であるクィーンズランド州においては、1970年代後半から1980年代前半にかけて、入所施設から地域への移行プロジェクトが実験的に

始まった。それはノーマライゼーションの原理に基づいて、施設入所者の地域移行を進めるために、ＡＬＳ（Alternative Living Service）をつくった。これは軽度の障害者本人のためのグループホームである。このサービスの開始によって、大規模施設に入所していた軽度の障害者本人が地域にあるＡＬＳに移り住むようになった。

　1980年代後半から1990年代前半にかけて、民間の入所施設を閉鎖する動きが出てきた。たとえば、重度の障害のある児童の入所施設であるW. R. ブラックホーム＆ザビエル子ども病院の閉鎖はその一例である。

　1989年に、クィーンズランド州では労働党が30年ぶりに政権を獲り、1992年に再選を果たした。労働党は社会正義の理念を重視し、平等性などの思想を当時の政策に反映させようとしていた。その一環として、1992年にクィーズランド州障害者サービス法（Disability Service Act, Queensland）を制定した。この法律も障害のある人の人権、生活の質の向上、コミュニティへの参加、インクルージョン、尊厳、好ましいイメージなどに関する理念を支持し、サービス間の連携を進めている。

　また、1993年には、バシル・スタンフォードという知的障害者州立施設のずさんな管理・処遇に関する調査がはじまり、その調査報告が施設における虐待の実態を公にした。

　これらをきっかけにして、1994年からは施設改革（Institutional Reform）が行われた。その政策の目的は以下の三つである。
　①施設の入所者を地域の住まいに移行させること
　②不適切な施設ケアを受けるリスクがある人に対して、オルタナティブを用意すること
　③継続して大規模施設で生活し、治療を受ける人に対して質の高いケアを提供すること
　施設改革によって最初に閉鎖が決まった入所施設がチャリナーセンターであったが、バシル・スタンフォードの調査報告が公表された1995年に、その

閉鎖も正式に決定されたのであった。

　施設改革の結果、2004年の調査時点までに、1,000人以上の入所者が入所施設から地域に移行した。2004年現在、大規模入所施設はすべて閉鎖された。けれども、重複障害のある110人が精神病院に、112人が公的病院に長期入院している。

　このように、クィーンズランド州では、脱施設化の政策により、精神病院や収容型入所施設が閉鎖され、長く施設や病院で生活を強いられてきた障害者が地域に出て生活するようになった。その結果、州政府にとって、地域での住まいの確保や、個人のニーズに基づいた地域サービスの提供が大きな課題となってきている。

　ここまではクィーズランド州における脱施設化の歴史を説明したが、次にクィーズランド州の障害者サービスの現状を説明しておく。

　1999年連邦・州政府障害協約のデータセット（Commonwealth/ State Disability Agreement Minimum Data Set）によると、州政府が提供している障害者サービスを利用している障害者本人は7,022人である（Disability Services Queensland, 1999）。そのうち、約3分の2（4,728人）は知的障害があり、15％（1,047人）は身体障害がある。その他には、精神障害5.3％、脳障害3.5％、自閉症3.2％、神経障害2.2％、感覚障害1.9％、発達遅れ1.3％、特定学習障害0.5％である。さらに、二つ以上の障害のある人は3,758人（53.5％）で半数を超えている。

　上の7,022人のうち、36.9％（2,594人）は家族や配偶者と同居しており、35.8％（2,515人）は障害者のためにつくられた地域での住まいで暮らしている。他には、一人暮らしが10.2％であり、病院・施設で暮らしている人はわずかに8.6％である。

　次に、クィーズランド州が提供している障害者サービスを紹介しよう。障害者サービスは大きく以下の4種類に分けることができる。

①居住サポート

障害のある人に、住居、および住まいにおける日常生活のサポートを提供する。たとえば、グループホーム、ホステル、施設サービス、アテンダントサービス、在宅生活サポート、緊急対応サービスなどである。

②コミュニティサポート

障害のある人が継続的に地域で生活できるようにするサポートである。たとえば、アドボカシーサービス、障害児に対する早期介入、レクリエーション／休暇サービス、各種セラピー、家族／個人を対象にしたケアマネージメント・実践などである。

③コミュニティアセクス

社会的な自立を実現するために提供されるサービスである。例としては、教育、自立生活訓練、成人障害者を対象にしたトレーニングセンター、デイプログラム、外出サポートなどである。

④レスパイトサービス

障害者とその家族介護者の関係をサポート・維持するために、障害者を介護している家族、インフォーマルな介護者に短期間の息抜き（respite）を提供するサービスである。障害者本人にマイナスの経験を与えないことを前提としている。サービスとしては、自宅におけるレスパイトや、自宅以外のセンターやホームにおけるレスパイト、里親に短期間預けるサービス、ピアグループによるレスパイトなどである。

このように、入所施設を解体した後、障害者が地域で生活し続けることができるようにクィーンズランド州は様々なサービスを提供している。また、障害者本人だけではなく、彼らをケアしている家族などの介護者の貢献を認め、支援の対象にしている。そのために、家族介護者支援のための事業が多く実施されてきた。たとえば、介護者が休養するためのレスパイトサービスが積極的に提供されている。また、介護のために就労できない介護者に介護

者給付金や、介護者手当てなどを支給している。

3．チャリナーセンターの施設解体について

　チャリナーセンターはクィーンズランド州最大の施設で、州政府が運営していた。1878年に設立され、120年の歴史をもっていた。最初は知的障害、精神障害をもつ児童・成人が入所するイプスウィッチ特別病院という病院であった。それが1968年に、大規模入所施設チャリナーセンターとなった。1998年に施設は完全に閉鎖されて、クィーンズランド大学のイプスウィッチキャンパスとなった。

　チャリナーセンターの入所者についてであるが、1970年代半ばには530名近くの知的障害児者が入所していた。その大多数は軽度の障害者たちであった。

　1980年代になると、軽度の入所者が地域にあるALSに移住していった。ALSはクィーンズランド州障害者サービス（Disability Service of Queensland）が運営している居住サービスである。4名の障害者が一つのグループホームで生活する。早期に移住した場合には、5名で一つのグループホームの場合もある。

　1994年に残っていたのは、172名で次の三つのグループに分けられる。
　①施設に長期入所した高齢者（「施設化されたグループ」）
　②重複障害のある人（「重いグループ」）
　③地域から戻ってきた人（「不適応グループ」）

　1994～1998年にかけて、残っていた人たちも地域の住まいに移住した。地域での住まいへの移行に強く反対している家族の希望を尊重するために、センターをベースにした（Center-based）居住サービスもつくられた。それは、知的障害者のためのグループホームが集まってクラスター（cluster）やヴィレッジ（village）を形成する。その中に、職員が常駐する管理センターもある。一つのグループホームには4～5名が住んでいるので、一つのクラスターや

ヴィレッジには20〜25名の障害者本人がいることになる。このタイプの住宅を「ミニ施設」と指摘する専門家もいる。

さて、次に、今回の調査先であるクィーンズランド州にあった州立知的障害者入所施設チャリナーセンターから地域移行した障害者本人、職員、家族の面接調査について説明する。

第2節　脱施設化の実態と課題——インタビュー調査に基づいて

本調査は、クィーンズランド州における知的障害者の脱施設化のプログラムはどのように実施されてきたのか、当初の意図どおりの結果をもたらしてきたのか、もし意図にはなかった結果がもたらされてきているとすれば、どのようなことがどのようにして起きてきたのか、このような問いに答えるのが目的であった。

以上の目的を果たすため、施設から地域へ移住した障害者本人、その家族、および職員を対象にインタビュー調査を実施した。

以下ではまず、調査方法と対象者選定方法について説明し、次に障害者本人・家族・職員を対象にしたインタビュー調査の結果を紹介する。

1．調査方法と対象者の選定

調査期間は2004年9月1日から30日の間であった。調査対象者は、(1)障害者本人、(2)彼らを地域で支援している職員、と(3)家族であった。

(1) 障害者本人を対象にしたインタビュー調査

障害者本人については、チャリナーセンターを退所して地域生活を送っている元入所者（以下、障害者本人と表記する）を対象にインタビュー調査を行った。その調査結果から、入所施設から地域の住まいへの移住プロセスと移行後の生活に関する実態を明らかにする。

本人調査の対象者選定については、質的調査で一般に用いられている意図的サンプリングによって行った。まず、チャリナーセンターに入所したことがあり、現在地域の住まいで生活している障害者を選定の第一条件にした。また、地域への移住に関する実情を把握するために、障害の程度が軽く、地域によく適応している障害者だけではなく、障害の重い人や、地域での生活があまりうまくいかない人など、多様な障害者を選定の第二条件にした。
　以上の条件に基づき、知的障害者の地域生活支援を提供している三つのサービス提供機関の協力で障害者本人を紹介してもらい、連絡して承諾が得られた21名の障害者を調査対象者として選んだ。インタビューを行う際に、本調査の目的や方法、データの扱い方について説明した上で、その趣旨に賛同する人は同意書にサインをしてもらった。意思疎通が難しい障害者については、職員や家族に説明し、同意書にサインしてもらった。
　障害者には基本的に筆者および現地の共同研究者と個別面接をしていたが、インタビューに不安を感じ、職員の同席を希望している場合は職員もインタビューに同席した。
　また、本調査は半構造化インタビューを用いている。インタビューガイドは事前に用意したが、できるだけ詳細かつ多様なデータを得ようとしたので、ガイドを柔軟に使用した。たとえば、対象者との自然な話の流れを乱さないように、質問に用いる言葉を変更したり、質問の順番を変えた。
　ほとんどの障害者とは、本人の住まい、職場やデイセンターなどでインタビューを行った。インタビューの内容は対象者の了解をとった上で録音して書き起こした。また、フィールドノートに調査経過、インフォーマルな会話を記録した。ゆえに本研究に基づくデータはインタビュー内容、フィールドノート、職員が記入した情報であった。

(2) 職員を対象にしたインタビュー調査
　職員については、(1)で説明した障害者本人をよく知っている職員を対象

にインタビュー調査を行った。入所施設で勤務経験のある職員が望ましいという条件で紹介してもらった。承諾が得られた12名の職員を調査対象者として選んだ。面接には半構造化インタビューを用いている。インタビューガイドの内容は、施設と地域での仕事内容、移住のプロセス、障害者本人の生活、コミュニティケアの良し悪しに関するものである。

(3) 家族を対象にしたインタビュー調査

家族については、(1) で説明した障害者本人の家族を対象とした。承諾が得られた6名の家族にインタビューした。インタビューの内容は、障害者本人の施設での生活、移住のプロセス、地域の生活などに関するものである。

職員と家族のインタビューの内容は、調査対象者の了解を得た上、録音して書き起こしたものをデータとして採用した。

2．調査結果

本調査では、21名の障害者本人にインタビューした。そのうち、11名が女性で10名は男性であった。年齢については、30歳代が6人、40歳代7人、50歳代4人、60歳代が4人であった。最も若い人が34歳、最年長者は67歳であった。

施設入所期間は、最も長い人で57年間、最も短い人で8年間であった。確認が取れない3人を除けば、「10年以下」が4人、「10年以上20年未満」3人、「30年以上40年未満」7人、「40年以上50年未満」2人、「50年以上」は2人であり、18人中、11人が30年以上チャリナーセンターに入所していたことになる。

全員が1995年から1998年の間にチャリナーセンターから地域に移行した。つまり、調査時点では7年から9年の地域生活経験者たちであった。調査対象者の21名はチャリナーセンターから地域移行した最後のグループであったので、地域移行が最も困難と思われる障害者本人たちといえるだろう。

以下では、(1) 入所施設の振り返り、(2) 地域移行プロセス、(3) 地域での生活、に分けて調査結果を説明する。

(1) 入所施設の振り返り

障害者本人たちは調査時点において地域に移行して7～9年の経験をもっていた。その時点で施設時代をどのように振り返ったのだろうか。

まず、言語的コミュニケーションが比較的とれる障害者本人は、チャリナーセンターでは「ひどい経験をした」と語った。詳しい内容については語ってくれなかったが、いずれも施設での生活がひどかったと述べた。思い出したくない記憶もあるだろうと調査者が判断し、あまり追及するような質問はしなかった。他には、チャリナーセンターについて何回か質問しても、反応を示さない本人もいた。

言語的なコミュニケーションの困難な障害者本人については、職員の了解をとった上で、チャリナーセンターの当時の写真を障害者本人にみせ、反応を観察するという方法を用いた。何人かの障害者本人については、写真をみせることは情緒的に刺激を与えることになるのではないかと職員が判断したので、写真をみせることはしなかった。写真をみせた障害者本人については、以下のような反応がみられた。

まず、写真をみるのを拒否する障害者本人がいた。拒否するという反応の意味を確かめるために、障害者本人や家族が写った写真をみせて、反応の違いを比較してみた。好きな写真については喜んでみるのに対し、再度チャリナーセンターの写真をみせると、やはりみるのを拒否して、写真とは別のところをみていた。その反応から、施設について良い思い出がないのであろうと解釈した。また別の障害者本人の場合は、写真をみせる前は調査者に対して非常に友好的な態度を示したが、写真をみせた後は調査者の髪の毛を引っ張るなどした。その行動からは、チャリナーセンターの写真をみせた調査者に対する嫌悪感、およびチャリナーセンターに対する嫌悪感が読みとれるだ

ろう。さらに別の障害者本人には写真を示して「ここはどこか知っていますか？」と質問したところ、首を振りながら「いいえ」と答えてくれた。

このように、チャリナーセンターでの生活はほとんどの障害者本人にとって思い出したくない経験なのであろうと推測される。

上の障害者本人たちの施設時代の行動について職員に振り返ってもらったところ、入所者たちがひじょうに攻撃的な（aggressive）行動をみせることが多かったと語ってくれた。この語りを手がかりに考えてみると、先の障害者本人たちは行動障害があったため、職員に無理やり押さえつけられたりして、ひどい扱いを受けた経験をもったのではないかと推測される。

チャリナーセンターで働いた経験もある職員によると、チャリナーセンターでは、入所者は日中活動がほとんどなく、日常の規則も多かった。例えば、起床や就寝の時間が決まっていた。それは障害者本人のためというよりも、職員の勤務上の都合であった。また、攻撃的な行動障害がある障害者本人に対しては、罰として隔離部屋に閉じ込めるなど非人間的な扱いをしていたこともあったとその職員は語った。

いずれにしても、障害者本人たちにとって、施設は地域に比べて住みやすいところではなかったことは理解できる。

また、職員にとっても施設は働きやすいところではなかった。例えば、何人かの回答者（元職員）は、障害者本人に対し職員が不当な行為を行っていると管理者に報告したら、同僚からひどいいじめを受けたと語った。

家族とのインタビューを通じて、9カ月の娘を施設に入れた母親がいることを知った。彼女は「他に選択肢がなかった。T（障害がある姉）がすでにいたわ。そのときから葛藤をしていた。違うところに行かそうとも思ったけど……人生で一番大きい葛藤だった」と当時の心境を語ってくれた。施設での生活について、「よく面倒を看てもらったと思う……子の願いに反するようなこともたくさんあったかもしれないけれど、親としては（それについて）知りたくない気持ちがある」という反応が多くの家族からみられた。他

に選択肢がなかったとはいえ、自分の子どもを施設に入れたことに罪悪感をもつようになり、施設で適切に面倒を見てもらっていると思い込みたい心境なのだろうと推測される。

　　(2) 地域移行プロセス
　ほとんどの障害者本人は、事前に職員から地域移行のことについて説明を受けていた。そして、地域移行する前に、障害者本人は何回か地域の住まいを訪問していた。
　コミュニティホームで働く予定の職員は障害者本人が引越しする前にチャリナーセンターを訪ねて障害者本人と会い、関係づくりを開始した。それによって、地域に移行しても、新しい環境に慣れやすくなるだろうと考えてのことである。
　障害者本人の家族に対しては、行政から説明があった。地域移行のことを知らされた当初、とても不安になった、と語る家族が多かった。「私は自分の娘（障害者本人）に引越してほしくなかった。なぜかというと、外へ出てからどうなるかわからないから。一人の女性（行政の担当者）が面接してくれたけれども、引越しに賛成するようとても強くプッシュしてきた。"あなたには他に選択肢はない"ともいわれたわ。だけど、しばらくすると、行政の担当者は"チャリナー・センターは閉鎖されない"と約束してくれた。でもまたしばらくしたら、"あなたの娘は引越ししなければならない、なぜなら施設の敷地をクィーンズランド大学に売ってしまったから"といってきたわ」とある母親が語った。
　ここでみうけられるのは、地域移行の説明による家族の混乱である。チャリナーセンターの閉鎖については、当時の政治的背景（1996年に労働党から保守党への政権転換など）によって、その決定が二転三転したという事情もある。また、この母親は、地域移行する直前に職員から娘のケアプランについて聞かされた。その説明を受けたとき、「この人は私の娘ではない」と母親

は感じたという。ケアプランには娘ができそうにもないプランがたくさん記入されており、そんなことを娘がしたいといったり決めたりできるとは信じられなかったからである。そのことについて職員を問い詰めると、「このように記入しないとサービスを受けることができないから」と職員は説明したらしい。その説明を聞いた母親は、行政に対してとても不信感をもったという。この例に典型的にみられるように、家族は地域移行の説明を受けてとても強い不安を抱くことが多いようであった。

(3) 地域での生活
①地域の住まい

障害者本人は公営住宅（Public Housing）と賃貸契約を結び、一軒の家を借りている。住宅内のサポートサービスは民間のサービス提供機関が提供する。つまり、住まいを提供する機関とサポートを提供する機関は別々なのである。

1～4名の障害者本人が一軒の家で生活している。今回の障害者本人の半数近くは、デュプレクス（Duplex）で生活していた。これは、一つの敷地内に2軒の家を建てた住居で、職員は2軒の家を往来できるようになっており、しかも障害者本人のプライバシーが守られる構造になっている。例えば、一人のまれな例では、障害者本人はDuplexの片方の家に住んでいて、3部屋のうち1部屋を自分の部屋、もう1部屋は職員が宿泊できる部屋、もう1部屋はスペアとして使っていた。しかし、一般的には、障害者本人は個室をもつが、リビングルームやダイニングルーム、トイレは同居者と共同使用である。また、家によってはスティミュレーション・セラピー（stimulation therapy）ができるようなスペースを設けている場合もある。

同居者との関係についてであるが、良好な関係をもっている障害者本人もいれば、そうでない障害者本人もいる。ただし、全般的にいえば、同居者との関係はあまり良好でないような節がある。例えば、一緒に一軒の家をシェアしても、相手に関わろうとしない障害者本人が少なくなかった。

同居者との関係があまり良好でないために、一人暮らしを望む障害者本人が多くなる。しかし、その望みが叶うことは少ない。たとえば、ある障害者本人は一人暮らししたいと希望していたのであるが、職員の24時間のサポートが必要であり、そのサポートを一人のためだけに提供するのは不経済であるという理由によって、誰かと一緒に家をシェアしなければならなかった。だから、一人暮らししたいという希望が叶う可能性はかなり低いと職員はいっていた。一人暮らしが実現できるのは、障害が軽度で職員のサポートがそれほど必要ではない障害者本人に限定されるわけである。

　②日中活動

　全ての障害者本人は外出サービス（Community Access Service, 以下ＣＡＳ）を利用している。このサービスでは、障害者本人は職員と１対１の外出ができる。このサービスを利用して、余暇活動や趣味活動に参加したり、銀行や買い物にでかけたりすることが可能であった。ＣＡＳを使って水治療法（hydrotherapy）を受けるために外出する障害者本人もいた。ＣＡＳの利用時間は、障害者本人によって違いはあるが、だいたい週に５〜20時間程度である。

　また、ほとんどの障害者本人がＴＡＦＥ（Technical And Further Education）のコースに通っている。ＴＡＦＥとは、職業訓練などの成人教育を行う州立の教育団体である。ＴＡＦＥに通う障害者本人は算数や読み書きなどの教養教育のコースだけではなく、陶芸などの趣味コースも受けていると答えてくれた。ＴＡＦＥに行くのが楽しみという障害者本人もいれば、一クラスの人数が多いことや、勉強するのが嫌いなどの理由で、満足していない障害者本人もいた。ＴＡＦＥでどのようなことを勉強したいか質問してみたところ、調理（cooking）について勉強したいと答える人が多かった。自立生活を目指す一つの努力と思われる。

　外出以外の日中活動としては、自宅内の活動があげられる。たとえば、テレビを観たり、音楽を聴いてのんびり過ごす障害者本人もいれば、マッサー

ジ、スティミュレーション・セラピーを受けるなどして日中の時間を過ごす重度の障害者本人もいた。職員が教育プログラムを用意している場合は、自宅で教育を受ける場合もある。

就労についてであるが、今回の調査対象者の中に就労している障害者本人はいなかった。ただし、慈善団体でボランティア活動をしている障害者本人が一人いた。彼は救世軍（salvation army）でホームレスなどの貧困者に食べ物を配ったり、掃除を手伝うなどしている。また、教会でも庭仕事や掃除の仕事を手伝っている。このボランティア活動についてはとても満足している。「（ボランティア活動をしてから）すぐに怒ったりはしなくなった。友だちもできてうれしい」と語った。ほかには、空き缶や空きビンを集め、それを廃品回収業者に売って小遣いを稼いでいる障害者本人がいた。

就労者がいなかった理由であるが、就労支援を担当している連邦政府と、障害者に対する福祉サービスを提供する州政府や自治体との間で、連携がうまくいっていないからである。さきのボランティア活動をしている障害者本人と空き缶集めをしている障害者本人は、就労を強く希望していた。しかし、行政府のこういった事情のために、ボランティアや空き缶収集に甘んじるしかなかったのである。

デイセンターに通う人もいなかった。デイセンターは、自宅で家族と一緒に生活している人を対象にしているため、居住サービスを受けている障害者本人はデイセンターを利用しにくい状況にある。その代わりとして、重度の障害者本人は前述のスティミュレーション・セラピーを職員から受けたり、外出して水治療法を受けたりするのである。

③経済状況

障害者本人の収入は主に障害年金であり、月に約760オーストラリアドル（約60,800円）ある。障害程度が重い障害者本人には、移動手当て（mobility allowance）として120オーストラリアドル（約9,600円）給付される。介助なしでは公共交通機関が利用できないからである。職員の給料などは、自治体か

ら直接サービス提供機関に支払われる。住まいの家賃なども、自治体からの補助がある。

　収入の金額は日常生活を営むのに必要な最低限のレベルであって、他にもっといろんな活動がしたい障害者本人にとっては、その額では不満なようであった。たとえば、乗馬したい障害者本人（乗馬はオーストラリアではごく普通の気晴らしであって、ぜいたくな遊びではない）、遠出したい障害者本人は不満を述べていた。障害が軽度の人や身体機能の高い障害者本人が、特に不満が強いようであった。

　自由に使える小遣いの額は、週に30〜50オーストラリアドル（約2,400〜4,000円）である。使い道は、外食費、ケーキやチョコレート、コーラ、ピザなどの飲食物の購入費、交通費、乗馬などの活動費、休日に遠出するときの費用、などである。そのなかでも出費が多いのは飲食物の購入費である。その理由であるが、小遣いの額が少ないため活動費にあまり充てることができず、安価で購入も簡単な飲食物に費やしてしまうからだと推測される。もう一つの理由は、職員の力量の問題である。少ない収入の範囲でうまくやりくりして、なるべく多種多様な活動を障害者本人ができるようにするのが職員の仕事であろう。しかし、その力量のあまりない職員の場合、手っ取り早く障害者本人に満足を与えるために、ケーキやチョコレートなど、障害者本人の好きそうな菓子類を買ってすましてしまうからだと推測される。

　収入の管理について、1名の障害者本人は職員と一緒に管理していると述べた。この障害者本人は障害が軽い人であった。その他は全員、職員と公的な受託者（public trustee）が管理しているとの回答であった。そのため、ほとんどの障害者本人は自分の収入のことについて知らなかった。もともと障害者本人には収入や金銭の意味が理解できないだけでなく、障害者本人にそれを理解させようとする援助側の努力が少ないようにも見受けられた。

　④対人関係

　まず友人関係であるが、多くの障害者本人が施設時代の友達を現在の友人

としてあげた。その友人が近くに住んでいる場合は、日常的な付き合いもある。それについては、満足しているようであった。その他には、職員を友人としてあげる障害者本人が何人かいた。施設時代の友達や職員以外の人を友人としてあげる障害者本人は、1名だけであった。この障害者本人は、教会でボランティア活動しており、その教会で知り合った人たちを友人としてあげてくれたのであった。このような障害者本人は例外的な存在で、多くは地域に移行してからも友人関係がきわめて限定されていた。

次に家族関係については、入所時代から家族関係が途絶えた人と、現在も家族関係が続いている人がいる。なぜなら、障害者本人を入所させる際に、親は職員に「われわれがこの子（障害者本人）を責任もって面倒みますから、あなたがたはこの子の存在を忘れて、新しく子どもをつくって、新しい生活を始めてください」などといわれることが多かったようである。このようにいわれた家族にとって、入所中の障害者本人と関わることは困難になる。

けれども地域移行すると、今度は障害者本人と積極的に関わることが家族には薦められる。しかし、すでに連絡がつかなくなった家族もいるために、家族関係が途絶えてしまった障害者本人も多くいるわけである。また、きょうだいの中には、障害者本人の存在を知らない人もいる。職員に「忘れてください」といわれた親たちが、障害者本人の入所後に生まれてきた子どもには障害者本人のことを伝えなかったからである。このようなこともあって、地域移行初期には、職員から障害者本人の存在を知らされて驚いた弟や妹がいた。

こうした状況にもかかわらず、入所してからも障害者本人との関係が途絶えないように努力してきた家族もいる。また、施設入所によっていったん切れたものの、地域移行後、障害者本人と良好な家族関係を新たに築いているケースもある。その場合、毎週家族が面会に来たり、障害者本人が家族を訪問したりしている。

ある障害者本人は、きょうだいの結婚式に出席できたことをとても嬉しそ

うに語ってくれた。これまで、家族に知的障害者がいることを外部の人に知られることをこの家族が回避しようとしていたので、またこの障害者本人に行動障害があったため、このような場には出席させてもらえなかった。しかし、地域移行後、適切なサポートにより行動障害がなくなり、家族の大切な行事にも参加できるようになったのである。結婚式に出席した経験を通して、障害者本人は自分が家族の一員であることを改めて認識できるようになった。また、将来自分も結婚して家族をもつようにと考えて自立できるように努力している。こうして、家族の存在がこの障害者本人にとって大きな意味をもつようになってきている。

　別の障害者本人は、自分のきょうだいの写真を調査者に熱心にみせて、ずっときょうだいの話を語ってくれた。また別の障害者本人の場合は、調査実施中に障害者本人の住まいにきょうだいが訪ねてきて、調査者や職員を交えて非常に楽しく話をしていた。

　これらのエピソードに表れているように、地域移行後、家族が障害者本人に関わることができ、その関わりは障害者本人にとって心の大きな支えとなっている。このような関わりは施設時代には存在しなかったものである。

　今回の21名の対象者の中には、恋人がいる人や結婚している人はいなかった。しかし、言語的に意思疎通がとれる障害者本人のうち、「恋人がほしい」「結婚したい」と語ってくれた人は多かった。障害者本人のこの希望について、ほとんどの職員が知っている。しかし、その希望を叶えてあげることは難しいため、職員は悩むことになる。

　「彼（障害者本人）に恋人ができるのは、無理だろう……（中略）……恋人がほしいという希望はわかるけれども、だからといってどうしてあげることもできない」とある職員は語った。この職員はその障害者本人の性的な欲求にどう対応すればよいのかについてとまどっていた。職員によると、その障害者本人は性的欲求不満のために同居者に暴力を振るったことがあり、そのために同居者はおびえて自室から出てこなくなってしまった。さらにその障

害者本人は、昼間は街をぶらぶらして、女の人をつけまわしたことがあったらしい。そのような問題行動は性的欲求の不満からきている、と職員は考えているようであった。前の職場では、同じような障害者本人を売春宿に連れて行ったことがあり、そのときはこの対処方法で障害者本人は落ち着くことができたらしい。しかし、現在の職場は教会が運営している団体なので、このような対処法は許されていない。そのせいでバーンアウト状態になりそうだ、とその職員は話してくれた。この職場を離れる決意をしたともいっていた。

　他方、将来結婚できるようにと自立のための努力をする障害者本人もいた。たとえば、週に2日職員が宿直にくるのだけれども、将来の結婚生活に備えて宿直をやめさせようと職員と交渉する障害者本人がいた。結婚すれば宿直の職員は邪魔になる、と考えてのことであった。

　最後に近隣関係についてであるが、約半数の障害者本人が近所の人と良好な関係をもっていると職員は答えてくれた。だいたいはあいさつを交わす程度の関係だが、中には近所の人と一緒にお茶を飲んだりする障害者本人もいるとのことである。残りの半数は、近隣関係をほとんどもっていないようである。近隣で問題を起こす障害者本人もいる。例えば、時折大声を出す障害者本人がいたために、近隣から苦情がきて、結局引っ越さなければならなくなったケースである。引越し先では調査時点において問題は起きておらず、比較的良好な関係が保たれていると職員は語った。

　職員の面接から、近隣の人々に理解され受け入れてもらうことが地域移行にとってたいへん重要であると職員たちは考えていることがわかった。障害者が自分の近所に引っ越してきたらその地域の地価が下がるのではないかと心配する住民が、障害者本人が引っ越してくることに反対することもあるという。けれども、良好な近隣関係を築くことを重要視するにもかかわらず、実際にそれを築く努力を職員たちは積極的に行っているようにもみえなけれ

ば、そのスキルをもちあわせているようにもみえなかった。

　地域生活においては、近所の人とよりも、コンビニエンスストアやファストフード店、レストランの店員と接触する機会のほうが多い。たとえば「毎日の楽しみはコンビニエンスストアに行ってダイエットコークを買うことだ」とある障害者本人が語るように、障害者本人たちは毎日のようにこれらの店に通って買い物をしている。その時、当然、店員とのやりとりが行われる。家族や職員との人間関係を除けば、店員とのやりとりが彼らにとっては障害者以外の人と接する唯一ともいえる機会になっているのである。

　クィーンズランド州には、障害のない人と友人関係をつくるプログラム（Shepherd program）がある。今回の調査対象者の中にも、このプログラムに参加していた障害者本人がいた。しかし、この障害者本人はあまり社交的ではなかったため、また緊張のせいか攻撃的になってしまって、結局そのプログラムで友人をつくることはできなかった。そのような障害者本人でも、コンビニエンスストアなどの店員とは関係をもつことができた。それは友人関係ではないし、また長期的な関係でもないが、それでも現実の地域での人間関係であった。

　⑤会議や意思決定への参加

　自分の住居においては、障害者本人に関する援助内容を決める会議が行われている。意思疎通のできる障害者本人は何人かその会議に参加している。障害者本人はその会議への参加をとても楽しみにしていた。

　けれども、ほとんどの障害者本人はその種の会議だけでなく、何の会議にも参加することはないようであった。意思決定についてもなかなか参加できない障害者本人がいた。たとえば、自分の日中活動について自分で決めることのできない障害者本人がいると職員は話した。意思疎通の難しい障害者本人に対しては、選択肢を二つ用意しておいて、二者択一すればよいように職員は工夫しているとのことであった。全体的には、職員が障害者本人の希望を読み取って、障害者本人の代わりに意思決定する場合が多いようであった。

例えば、40代の障害者本人の着ている衣服は、児童が着るような非常にかわいらしいピンクの服であった。この場合、その衣服を選択したのは障害者本人なのか職員なのかは判断できないが、おそらく職員ではないかと思われる。同じことは髪型についてもいえる。とてもかわいらしい子どものような髪型なのである。これらの衣服や髪型は職員の趣味なのではないかと推測される。もしそうだとすれば、職員が選択・決定しているわけである。それゆえ、自己決定は大きな課題として残っているように感じられた。
　⑥将来の夢
　意思疎通のできる障害者本人（対象者の約半数）に「将来の夢」について質問したところ、「自立したい」「結婚したい、性交（intercourse）したい」などの答えが返ってきた。「自立したい」というのは、より具体的には「職員のサポートを受けながら一人暮らししたい」という意味であって、誰の助けも必要としない生活を希望しているわけではない。その理由は、同居者との関係がそれほど良くないが、職員のサポートなしで地域生活ができるかどうか不安だからである。
　「自立」「結婚」以外には、「アメリカに旅行したい」「海外に行きたい」「ガーデニングができる家に住みたい」「海の近くに住みたい」などの夢が出された。より現実的な夢として「職員の家に行きたい」「もっといろんな人に会いたいからもっとショッピングしたい」「もっと家族に会いたい」などの回答が出された。これらの回答からは、人間関係をさらにもちたいと望んでいる障害者本人の姿がうかがえるだろう。

（4）行動障害のある障害者本人の変化
　職員や家族の面接から、地域移行後、障害者本人の行動に大きな変化が生じていることがわかってきた。例えば、施設時代は非常に攻撃的で行動障害がひどかったといわれる障害者本人が多かった。職員や家族をたたいたり、職員を床に押さえつける、髪の毛を引っ張りまわす、大声を出すなどの行動

が頻繁にみられたらしい。このような障害者本人が地域移行できるはずはないだろう、地域移行してもうまくいくはずがないと職員・家族は否定的に予想していた。実際にも、地域移行直後には様々な問題が起きた。例えば、大声をあげるために近隣住民から苦情がきて引っ越さなければならなくなったケースはすでに紹介したとおりである。他には、職員に怪我を負わせた障害者本人もいた。しかし、調査者が実際に障害者本人を訪問したときの印象では、彼らはとても落ち着いた雰囲気で生活しているように感じられた。また、家族・職員の話によると、地域移行してから6～9年経過した調査時点では、かなり攻撃的な行動がなくなったとのことであった。

　職員によると、地域移行直後に問題が起きた理由は、地域に移行して職員がサポートする利用者の数が減ったために、職員は施設時代に比べて、障害者本人に高い関心を向けるようになった。そのような状況に慣れていない障害者本人は非常に不安になり、過剰に反応するようになったからだ、と職員たちは推測していた。すでに紹介したように、生まれてすぐ病院や施設に入れられる障害者本人が多かったので、小さい頃からあまり関心をもたれたり、関わられたりした経験がなかった。あったとしても、虐待や暴力といった関わり方であり、障害者本人にとっていい経験ではなかった。だから、他者が関心を集中させてくることについて、過敏になる傾向にあったのである。ある職員の話では、新しい職員や会ったことのない人がやってくると、まずにっこり微笑んでいるのだが、次の瞬間その人を床に押さえつけるという習慣のある障害者本人がいるそうである。この障害者本人の世話をした職員のほぼ全員がこうした目に遭ったそうである。しかし、調査時点では、非常に落ち着いてきて、このような習慣も消失したとのことであった。

　また別の障害者本人を調査者が訪問したときのことだが、「彼女はとても攻撃的だから気をつけなさいよ」と、以前この障害者本人と関わっていた職員から事前に注意を受けたことがある。しかし、実際に訪問してみると、この障害者本人は玄関で私たち調査者を出迎えてくれて、親切に部屋を案内し

てくれた。彼女の指示に従って、調査者は彼女と一緒にお茶もいれた。最初に聞いていたのとは全く逆に、とても友好的に歓迎してくれた。

なぜこのような変化が起きたのか。その理由・原因として職員は二つの要因を挙げてくれた。

第一に、距離のとり方の要因である。障害者本人と接するときには、障害者本人の境界領域（boundary）を侵犯しないように、ゆっくりと距離を縮めていくことが重要で、それを実践してきたことが変化につながっていると考えられる。

第二に、関わり方の一貫性の要因である。昨日の関わり方と今日の関わり方が違うようだと障害者本人は混乱してしまい、攻撃行動を誘発することになってしまう。逆に、関わり方に一貫性があると、障害者本人は職員の次の行動が予測できるようになり、それが安心感や安定感を生むのである。

施設時代は、大人数の入所者が狭い空間に収容されていたために、彼らの境界領域は他の入所者や職員に絶えず侵犯され続けてきた。それは、施設入所である限り、どうしようもないことであった。また、職員が面倒をみる入所者の割合も多かったので、施設内のルールに従って一律に入所者に対処してきた。しかし実際には、職員ごとに対処の仕方が違っていて、一貫性がみられなかった。それが、地域に移行してからは、障害者本人の境界領域を守ることができるようになり、また特定の職員が長期にわたって少数の障害者本人と関わることができるようになって、一貫性のあるサポートが可能となった。こうして障害者本人に安心感を与えることができるようになって、攻撃的行動や問題行動をなくすことができたのである。

ここから逆に、施設時代の攻撃行動や問題行動は、入所者が施設では安心感をもつことができず、自分を守るために攻撃や問題を起こしていた可能性が示唆される。

他方、マイナスの変化が表れてきた障害者本人も少数ながらいた。例えば、地域移行後、職員の関心が自分一人に向けられるようになって、機嫌よく生

活できていた障害者本人がいた。しかし、その後、同居者が引っ越してきて、事態が変化した。自分一人に向けられていた職員の関心が同居者にも向けられるようになって、徐々に機嫌が悪くなることが増えていった。そして、同居者に暴力をふるうようになったのである。

このように、地域移行はいつもプラスの変化をもたらすとはかぎらない。どちらかというと、プラスの変化が現れたケースの方が多いようであったが、マイナスの変化が出現した場合も存在した。けれども地域移行後の特徴として、施設時代は問題が起きたときにはそれを抑え込むという方法しかなかったのに対し、問題が発生しても問題の原因・理由を探りながら解決方法を考える余裕が職員に出てきている点である。

このような余裕を職員に与えていることが、これまでの地域移行の成功を支える要因ともなっていると考えられるので、マイナスの変化が現れた障害者本人の存在をもって地域移行の失敗とはいえないだろう。地域移行の正否は、もう少し長い目でみて判断しなければならないと思われる。

(5) 地域支援における職員の関わりと役割

地域で働く職員はライフスタイル・サポートワーカー（Lifestyle Support Worker：ＬＳＷ）と呼ばれている。施設で働いているときは施設介護職員（Residential Care Officer：ＲＣＯ）と呼ばれていた。その違いは、職員によると、ＬＳＷは障害者本人が自分で自分のことができるように動機づけていくことや障害者本人ができないことを補助することが職務内容であるのに対して、ＲＣＯの役割は入所者の全てのことをやってあげることが職務内容である点にある。自分の役割についてはこのような違いがあると職員は説明していた。

また、ノーマライゼーション理念やソーシャル・ロール・バロリゼーション理論に基づいて、「ノーマル」な生活の実現のために働いていることをも強調していた。社会的に望ましい役割を障害者本人に与えることの重要性を職員は面接で主張した。

ここからうかがえるのは、職員が脱施設化の理念をある程度理解している様子である。しかし、一方で、実際の援助行動においては様々なとまどいを職員が感じていることも面接でわかってきた。たとえば、ある34歳の障害者本人に対しておもちゃを与えることは年齢からみて不適切ではあるけれども、本人はおもちゃで遊ぶのが好きなので、おもちゃを与えるべきか否かについてしばしば悩むと話してくれた。もう一人の職員は、攻撃的な行動がみられる男性がテディベアがほしいといってきたので、それを購入してプレゼントしたところ、とても喜んでくれたらしい。その障害者本人は薬を飲むのが嫌いでいつもそれを拒否するのであるが、テディベアを抱かせると素直に薬を飲む。しかし、ソーシャル・ロール・バロリゼーション理論からすれば、このような対処の仕方は成人男性には不適切と思われるため、このままでよいのか、どのようにサポートしていけばよいのかについてしばしば悩むと語ってくれた。

　これらの事例からわかるように、理念について理解していても、実際にそれをどのようにして実現すればよいのかが現場の職員にとって難問となっており、かなり困っているようでもあった。だからといって、理念が無用というわけではもちろんない。しかし、理念を現場でどのように実現すればよいのかが緊急に検討しなければならない課題である。

　調査結果の紹介は以上で終わることにし、次に、この結果に関して考察したことを論じていきたい。

3．考察

　ここでは、調査結果のなかでも特に気になった、地域移行プロセスと地域生活支援のあり方について、それぞれの問題点と課題を考えることにする。

（1）移行プロセスの問題点

　まず、地域移行のプロセスに関する問題点について論じたい。

チャリナーセンターの解体・閉鎖は、1994年から1998年の4年間という短期間で行われた。そのため、地域移行のための準備が不足することになってしまった。チャリナーセンターの解体・閉鎖は、行政や施設の管理職中心に計画が進められたトップダウン方式で実行されたわけである。そのため、障害者本人や家族は施設の解体・閉鎖に関する意思決定には十分参加できなかったこと、また、障害者本人や家族に対する説明も不十分な結果となってしまったことが明らかとなった。施設が解体される期間中、家族は地域移行計画に対して反対運動を起こした。行政の不十分な対応や説明が家族に不信感を抱かせたことが、この運動を起こすきっかけとなったようであった。

　この4年間で地域移行させたのは重度の障害者であった。特に、攻撃的な行動障害のある人たちであった。つまり、地域移行に当たっては十分な準備の必要な障害者本人であったわけである。しかしそれにもかかわらず、短期間のうちに、しかも準備不足なまま、強引な形で地域移行を進めたため、地域移行後には様々な問題が発生した。例えば、同居者とのミスマッチが原因で、障害者本人同士たいへん険悪な関係となってしまい、日常的に問題を起こすケースが現れた。また、地域移行後に新しい生活に慣れるのに時間がかかり、不安が強くなって職員や同居者に暴力を振るうなどの問題行動を起こし始めた障害者本人もいた。その後、職員のサポートによって攻撃行動などは改善されたのではあるが。

　短期間で地域移行を実行したしわ寄せは、職員にも及んだ。たとえば、障害者本人に関する情報を事前に入手する時間がなかったために、地域移行当初、職員は個々の障害者本人にどのように対応すればよいか迷い、十分に対応しきれなかったケースが少なくなかったようである。

　以上のような問題点がチャリナーセンターにおける地域移行プロセスについては指摘できるだろう。

(2) 地域生活支援の問題点と課題

次に、地域生活支援の問題点と課題について論じたい。

まず指摘されるのが、日中活動に関して、選択肢が少ないことである。21名の対象者の主な日中活動は、ＣＡＳという外出活動が中心であった。ＣＡＳの時間数は障害者本人によって異なり、重度の障害者ほどＣＡＳを利用する時間数は多い傾向にあった。しかし、重度の障害者にとって外出は身体的に負担となる場合があるが、にもかかわらず決まった時間数以上に外出しなければならなかった。なぜなら、ケアプランによってＣＡＳの時間数が決められており、そのプランに沿って行政からサービス提供機関に報酬が支払われる仕組みになっている。だから、サービス提供機関はケアプランで決められた時間数以上に外出サービスを提供しなければ契約違反となってしまうからである。その結果、疲れて外出したくないときでも、外に連れ出されることもあるのであった。

逆に、軽度の障害者の場合、ＣＡＳの時間数が少ないため、家で退屈していることがけっこうあり、その結果、同居者にいたずらしたりすることもある。

日中活動の選択肢が外出か家にいることしか実質的にはないため、例えば就労したい障害者本人は不満を抱えることになる。なぜなら、就労支援を管轄するのは連邦政府であり、日常生活支援を行ってるのは州政府で、両者の間で連携がうまくいっていないため、就労という選択肢が与えられないままとなっているからである。また、在宅で生活している障害者本人が優先的に就労支援のサービスを受けたり、デイセンターを利用できるので、地域移行した障害者本人はこれらのサービスを利用するチャンスが少なくなっている。これも、地域移行した障害者本人の日中活動の選択肢を狭めてしまっているのである。

次に、職員の技量と能力によって、障害者本人の日中活動のバリエーションが異なるという問題がある。家にいるときにどのようなことをして過ごす

かは、職員が考えることになっている。自宅において様々な教育プログラムを考え工夫する職員もいれば、他方、障害者本人にただテレビをみせるだけの職員もいる。本を読んだり、リラクゼーションのためのマッサージをする職員がいるかと思えば、まったく障害者本人を放っておく職員もいるのであった。また、ＣＡＳを使って外出する場合でも、乗馬や水治療法など障害者本人の好みなどを考えて外出先を考える職員もいれば、毎回ショッピングセンターや食堂などにしか連れていかない職員もいる。

　このような状況になるのは、職員だけの責任ではないだろう。なぜなら、日中活動のためにどのようなプログラムを組めばよいか、そのトレーニングを受けてこなかった職員も少なくないからである。ゆえに、この問題は職員研修が整備されていない状態が生み出しているとも考えられるわけである。また、居住サービスを担当している職員に、日常生活のサポートだけではなく、障害者本人の日中活動全般も任せていることは、障害者本人・職員双方にとって望ましいことなのかどうか、議論を要すると思われる。なぜなら、一日中、居住サービスを提供している同じ職員と過ごすことになってしまい、ノーマライゼーションの原理からすれば、それは「ノーマル」な状況ではないともいえるからである。

　ただし、今回対象としたのは重度の障害者本人であったため、日中活動を受け入れてくれる場も限られており、さらに障害者本人もすぐに疲れるなどの身体的条件があるために、このような状況になっても仕方がない側面もあるのかもしれない。けれども、今後とも検討すべき課題であろうと思われる。

　地域生活支援に関する第三の問題点・課題として、障害者本人が社会参加し、職員以外に友人をつくるチャンスが少ないことがあげられる。特に今回対象とした重度の障害や行動障害のある障害者本人にとっては、対人関係をつくることが難しいようであった。今回の調査では、職員や施設時代の友人以外に新たに友人はできていないと答えた障害者本人が多く、全く友人がいないと答えた障害者本人も存在した。障害のない人と友人になりたいという

希望を述べる障害者本人もいたが、調査時点までにおいては、なかなか実現が難しい希望である。

　この問題には、日中活動の選択肢が制限されていること、職員の技量の問題が絡んでいるだろう。これらの要因によって、新たに友人をつくる場が制限されてしまっているのである。新たに友人をつくることのできた障害者本人が1名いたが、この人の場合、職員が他の団体や教会でボランティア活動ができるように、いろいろ手配してくれたおかげで、そのように友人が新たにできたのであった。新たに他者と出会う場をつくることが障害者本人の対人関係を促進するのに必要なのであり、そのためには職員の様々な工夫が求められる。

　第四の問題点・課題としては、地域との関係があげられる。調査時点においては、障害者本人は近隣住民と付き合うことはほとんどなかった。せいぜい、あいさつをする程度の付き合いしかなかった。近隣住民に障害者本人のことを理解してもらうことの重要性については職員も十分理解してはいた。けれども、それをどのようにして促進していけばよいのかについては、そのスキルを職員はもちあわせていないようであった。

　調査時点では、近隣住民との関係よりも、ショッピングや外食するときの店員との関係のほうが障害者本人にとっては実質的に重要であった。消費を通してしか、対人関係が形成できないのが現状といえよう。これでは収入の少ない障害者本人にとって非常に負担のある対人関係形成のあり方であり、長期的にみれば望ましいとはいえないだろう。もちろん、店員との関係も近隣関係の一部と考えられなくはないのだろうが、利益関係が絡まない地域との関係をいかに形成していくかが難問として残されているようである。

　第五番目は、恋人がほしいという希望や結婚したいという希望をもつ障害者本人をいかに支援していくかという課題である。クィーンズランド州では、知的障害者が結婚して子どもをもうけるケースはまだまだ少ない。性的欲求に対する支援については、ほとんど提供されていない状態である。しかし、

今回の調査からは、性的欲求の不満が攻撃行動など問題を起こすきっかけになっていることがわかった。特に、今回調査に協力してくれたサービス提供機関はキリスト教の教会が運営していることもあって、性的なことがらを取り上げることがタブー視されているようでもあった。だが、地域移行がノーマライゼーションの理念に基づいているのであれば、このような現実的な問題に直面しないわけにはいかないだろう。したがって、性的欲求や結婚の希望にいかに対処・支援していくかが今後の課題となっていくだろう。

　地域生活支援の問題点と課題の六番目は、障害者本人の精神疾患に対する職員や精神科医の理解不足である。今回の対象者の中には、統合失調症やうつ病を患っている障害者本人がいた。そういった障害者本人が問題行動を起こしたときにも、それを精神疾患のためと職員たちは最初考えなかった。しかし、それが精神疾患によるものとわかって、投薬するようになってからは、問題となる行動がなくなり、落ち着いてきた。

　一般的には知的障害者の問題行動はまさに「知的障害」が原因だと考えられているために、このような現象が起きるものと考えられる。もし精神疾患による問題行動と当初から認識されていれば、おそらくより早く適切な対処がなされたであろう。

　小さい頃から長期間施設生活を強いられた、意思疎通の難しい障害者本人の場合、施設生活によるストレスのせいでうつ症状などの精神疾患を抱えてしまうことがあるのだが、そもそも意思疎通が困難なためにことばで自分の苦しみを訴えることもできず、攻撃行動などの問題行動を起こしてしまう傾向にある。しかし、精神疾患の診断は主として言語に基づいてなされるため、このような入所者は精神疾患を患っているとは診断されず、知的障害が原因と判断されてしまう。そのため、適切な処置がなされることも少なくなってしまい、慢性的な精神疾患へと至るものと考えられる。同じような傾向が、地域移行後も継続してしまうのではないかとも推測される。また、一般的にも知的障害のある人は精神障害を罹患する比率は30％～40％であり、

そうでない人より高いと言われている（Queensland Center for Intellectual and Developmental Disability, UQ, 2002）。

　しかし、知的障害と精神疾患の症状とは区別しにくいものなのであろうが、職員が精神医学の知識を習得することによって、地域生活においてより適切な対処が可能となるであろう。また、地域で開業している精神科医に対して、知的障害に関する教育を行うことも、脱施設化を成功させる重要な条件となるであろう。

　第七番目は、職員に関する問題点と課題である。これまでにもすでに触れてきたことではあるが、職員がどのように地域生活を支援するかが脱施設化の成否を左右する重要な要因となっている。しかし、地域で働いている職員の離職率は高い。今回話をうかがった職員たちは長く地域で働いてきているが、彼らの話では同僚の離職率が高いとのことであった。

　その原因の一つは、職員の待遇が悪いということである。「マクドナルドで働いたほうが時給は高い」という職員の発言は、職員の待遇の劣悪さを端的に表しているといえよう。このような待遇でも長期にわたってこの仕事を続けてきているのは、障害者本人を支援することに生きがいとやりがいを感じているからであると職員は説明してくれた。けれども、いつまでも職員のボランタリー精神に頼るだけでは、優秀な職員を安定的に確保できるかどうか疑問である。給与の改善など、職員の待遇を良くしていかなければ、質の良い生活支援を提供することができなくなってしまうのではないだろうか。

　また、地域生活支援に必要なスキルを職員がきちんと身につけられるように研修の場を設けることも重要だと思われる。たとえば、障害者本人の攻撃的な行動をどのように対応すればいいのか分からず、困っている職員もいれば、近隣住民との関係づくりをどのようにすればよいか見当もつかない職員がいた。それゆえ、ノーマライゼーション理念の実現には、職員をどのように養成していくかは重要な課題と思われるのである。

以上のような問題点と課題はあるものの、クィーンズランド州における脱施設化について評価すべき点もいくつかある。
　まず、チャリナーセンターという大規模な施設の閉鎖ができたことは評価に値するだろう。やり方は強引なところもあったが、それは見方を変えれば思い切ったやり方だったともいえる。施設を完全に解体できるように、施設跡地を大学に売却し、家族が反対しても地域移行せざるをえなくしたのであった。そして、施設をなくすだけでなく、地域の受け皿となる住まいも提供した。住居環境も一般的な住民の住まいに相当するレベルのものであった。
　地域移行後の生活については、障害者本人も家族もほぼ満足しており、施設に戻りたいという障害者本人は一人もいなかった。クィーンズランド州の脱施設化は、成功のうちに第一歩を踏み出したといえるだろう。もちろん、上で指摘した問題点と課題の解決が今後求められるだろう。
　脱施設化は大きく二つの課題がある。一つは施設入所者を地域に移行させること、もう一つは新たな入所者をつくらないことである。クィーンズランド州の脱施設化は、第一の課題をほぼ達成していると考えられる。第二の課題については、在宅で障害者をケアしている家族に対するサポートを充実させ、自宅生活が長くできるようにするなどの方法で、解決しようとしている。家族がケアできない場合は、地域で生活できるようにするサービスを提供しようともしている。たとえば、クィーンズランド州は脱施設化を実施する前に、障害児施設の解体を行っていた。そして、障害児のケアは家族か里親の家庭で行えるように支援してきている。このような方法で第二の課題に対処しようとしている。

　以上の調査結果と考察を踏まえて、日本の脱施設化がクィーンズランド州の脱施設化から学ぶべきことは以下のとおりであろう。
　まずは、当たり前かもしれないが、脱施設化を実現することは決して簡単なことではないということである。家族や地域住民などから猛烈な反対があ

ることが予想される。また、施設を閉鎖するだけではなく、地域における受け皿を用意していかなければならないが、それを準備するのも簡単ではない。

さらに、新たな入所者をつくらない努力も必要である。その覚悟と決意がなければ達成できない目標であろう。また、障害児施設のあり方についても考えさせられた。今回の調査結果からもうかがえるように、幼少の頃から施設に入所させられ、発育期を施設で過ごしてきた障害者本人ほど、より深刻な問題を抱え、行動障害も厳しくなる傾向がある。幼少の頃から施設に入所させることは、ぜひとも避けるべきことだと思われる。そのためには、オーストラリアのように、障害者施設の解体を進めるよりも前に、障害児施設を解体する必要があるだろう。また、家族が自宅でケアできるようにサービスを充実させることも重要である。そのためにも、日本において、障害児をもつ家族に対する支援のあり方や障害児施設のあり方をもっと議論すべきであろう。

参考文献

小松隆二、塩野谷祐一（1999）『先進諸国の社会保障2　ニュージーランド・オーストラリア』東京大学出版会。
高木邦明（2005）『オーストラリアの障害者福祉』相川書房。
Bank-Mikkelson, N. E. (1969). A Metropolitan area of Denmark: Copenhagen. In R. Kugel & W. Wolfensberger (Eds.). *Changing patterns in residential services for the mentally retarded.* 179-195. Washington, D. C., President's Committee on Mental Retardation.
Chenoweth, L. (1997). Is there a community for us? Deinstitutionalization policies in Queensland. In R. Adams (Ed.). Crisis in the Human Sevices: National and international issues. Selected papers from a conference held at the University of Cambridge in September,1996, 176-183. University of Lincolnshine & Humberside.
Chenoweth, L. (2000). Closing the Doors: Insights and Reflections on Deinstitutionalization, Law in Context, 17(2),77-100.
Dempsey, I. & Arthur, M. (2002). Support staff in a sample of Australian community-based services for people with a disability: case intentions, personal characteristics and professional development needs. *Journal of Intellectual & Developmental Disability, 27,*

201-214.

Disability Services Queensland (1999). Disability: A Queensland Profile. Brisbane.

Johnson, K. (1998). *Deinstitutionalising Women: An Ethnographic Study of Institutional Closure,* Cambridge University Press.

Nirje, B. (1969). The normalization principle and its human implications. In R. Kugel & W. Wolfensberger (Eds.). *Changing patterns in residential services for the mentally retarded.* 179-195. President's Committee on Mental Retardation.

Nirje, B. (1985). The basis and logic of the normalization principle, *Australia & New Zealand Journal of Developmental Disabilities, 11,* 67.

Queensland Center for Intellectual and Developmental Disability, University of Queensland (2002). Sand in Society's Machine: Models of Service Provision to Adults with an Intellectual Disability with Coexisting Mental Illness (Dual Diagnosis).

Wolfensberger, W. (1972). *The principle of normalization in human services.* National Institute on Mental Retardation. (中園康夫・清水貞夫訳 (1982) 『ノーマリゼーション―社会福祉サービスの本質』学苑社。)

Wolfensberger, W. (1975). *The Origin and Nature of our Institutional Models.* Human Policy Press

Wolfensberger, W. (1980). A brief overview of the principle of normalization. In R.J. Flynn & K.E. Nitsch (Eds.). *Normalization, social integration, and human services.* University Park Press.

Wolfensberger, W. (1983). Social role valorization: A proposed new term for the principle of normalization. *Mental Retardation, 21,* 234-239.

Wolfensberger, W. (2000). A brief overview of Social Role Valorization. *Mental retardation, 38(2),* 105-123.

Wolfensberger, W., & Thomas, S. (1983). *PASSING (Program Analysis of Service Systems' Implementation of Normalization Goals): Normalization criteria and ratings manual (2nd ed.).* National Institute on Mental Retardation.

Young, L. (2003). Residential and Lifestyle Changes for Adults with an Intellectual Disability in Queensland 1960-2001. *International Journal of Disability, Development and Education, 50,* 93-106.

Young. L., Sigafoos, J., Ashman, A., & Grevell, P. (1998). Deinstitutionalization of persons with intellectual disabilities: a review of Australian studies. *Journal of Intellectual & Developmental Disability, 23,* 155-170.

Young. L., Ashman, A., Sigafoos, J., & Grevell, P. (2000). A preliminary report on the closure of the Challinor Center. *Journal of Intellectual & Developmental Disability, 25,* 119-126.

Young. L., Ashman, A., Sigafoos, J., & Grevell, P. (2001). Closure of the Challinor Center Ⅱ : An extended report on 95 individuals after 12 months of community living. *Journal of Intellectual & Developmental Disability, 26,* 51-66.

第3章　ノルウェーにおける施設解体・地域生活支援の実態と課題

朝田千惠

はじめに

　本章の目的はノルウェーにおける施設解体にいたる歴史的な流れをまとめ、地域での障害者本人の生活の実態調査からノルウェーの施設解体と地域生活支援の実態と課題を整理することである。

　ノルウェーで、知的障害のある人のための施設ができたのは19世紀終わりのことであるが、知的障害のある人のためのケアが実質的に発展したのは戦後のことで、主に三つの段階に分けられる。すなわち、施設ケアの創設期、施設ケアの改善期、そして施設の解体期である。

　第1節では、施設ケアが始まるそれ以前を含め、四つの時期について、ノルウェーにおける知的障害のある人を巡る歴史的流れを述べる。主な歴史的経緯についてはその当時の政府審議会答申や政府報告書を要約した。なお用語については、現在ノルウェーでは障害者を指す言葉として「機能障害のある人（mennesker med funksjonsnedsettelser / funksjonshemmede）」を用いることが一般的である。しかし本稿では、原文資料に用いられている用語や各種機関・法律等の名称は当時の言葉のまま日本語に訳している。例えば、精神薄弱（åndssvake）、精神遅滞（evneveike）などである。

　第2節では、2004年～2005年にノルウェーのある県で行ったインタビュー調査をもとに、ノルウェーの施設解体期前後で障害者本人の生活の質がどのように変わったのかを述べる。またテッセブロー（Tøssebro）による施設解体期前後の大規模なインタビュー調査の報告書をもとに施設解体の実態と課題を明らかにしたい。

第1節　障害のある人を巡る歴史——文献研究に基づいて

1．施設ケア以前——19世紀終わりから戦前まで
（1）19世紀終わり

　ノルウェーで最初の知的障害のある人のための公的な組織的活動は、1870〜80年代に始まった。クリスティアニア（現在のオスロ）のリッペスターとハンセンが市の教育委員会に対して、1年間、知的障害のある子ども10名の教育と処遇のための資金を求め、議会がそれを承認、1874年、「精神異常児のための午後の学校」（eftermiddagsskolen for aandelig abnorme børn）が開かれた。75年には定員が30人に増えた。クリスティアニアに続き、1880年にセートレがトロンハイムで、1882年にハンセンがベルゲンで同様の学校を開く。これらの学校の目的は、一般の学校の負担を軽くし、合理的な治療や十分な働きかけにより、知的障害のある子どもたちが一般の学校教育に戻っていけるようにすることであった。

　1881年、「盲・聾唖児と精神薄弱児の教育に関する法律」（Lov om døve, blinde og åndssvakebarn）により、知的障害のある子どもに対する教育の義務が定められた。しかし、全てではないが、視覚・聴覚障害のある子どもは一般の学校で、知的能力に応じた教育を受けることができたのに対して、知的障害に関しては、実際に教育を受けられたのは極めて障害の軽い子どもに限られていた。知的障害のある子どもの存在自体がきちんと把握されていない時代であった。

　リッペスターの妹エンマ・ヨーットは、1898年、寄付によってアスケル市に私的なホームを立ち上げた。ここが手狭になると、アスケル駅近くのソルヴァン農場に移り、定員は40名となった。1903年にはまた寄付金で、バールム市のトーケルーに土地と家屋を買い、数年後には定員60名のホームをつくり上げた。

　ヘードマルク県出身の国会議員サンベルクは政府に対して、ヘードマルク

県には収容所程度のものしかなく、親もその集落も、知的障害のある子どもたちをどこにやればよいのか分からず、死ぬまでずっと子どもたちを家に置いておくほか手立てがない、国はこうした事実に注目するよう訴えた。また1911年、サンベルクは国会に対して、教育不可能な知的障害のある子どものためのホームや作業所をつくるよう要請、1917年、クレブーのかつて視覚障害のある人のための施設であった建物がホームとしてつくり直された。

同じころ、1915年、ヨートはトーケルーの建物を国に寄贈、この建物を知的障害のある子どものためのホーム、作業所として使用すること、また知的障害のある子どものための学校と同じ管理下に置くことを条件とした。この後、一連の活動に対してヨートは、国王から功労賞を授与される。

(2) 1935年の社会福祉法委員会

1925年、児童保護審議会が「知的障害のある人のための教育とケアに関する委員会」を指名、1927年、同委員会は最善策として、国土をいくつかの圏域に分け、各圏域に大規模な中央施設を置くことを提案する。その後1935年、社会福祉・社会保障全般を見直すための社会福祉法委員会は、上の委員会の提案を引き継ぐ形で、圏域ごとに医学的・教育学的方針をもつ中央施設を設置することを提案した。

視覚障害と聴覚障害、知的障害のある子どものための学校の担当行政再編についての実際的な議論が長引くが、社会福祉法委員会に専門委員会が出した答申のとおり、1945年には「精神薄弱児のための学校」（Åndssvakeskole）は国民学校と同様、教会・教育省の管轄下に、教育不可能な精神薄弱児のためのプライェム（ケアホーム）は社会省のもとに置かれることになった。

しかしノルウェーの知的障害のある人のためのケアは、ヨートの時代から大きく前進していない。1945年の時点で、知的障害のある人の数は1万3千人、施設を必要とする人が約6千人と試算している（Tøssebro, 1992, p.48）のに対し、実際の国のホーム定員数は合計約480人分、私的なものが15人分に

過ぎない。

2. 施設ケア創設期——1950～60年代

(1) 1949年の精神薄弱者へのケアと保護、指導を行うためのホームに関する法律（Lov om hjem som mottar åndssvake til pleie, vern og opplæring）

　1949年、社会省は「精神薄弱者へのケアと保護、指導を行うためのホームに関する法律」の草案を提出、同年7月28日に国会で承認された。より広範な新しい法律ができるまでの一時的な法律であるとしながらも、社会省から認証を受けたホームは国から運営資金が得られることになった。ただし、これは誰が知的障害のある人のケアの責任をもつのか、誰が施設を開設し、その建築費を支払うのかについては定めておらず、これまで人道主義組織などが所有してきた施設の運営資金を確保するための法律であった。

(2) 1951年の特殊学校法（Spesialskoleloven）

　「精神遅滞児のための特殊学校」（Spesialskoler for evneveike）がつくられ、7～21歳までの子どもがその対象となった。しかし実際には特殊学校を利用できない人が多かった。利用できない人や21歳で特殊学校を修了した場合には精神薄弱者ケアが適用された。また特殊学校法の管轄からもれ、サービスを受けられない人も、1969年の「基礎学校法」（Lov om grunnskolen）の中で定められている教育を受ける権利と義務が適用されることになる。この法律は、一般の義務教育についていくのが困難な子どものための特殊教育についてもその方向性を示した。

(3) 1952年の精神薄弱者ケアのための国家計画（Landsplanen for åndssvakeomsorgen）

　1952年、社会省はケアの法制化と障害をもつ人への特別なケアを発展させるために、「精神薄弱者ケアのための国家計画」を提案、国会でも承認を受

けた。内容は、以前、社会福祉法委員会が出した答申を引き継ぐ形で、国土をいくつかの圏域に分け、上級医師主導のもと、各圏域ごとに中央施設を設置、そこであらゆるタイプの知的障害に対応するケア、保護と指導を行うことであった。また、圏域内の他の小規模なホーム、自宅介護、作業所などの社会的・教育的取り組みに対しても、中央施設の管轄下におき、指導を行うこととした。国が所有してきた施設の経費は引き続き国が負うとしたが、施設運営は人道主義組織に任された。1961年、中央施設への建設資金貸付制度が国会で認証され、1964年には、50％までだが、小さなホームに対する同様の制度も認証された。この制度は1965年には介護者養成のための教育機関の建設にも適用された。

(4) 1969年の病院法（Lov om sykehus）

1949年の運営資金について定めた法律は、1969年6月19日、病院法にまとめ直され、各県——あるいは県共同体——は、その地域住民に対して診断や治療、入院の必要があればそれを満たすために、保健施設の開設計画と実行、運営の責任を負うことになった。知的障害のある人のための伝統的な施設もこの保健施設に含められた。運営資金は75％を社会保障費、残り25％は県が負った。病院行政の中では知的障害のある人のためケアの分野が全くそのニーズに応えられていなかったこともあり、この法律の施行（1970年1月）から5年の移行期間、無利子の資金貸付などの特別措置がとられた。精神薄弱者ケアという言葉が廃され、「知的障害者保健」（helsevernet for psykisk utviklingshemmede: ＨＶＰＵ）が確立する。

戦前からの優生保護思想と、1950～60年代の合理化・効率化をよしとする産業・社会の発展、また好景気という流れのなか、ノルウェーでは、国会で知的障害のある人のための施設定員を少しでも早く、増やしていくことが幾度となく取り上げられていた。施設の目的の一つは隔離と管理であり、収容人数を増やすことが目指され、教育や職業訓練、タイプごとのケアはない。

施設の定員数自体は1945年の定員500人弱から1949年以降60年代半ばまで急激で平均的な伸びを示し、一番多い年で年間350人増員、1969年には109施設、約5500人まで増えた。60年代終わり、増加率は横ばいになり、1976年にそのピークを迎えた後、1977年からは若干の減少傾向を示している。

3. 施設ケアの改善期——1960年代後半〜70年代

　1960年代半ばから、施設での非人間的なケアに対する批判やメディアによるスキャンダル告発などから、「障害者のための権利擁護」アクションが始まった。また1967年には、親と障害者本人らによるノルウェー知的障害者協会（Norsk forbund for psykisk utviklingshemmede）が発足する。施設ケアの質の議論が行われるようになり、質の改善が目指されるようになってきた。

（1）1973年の審議会答申『知的障害者のためのケア』（NOU1973:25 *Omsorg for psykisk utviklingshemmede.*）

　1973年、知的障害とは統計上の数の問題ではなく、周りの環境に大きく影響されるものであり、研究の結果、知的障害のある人は学び、能力を伸ばしていくことができるという全く新しい見解が示された。1960年代終わりから、知的障害のある人の権利への理解が高まり始め、障害のある人を特殊ケアや保健施設に分類される施設に押し込める伝統から脱却し、彼らに世間一般の人を対象とするケアを適用すべき、という考えが生まれてきていた。この新しい政府見解はこの考えを後押しするものとなり、知的障害そのものが問題なのではなく、必要とされるサービスを提供すべきは一般社会であるという認識が広まる。ただし、経済的理由からこの時代にはまだ実現できない状況であった。

（2）1974年の国会報告『知的障害者のためのケア』
〔St.meld.nr.88(1974 / 75) *Omsorg for psykisk utviklingshemmede.*〕

1973年の審議会答申を受ける形で、1974年、国会はその報告書の中で、知的障害のある人へのケアは学校や病院、社会保障や雇用といったあらゆる行政分野が共通して関わるべき課題であり、一般の人と同じように扱われなければならない、脱中央集権化、統合がそのために必要であり、知的障害のある人へのケアの基本的な責任を負うのは地域であるとした。教育と雇用が強調され、ノルウェーで最初の施設批判とノーマリゼーションの原理が示されたのである。同時に知的障害をもった子どもが親の下で暮らせるような取り組みが議論される。

　しかし、それまでの「精神薄弱者ケア」は一部の人々にとってまだまだ必要であり、これを病院法の下、県の専門医療を指す特別保健医療サービス、すなわち、県行政下のＨＶＰＵとした。ケアの内容が差異化し、施設ケアのニーズが高まったため中央施設はその機能を残された。脱中央集権化、地域化の流れで小規模施設がつくられるのに合わせて、いずれ中央施設の定員数を減らしていくこと、また施設内の各ユニットは定員を減らし、より家庭的な雰囲気につくることなどが示されている。表１は、1974年の国会報告に示されたＨＶＰＵ下の施設のあり方をまとめたものである。

　この国会報告では中央施設の縮小化に向けた具体的な期限などは示されていない。施設定員の削減も、現実には1977年の定員3764人が85年に2874人になっているだけである。しかし、1970年、中央施設の平均定員数が224人で、他の施設定員の平均が25人であったのが、1989年にはそれぞれ、142人と13人へと減っている（Tøssebro, 1992, p.53）。また1975年、中央施設17カ所の他に83カ所あった小規模施設は、1983年には165カ所に増え、そこに住む知的障害のある人の数は1899人から2536人になった。個室の割合が増える、施設の職員配置がより手厚くされる（NOU1985:34）など、施設ケアの質の改善が見られる。また、施設は15歳以下の子どもの受け入れを減らし、ＨＶＰＵ施設以外でのサービスが議論されてきた。

表1. HVPU下の施設のあり方と目的

施設の種類	目標・任務	規模	対象グループ
中央施設	診断、治療、指導、特別な看護、専門家の育成、研究。高度な専門領域、差異化	定員4～500人まで。定員100人程度の施設も含む	もっとも虚弱な患者、特別な治療と看護を必要とする人、診断の困難な人
小規模ホームファミリーホーム	家族や患者の生まれ育った場所により近いところでサービスを提供すること。デイサービスも含める	定員3～100人。ほとんどが10～30人定員	特殊なことを必要とせず、専門家でないがある程度の知識をもった職員のいる家庭的な環境で上手くいく人
ケアハウス	職業訓練やその他の教育を受けている人へのサービス、期間制限あり	定員6～10人	普通のアパートではうまく自己管理できない人
小規模の特別ホーム	さまざまな治療や教育のサービス。より専門的な職員がつく。従って、中央施設か専門施設の近くに位置するのが望ましい		重複障害をもつ知的障害のある人(精神障害など)
週日制／週末ホーム	教育を受けている途中の人や、自宅とのつながりを保っていたい人のためのサービス。週末の休養に		自宅では、教育の機会が小さくなる場合。週末ホームでは、自宅からデイセンターに通う子どもや若者、週末の滞在場所を必要とする子どもが対象
デイセンター	教育、仕事、作業。子どもの場合はできる限り家族との結びつきを保持し、自分の環境へともどすことをめざす。若者や成人には、住まい以外の場所でのサービスを提供		自宅に暮らし、さまざまなタイプのケアサービス(デイホーム、学校、工場など)を受けている知的障害のある人(子ども、若者、成人)
福祉工場	生産性を重視しない職場		デイセンターに通ってきた人

出典：国会報告 St.meld. nr.88 (1974/75)

1979年、関係する四つの省庁は、「知的障害のある人へのケアに関する通達」（Rundskriv）を全市に向けて出し、地域社会とさまざまな部署が知的障害のある人のケアに対してどのような責任を負っているかを示した。しかし、ＨＶＰＵ施設が病院法を根拠に財政補助がなされているのに対して、通達では市への財政支援が明らかにされていない。基礎学校法で全ての子どもは最初、自宅のある町の学校に通うことが定められているが、財政困難のため、地域には卒業後の受け入れ先もなく、ＨＶＰＵ施設に行くか親の下に留まらざるを得ない状況が続いた。70年代の施設入所者数は約5500人、これはノルウェー人口の約0.14％、行政上、知的障害とされる人の約３分の１（成人では２分の１）に相当（Tøssbro, 1996, p.83）する。

4. 施設ケアの解体期——1980～90年代
（1）1985年の審議会答申『知的障害者の生活状況』（NOU, 1985:34 *Levekår for psykisk utviklingshemmede*）

　1982年、社会省はロッシウスを座長とするＨＶＰＵ見直しのための審議会を設置。審議会はＨＶＰＵ施設を個人の生活の場として、例えば、次のような特徴を挙げている。

・そこに住む知的障害者がアイデンティティとライフスタイルをつくり上げていく可能性がない。
・自分の住まいや生活について意見を述べる機会がなく、住まいや生活の選択肢を与えられていない。
・連続的な調整やマネージメント、プライバシーがない。
・システムにあわせて、相部屋かどうか、また誰と同じ部屋になるのかが決まる
・システムの都合によって、転居させられる。
・どこかに外出することを自由に決められる人は、ほんのわずかしかいない。

こうしたことから審議会は、「知的障害者の施設における生活状況や生活水準は、人道的、社会的、文化的に受け入れがたいものである」とし、1985年、審議会はその答申の中で、1995年の終わりまでの10年間に、県の知的障害者のための保健ＨＶＰＵを解体することを提案した（その内容については資料1参照）。ロッシウス答申は諮問で、サービスが市の責任となることや脱中央集権化、ノーマリゼーションの考えに支持を得たが、施設がなくなること自体は反対の声が多く聞かれた。だが1988年、国会上院が正式に承認、1991年1月1日から5年間でＨＶＰＵ施設を解体することが決まった。

　(2) 1991～1995年のＨＶＰＵ改革（HVPU-reformen）
　ＨＶＰＵというのは知的障害のみをその対象とし、施設を中心とする県の特殊ケアのことである。入所施設のほか、日中活動を行うための施設、特別な住まいとそこでのケアサービス、余暇、雇用など総合的なサービスの提供を行ってきた。1989年、施設に暮らしていた人は5335人、施設外に約1250人、合わせて約6600人がＨＶＰＵサービスを利用していた（Tøssebro, 2002, p.10）。
　ＨＶＰＵ改革とは、このシステムを解体し、知的障害のある人へのサービスの責任を県から市に委譲する行政改革でもあった。改革の大きな特色は、トップダウン型の脱中央集権化とＬＥＯＮ主義[1]、またケアやサービスの面からはノーマリゼーションとインテグレーション、施設解体がその大きな特色である。ある一部のグループだけを対象とする特別法をつくることは隔離であるとみなされた。知的障害のある人の生活の質を他の人と同じ程度にまで引き上げるためには、一般の人が受けている市のサービス、つまり教育や文化、社会サービス、住宅などを、市の各担当部署がそれぞれに知的障害のある人にも提供することが定められたのである。
　1988年から90年にかけては準備期間として、住まいやサービスのあり方、個別計画についての基準が出されると同時に、市は改革の実施計画が求めら

れ、取り組み推進のために特別補助が市に融資された。1990年からはＨＶＰＵ予算が各市へと分配され、市に戻ってきた障害者１人当たり１カ月１万クローネが市に与えられた。ノルウェー住宅銀行からは特別融資が行われ、国の厳しい基準を満たす新しい住宅が建設された。同時に地域移行後の市での人材不足が予測されたため、職員教育も課題の一つとして挙げられていた。社会省は特別な教育プログラムを進め、ＨＶＰＵ下で働く職員は、介護士や心理士、作業療法士に理学療法士などの専門職に対する専門課程教育や、資格をもっていない現場職員を対象とする基礎教育やフォローアップ教育が行われた。医療や社会サービスなどは主に、市の保健サービス法（Lov om helsetjenesten i kommunene）（1982年）や社会サービス法（Lov om sosiale tjenester m.v.）（1991年）、国民保険法（Lov om folketrygd）（1997年）によって定められている。

　ノルウェーは他の国に比べると、実質的な施設解体の期間が非常に短い。地域への移行は1991年までに3000人、1993年の時点ですでに4000人以上の人が施設から地域に出ていた。1994年にまだ施設に残っていたのは約700

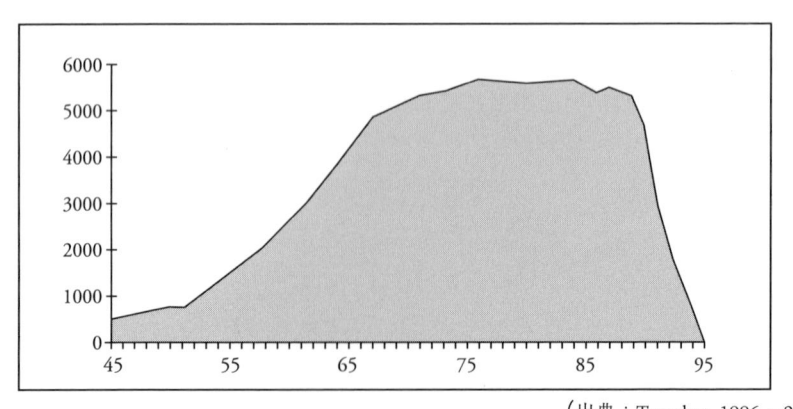

（出典：Tøssebro ,1996, p.23）

図1．ノルウェーの入所施設入居者数の推移（1945～95年）

人、技術的、行政的には予定どおり地域への移行が進められ、施設解体は期限内に終わった（図1）。

(3) ノルウェーにおける現在の医療・社会サービス

ノルウェーの行政府は国・県・市[2]の三段階に分かれており、管轄する業務が明確に分けられている。ノルウェーの市自治体はスカンディナヴィア諸国のなかでもその規模が小さく、55％の市が人口5千人以下、22％の市は人口2千人以下である（2006年現在、ノルウェー統計局）。ノルウェーでは1969年ごろから地方分権化が進み、1986年に、国から市自治体への、用途が比較的自由な補助金制度の創設、1993年の地方自治体法改正により、より地方の実情やニーズに即した行政がより可能になった。また地域による経済状況の格差を埋めるために、国からは補助金が出されており、国内のどこに住んでいても最低水準のサービスが確保されるよう配慮されている。障害のあるなしにかかわらず住人が地域社会で暮らしていけるようにするために、国や市は必要とする人に対して例えば次のようなサービスを提供する義務が課されている。

①障害年金（uførepensjon）

国民保険法に基づき、障害や疾病、負傷によって労働能力を失っている18～66歳までの人に対して、主に障害年金〔あるいは障害手当（tidsbegrenset uførestønad）〕が支給される。障害年金は基礎年金（grunnpensjon）と付加年金（tilleggspensjon）、特別付加（særtillegg）を組み合わせている。基礎年金はそれまでの所得に関わりなく、16～66歳の間に合計3年以上加入した全ての人が受け取ることができ、40年間加入で満額となる。障害者の場合、障害年金に加えて、移送や通信などのための基礎支援金（grunn stønad）と特別なケアやサポートのための補助支援金（hjelpestønad）、住宅補助（bostølle）などが障害の程度に合わせて支給される。

②医療

ノルウェーでは、病気になったときにはまずかかりつけ医にかかり（市の保健サービス法）、そこで診断、治療できない患者のみが、第二次ラインの病院で専門医療を受けることができる（専門医療サービス法）[3]。公立病院での治療や入院にかかる費用は基本的に全て無料である。病院外の一般医、心理士や理学療法士による診察や治療、特別な薬、移送費の一部は患者の自己負担となる[4]が、残りは市による支出と国民保険制度でまかなわれる（市の保健サービス法と国民保険法）。また慢性病治療薬の購入には国からの補助が出る。

　③ 社会サービス

　社会サービス法と市の保健サービス法に基づき、市は以下のサービスを提供する。

- 疾病、機能障害、老齢などの理由により特別な支援を必要とする人への実際的な支援や指導、サービス利用者自身が管理するパーソナルアシスタント[5]
- 負担の重い介護を行っている個人と家族が休養するための支援
- 支援を必要とする人のための支援コンタクト[6]
- 支援を必要とする人のための24時間介護体制の整った施設や住居
- 特に負担の重い介護を行う個人や家族へ手当（以上、社会サービス法§4－2）
- 自分で住宅を準備できない人に対する臨時住居の提供（社会サービス法§4－5）
- 生計の成り立たない人に対する公的扶助（社会サービス法§5－1）
- 健康の増進と、病気やけが、障害の予防、診察・治療、ハビリテーションとリハビリ、看護と介護
- 上に関連して、一般・救急医療サービス、理学療法、作業療法、看護師・保健婦・訪問看護師、助産婦による保健サービス、24時間看護・介護を提供できるシュークイェム（sykehjem）や住宅、医療報告（以上、市の保健サービス法§1－3）

市の在宅サービス部門には、具体的には、訪問看護、ホームヘルプ、精神科看護師によるケア[7]、作業療法、理学療法、デイセンター、精神科デイセンター、ケアつき住宅、安全アラーム、支援コンタクト、介護手当[8]、配食サービス、パーソナルアシスタント、環境調整士[9]などがある。また作業療法士がサービス利用者の生活環境を見極めた上で、各県に一つあるセンターから車椅子や天井付けの移動用リフトといった大型器具、手に障害のある人にも使いやすい庖丁などの調理器具に至るまでの補助器具が無料で貸与される。たとえ重度の障害があったとしても、集合住宅や町の中のアパートでこうしたサービスを利用しながら地域での生活を送ることが実際に可能となっている。

5. ノルウェーにおける自立生活運動の流れ

　1970年代にアメリカ合衆国で始まった自立生活運動（Independent Living-bevegelsen）に影響を受けて、ノルウェーでは1994年からの障害者福祉国家行動計画のなかで利用者管理のパーソナルアシスタンス（brukerstrt personlig assistanse: BPA）が試験的に実施されてきた。その結果、2000年5月1日からＢＰＡが社会サービス法に基づくサービスとして定められた。重度の障害のある人であっても、自宅と外でできる限り活動的で自立した生活を送ることを可能にしようとした。スウェーデンやデンマークに比べると導入時期は遅いが、1989年のＢＰＡ利用申請者数は459人から2002年には958人にまで増えており（St.meld.nr.40,p.17）、今後もその数は増えるものと見られる。またこれまでは18歳以上の成人の利用が多かったのに対して、今後は障害のある子どもによるＢＰＡ利用が考えられる。

第2節　ＨＶＰＵ改革後、障害者本人の生活の質はどう変化したのか
　　　　──インタビュー調査に基づいて

　2004～2005年、ノルウェーのある県において、ＨＶＰＵ施設に暮らしてきた障害者本人5人、ＨＶＰＵ施設での職務経験のある職員9人、子どもをＨＶＰＵ施設に住まわせていた家族4人を対象に、ＨＶＰＵ下での生活と現在の地域での生活についてインタビュー調査を行った。現地調査はボードゥー大学研究員（ソーシャルワーク）のマリアンネ・カルボゥールーハンセンに依頼し、彼女が情報提供者とのやり取り、インタビュー調査、テープ起こしまでを行った。

　ノルウェーではＨＶＰＵ改革に関連してさまざまな調査が行われてきた。なかでもテッセブロー（トロンハイム大学）はＨＶＰＵ改革前後、障害者本人の生活の質について大規模なインタビュー調査を行い（1989年、1994年、2001年）、調査結果を報告している。第2節ではテッセブローの調査報告を参考にしながら、2004～2005年のインタビュー調査の結果を下にＨＶＰＵ改革前後のノルウェーにおける地域移行の実態とその課題について整理してみたい。

1．入所施設での生活

　まず施設での生活について「仲間がいたから、よく催し物が開かれていたから、個室を与えられていたから良かった」という声も聞かれたが、障害者本人や家族、職員の多くは次のように語っている。

　障害者本人：「自分のものは何もない。服さえも」「厳しい。人が多く、みんなよく似た服を着ていた」「初めの頃は好きだったけれども、そこにいるのは大変だった」「あちこちでわめいたり、叫んだり。ああ、嫌だ！」「ここ（今の住まい）にいたい。引っ越したくない」
　家族：「初めの施設は精神病院みたいだった。兄を訪ねていくのは恐ろ

かった。A施設に移ったときにはずっと良かった。（中略）みんながみんな、同じように見えた。同じ服に、同じように見える部屋。なにもかも、古臭かった」

職員：「ケア、ほとんどがおむつ交換、食事介助」「ユニットは大きく、時間はなく、入所者が多かった」「初め、私は重度の障害のある病気の人のユニットにいた。一日のほとんど、ベッドに寝たまま。みな同じ服を着て、自分の下着すらもっていなかった。個人の衛生は私的なものではなかった。一人の職員が（ドアもないところで）みんなのトイレ介助を行い、別の人が入浴介助、また別の人が更衣させていた。流れ作業のようだった」「問題行動が多く、今ほど医療ケアもなかった」

こうした声から浮かび上がるのは、個別性の見られない集団ケアの様子である。障害者本人の声からは施設に対して嫌悪感を抱いていることが感じられる。施設では個室を与えられている人もいた。しかし時期的な差があるとはいえ、一部屋に生活する人の人数が2〜6人とその差は大きい。また、トイレ介助が人目にさらされているなど、プライバシーもない。

「重度の障害のある子どもには、ある程度の流れやガイドラインのようなものが必要だった」と答えた家族があったが、施設には朝の礼拝から食事、日中活動に就寝時間とすべてのスケジュールが決められていた。罰則があったと答えた障害者本人はいなかったが、アルコールの禁止やお金の使い方など、さまざまな規則が作られていた。それらの規則やスケジュールに対して、障害者本人の意見は取り入れられてはいない。

家族：「息子にも他の2人の障害者本人にも大変な問題行動があった。身体は大きく、怒りっぽい。職員は常に完全な監視体制を敷いていなければならなかった」「みんなルールを理解することができなかったから、職員は完全な監視体制を敷いていなければならなかった」

職員：「非常に障害の重い人たちで、起床時間や食事の時間などが決められていた。何かしなくてはならないことがあろうと、なかろうと、みんなが同じ時間に起きなくてはならない。その辺をちょっと散歩するというような日中活動に出かけるまでに、何時間も座ったまま待っていなければならない人もいた」「キリスト教の施設で、全員が朝の礼拝に出なければならなかった。アルコールは禁止だったが、最後の年、グラスに一杯のワインを飲んだ人があり、これについて、話し合いが何度も開かれた」「何もかもが決められていた。食事、就寝の時間、お金など。利用者は何に対しても意見が言えなかった」

入所者と職員の関係は、障害者本人や家族がおおむね良い関係であったと答えたのに対して、職員は「良い関係」のほかに、いくつかの異なるコメントをしている。

職員：「ユニットは大きく、入所者も多かった。時代も違い、入所者に対する見方も違った。今起きれば非難されるようなことがたくさん起こっていた。しかし当時はそういうものだと考えられていた。もちろん入所者のことを気にかけていたが、今とは違う形でだった。しかし職員同士は昔のほうが親密だった。厳しい状況の中、お互いに頼り合い、密に付き合っていた」「彼らには何も口出しできるものはなかった。私たちが彼らの一日を管理していた。そのことが両者の間柄にも関わっていた。彼らは話すことができず、周りで何が起きているのかがあまり理解できていなかった」「当時、入所者が私の職場に住んでいたが、今は、私が彼らの家で働いている。それが大きな違いだ。当時よりも、今はもっと私たちが個人的になった」

少人数で多くの入所者を見なくてはならない職員にとって、施設は入所者

を管理しておく場所であり、障害のある人の生活の場であるという意識が薄かったことが読み取れる。

2. 地域移行のプロセス

テッセブローによると1989年当時、子どもをＨＶＰＵ施設に入れていた親のほぼ90％が施設ケアに満足し、その大半が改革に対して消極的な立場をとっていた（Tøssebro, 1992, p.148）。施設解体の決定が報道され、実際問題として地域移行への準備が始まった当時、家族は改革に対して懐疑的であったこと、反対、抗議していたことを語った。

> 家族：「（前略）息子がＡ施設にいられるように強く要求した」「集会が開かれたが、そのプロセスはひどかった。ここには私と息子しかいない。娘を家に帰らせたくはなかった」「（前略）その時私は兄のところから数十キロのところに住んでいたから、そのままそこに住んでいられるようにしてほしいと手紙を書いた。兄に引越しをさせたくなかった、兄にはそのままのほうが良かったから」「悲しくて泣いてばかり。施設で彼女は幸せだった。引っ越せば彼女はもっと悪くなると思っていた」「変えるというのはどんなものも難しい。これもまたそう。心配するものだ」「難しかった。妹として兄に代わって決定を下さないといけない。兄にとって一番良いことを選ぶつもりだった。自分が間違いを犯さないかと怖かったが、もしも必要ならあとでまた変更することもできると分かっていた」

1980年代にはすでにノルウェー全土で新しい入所者の受け入れを止め、大規模な中央施設から障害が軽く状態の良い人から地域の小規模施設への転居が始まっていた。実際には大きな施設（1980～89年、平均入所者数約140～200人）から小さな施設〔平均約13～18人（Tøssebro, 1992, p.182）〕への転居なのだが、

インタビューでは職員たちはこの時期からノルウェーの地域移行と捉えていた。誰から出て行くのかは、障害者本人の希望というよりも、家族の意向や、受け入れ先の市にどのくらい準備ができているかが大きく関わっており、主任かそれ以上の職員によるグループが決定した。中には「最初、コミュニティはまもなく親元から自立する若い障害者本人を1人から数人受け入れ、そしてそのあとで、均一なグループ（同じような人を集めたグループ）をつくったり、一緒にやっていけると信じられる人を施設の中で探したりしながら、地域への受け入れを行なった」ケースもあった。

障害者本人には2〜6カ月前に主任クラスの職員が告げ、理解できる人には言葉で説明したり、実際に転居先を訪ねたりしている。しかし理解できないと思われる人については引越しを告げない場合もあった。引越しまでの準備期間は短く、障害者本人にとっても、職員にとってもそのプロセスは混乱に近いものであったことが職員の回答から読み取れる。

職員：「大混乱で、私たちは正しいのか、間違っているのか、分からなくなっていた」「とても複雑で、それぞれの意見がなかった。入所者が何を望み、何を享受できるかを推測するのは私たちに任されるときもあった。これは彼らにとっても、私たち職員にとっても新鮮だった。みんなにとって最良の道が何かなど、知る由もなかった」「初め、入所者たちはA施設内を移って回った。引越し前のトレーニングハウスだ。職員はとても少なく、彼らは自分たちで何とかできると思われていたが、結果はひどいものだった。というのは、彼らは自分たちでものごとを決定したことがなかったのに、さあ、あなたたちにみんな任せますよ、というのだから。ある女性は冷凍食品をそのまま食べていた。誰も調理法を教える人がいなかったからだ。この女性のことは今も知っているが、今でも料理ができないし、これからもできないだろう（後略）」「パニックのようなプロセスだった。期限があり、議論

は開かれておらず、人々はないがしろにされた。意見の対立が起こり、誰も自分の意見を聞いてもらえなかった。基本的には住まいの改革であり、仕事や余暇、仲間については問題にされていなかった。変えるべき重要な点は住まいの状況だった」

　トップダウン型で行われる期限付きの施設解体であるため、現場では職員同士がその方法やあり方を議論する時間や余裕はない。職員間の意見対立や時間的制限による準備不足は、障害者本人たちの実生活での混乱を招く結果となった。

　しかし一方で障害者本人は、この地域移行が主体的な決定ではなかった（他の誰かによる決定に本人が賛成した）ものの、地域への引越しを告げられて「幸せに感じた」と答えている。それまでにも施設を出ることを希望していたが、誰にもそれを伝えていなかった人もいた。自分の「家」がどんなふうであればよいと考えていたかという問いに対しては、「昔、自宅の裏に海があったから、また海の側に住みたいと思っていた。それで今、ここからは海が見える」と具体的に答えた人もいたが、実際には「ただ、良くなるだろう」、「引越しは大変だから、期待していなかった」と実生活の具体的なイメージが描かれていない様子もうかがえる。職員によると、引越しを告げられたその他の障害者本人たちの反応はさまざまである。

> 職員：「さまざまだった。とても怒っている人もあれば、それ（引越し）について話そうとせず抗議する人、親に反対させる人もいた。一人のある男性のことを覚えている。彼は自分の故郷を嫌っており、そのことを聞くたびに、怒り出していた。それでも彼は、故郷に返された」「人によってさまざま。どこに行くのか分からず、混乱する人もあれば、喜ぶ人もいた」「多くが喜んでいた。中にはA施設のある市に残りたがった人もいた。改革の後、合計で約100人がこの市に残り、こ

こが彼らの受け入れコミュニティになった」

　移行時のエピソードとして、15～20年間施設で暮らしてきた女性のことが語られている。長く施設に暮らしてきたが、施設解体にあたり、その女性自身も家族も故郷での生活を希望した。しかし20年近く故郷を離れていた間に、世の中は様変わりし、移行後の生活に女性は失望、施設に戻りたがった。それでも残りつづけてしばらく経った頃、その女性を取り巻く状況は改善されていったという。ここでの具体的な取り組みなどについては語られていない。また別の職員が語った当時40歳の男性は、生涯をほとんどずっとＡ施設で暮らしてきた。性格は静かで、優しく、学校にも行き、仕事もしていた。引越しについては十分前もって主任から伝えられ、職員は彼にその準備をさせようとしたが、男性は地域移行については聞くことを一切拒否した。結局この男性は1986－87年に転居させられた。このインタビュー調査実施の前の夏に彼に出会った別の職員によれば、彼は急に泣き出し、Ａ施設に帰りたがったという。施設を出て20年経った今なお、地域で孤独を感じている障害者本人がいるということである。

　具体的な引越しの準備は、障害者本人に対して話をする、地域の住まいを訪問する、家具を買いに行く、仮の住まいで実生活訓練を行う、などが挙げられた。ただしそれは話して理解できる人に限られており、入所者全員を対象としていない。職員はまた、受け入れ先の市に対して施設を出る障害者本人に関する報告やどんな受け入れ態勢が必要かを伝えた。

　職員：「住まいや市を訪ね、ミーティングを開き、入所者もそれに参加して話し、期待が高まった」「ときには練習用の住まいを使った。一軒の家に障害の軽い入所者が3～4人。そこで住まいをどのように維持し、きれいにするのかなど、実際的なことを学習していた」「新しく建てている住まいを見に行ったり、その近所の人に会ったりした。必

要なものや家具を買ったり、チャンスがあれば引越しについて、よく話していた」「新しい家の建物に関してまでも、計画に参加していたが、それが何を意味するかは理解していなかった。ある男性は今もそこを訪問中と考えていて、"家"であるＡ施設に戻るのを待っている」「それほど準備しなかった。いずれにせよ、彼らが言うこともたくさんなかった。それを強いる力もなかった」

誰とどこで暮らすか、引越しに対する障害者本人の意見や希望も、理解できる人の場合は聞いており、できる限り、その願いは叶えられていたという。しかし、それまで自分の意見を述べる機会のなかった入所者にとっては、希望を語ることすらまだ困難であった。

職員：「担当してきたのは重度の人が多く、ほとんどが口も利けなかった。そのため、彼らが何かを期待していたとすれば、それがどんなものなのかを知るのは難しかったが、感情は豊かだった。彼らの全てがよく立場を考えてもらっていたとは思わない」「（前略）今から、あなたたちは自分でものごとを決めるようになるんですよ、自分でお金を持つことになるんですよ、自分で何を食べたいかを決めるんですよ、と言われていた。しかし、これまでに自分でお金を持ったことがなかったり、自分の希望を言ったり、何かを自分で決めたりしたことのなかった人にはそれはとても難しかった。学習するには長いプロセスがあり、また学習できなかった人もいた」

地域移行後、実生活の練習が足りていなかったことが明らかになったという声が職員から多く聞かれた。障害者本人に対して過度の期待があったことも事実だが、地域で実際に生活していくなかで、具体的にどんな問題が出てくるのかということを職員自身が予測して、準備に当たることができていな

かったこともその原因と考えられる。

職員:「社会的な評価が高すぎた。老いた入所者は怯えきっていたし、あまりに急だった。しかし、多くの入所者にとってちょうど良い時期だった。とりわけ、施設に入るべきではなかった人たちには」「当時、私はフラストレーションを感じていた。入所者のことを気にかけていたが、みんな遠くに出て行き、連絡も途絶えた。ほとんどの場合、その後どうしているかの情報も入ってこなかった。しかし、みんなが孤独になっていないか、それを恐れていた」「彼らは十分にそれ（地域での生活）について考えていたのではなく、施設を出ればすぐに、自分たちが普通になるんだと信じているかのようだった。もちろん、そんなふうにはならなかった」「たいていはＯＫだったが、入居者たちは能力があると思われすぎていた。問題になるとは思ってもいなかったようなことや、彼らが知らないことがたくさん出てきた（後略）」「入所者に何ができるかを十分に試していなかったから、ほとんどは推測だった。準備できないものというのがある。今思うと私たちは、入所者を本来の姿よりも強く"できる"と考えていた。それで助けもほとんど得られなかったのだ」「（前略）初めの頃は大変だった。常に予期せぬことがあった。隣りがアルコール依存の人だったり、子どもがうるさくしたり、私たちにはどうすることもできないことが、彼らを困難にしていった。予期しなかった悪い面の一部だと思う。彼らは経済的に、性的に虐待を受けたりした。彼らが準備していたのとは違うものだった」

職員によると、地域に出た障害者本人たちは、引越しを喜ぶ人から絶望する人とさまざまな反応を示した。引越し後の新しい生活については、職員も家族も、プライベートな空間ができたことや、地域の生活の中で新しい可

能性が得られたことは、障害者本人にとっては良かったと考えている。若年層や比較的軽度の障害のある人たちはより良いケアを受けられるようになり、改革を肯定する声が多い。しかし一方で、重度の障害のある人の生活が孤立化し、孤独な毎日を送っている現状を指摘する職員も多い。

> 職員：「ほとんどの人にとって危機的な状況。世界がひっくり返ったようなもので、寂しがる人が多く、前のルームメイトや職員、仲間たちを恋しがっていた」「多くは新しく得たものをみな、喜んでいた。しかし物質的なものは彼らの孤独を満たすほどのものではなかった」「良いことがたくさんあったが、少しゆっくりすべきだった。期待は高く、A施設を出たばかりの元入所者の中には、奇跡的に癒されるだろうという考えがあったように思われる。要求が高いと、失望も大きい。施設内ではできていたのに、ここでは失敗しているというようなことを、私たちは突然、目の当たりにすることになった。元入所者たちには、彼らを助けてくれる友だちもルームメイトももういなかった」「ほとんどの人にとっては良い生活。恋人のいる人もあり、お互いに行き来している。しかし、計画されていたほど、近所の人たちとの接触はない」「（前略）彼らは全員、個別のアパートに引っ越すべきではなかったのに。グループホームのほうが良かった」

実際に引越しの話を聞いた家族は、喜びや絶望などさまざまな反応を示した。精神疾患のある場合や暴力的な行動をとる場合は「家に送り返すな」とはっきり拒否したり、「故郷のコミュニティが受け入れの能力がないのではないか、必要とされる活動の場がないのではないか」という不安を示すところもあった。特に長く子どもを施設に住まわせてきた親たちや、入所者がすでに高齢の場合は、これからどんなふうになるのか確信がもてず、懐疑的になる家族が多かった。反対する家族に対しては、施設の事務方や主任クラス

の職員が対応をした。こうした声も、実際に障害者本人が町に出て暮らす姿を見るにつれて、次第に肯定的にとらえるようになっていった様子が家族から語られている。入所施設でのケアに満足していたと答えている家族が多かったが、インタビューの回答どおり、施設よりほか選択肢がなく、違う生き方を知らなかったことが大きな理由であると考えられる。

家族:「安心した。もう息子は安全で、自分自身の人生を送っている。よく教育された職員がついて、息子のことを分かっていて、ケアしてくれる人が周りにいてくれるということが、私たちには分かっていた」「兄はとても幸せ。兄の中で大きく変わったのが見て取れる。いつも周りが気になり、落ち着かなかったが、周りを行き来する人の数が減り、自分自身のペースがつかめるようになると、兄はずいぶんと良くなった」「疑っていた。しばらくして安心した。せずに済む方法はなかった。娘は幸せで満足しているようだった」「なんと言って良いか。兄は幸せそうにしている。薪割りの仕事が大好きで、たくさんのことはできないけれども、一緒にやっているというのが兄にとってはとても意味がある。障害がなかったら、本物の便利屋だっただろう兄にとって一番良い生活を送っている」「(前略) A施設ではみんな幸せそうだったが、違う生き方を知らなかった」

3. 地域での生活
(1) 地域での住まい

インタビューに回答した障害者本人はみな、自分のアパートの鍵を持ち、一人暮らしをしている。5人のうち3人は、障害者本人だけの集合住宅の中に自分のアパートがある。1人を除き、今の住まい方に満足をしている。不満のある障害者本人も、住まい方に問題があるのではなく、町の反対側、自分の育った地域へ越したいという思いである。家族からもプライベートな空

間ができたことを喜ぶ声が聞かれた。アパート内の家具やその他のものは、元の施設からもらったものもあるが、ほとんどは障害者本人が購入したもので、その際には職員の手助けも受けながら自分で選んでいる。家事一般においても職員の手助けを必要とすることがほとんどである。

障害者本人は自分で何もかもができるようになりたいとは考えておらず、「手の込んだ料理をするときに手伝ってほしい」というちょっとした頼みごとができたり、病気や何か困ったときには助けを求め、手伝ったりしてくれる職員をむしろ頼りにしている。

5人のうち4人が住まいに決まりがあると答えている。

障害者本人：「就寝時間やユニットでの共同ルールなど」「訪問時間やその場所での振る舞いなど」「外では気をつけるように言われている」「普通の家の規則、他に住んでいる人のことを考えること」「感じよくすること、ドアを閉めておくこと、話すだけでなくちゃんと聞くこと」

決まりとはいっても、施設時代の集団生活を統括するようなものではなく、ここでは近所の人との付き合いを円滑にするためのより社会的なルールのようなものになっている。また決まりをつくったのは障害者本人（3人）であるという点も異なる。

テッセブローの調査報告（Tøssebro, 1996, pp.181-189）によると、家族と職員のほぼ90％強が改革によって住まいが改善されたと答えている。

(2) 日中活動

退職した2人を除き、残りの3人はガソリンスタンドやビニール工場に勤めており、ほぼ毎日仕事に行っている。就職は2人が自分で決め、1人が職場の上司が決めた。職場での人間関係も良好である。退職者の1人は外出できる日はほぼ毎日外に出て、喫茶店などで人に会っている。もう1人は大好

きな自転車に乗ってサイクリングをしたり、家事をしたりしている。日中活動／仕事には全員が満足しているが、職員以外の支援コンタクト（公的に雇われた友人）との時間をもっともちたいという声が聞かれている。

余暇の過ごし方は、食事、テレビ、編み物、散歩、喫茶店、知人や恋人を訪ねる、クラブ、音楽鑑賞、水泳、ボウリング、サイクリングなどさまざまである。余暇は一人のこともあれば、他の人と一緒のこともある。週末も一人で過ごすこともあれば、恋人や友人、職員と過ごす。もっと職員と過ごしたいという声がある。

テッセブローの調査報告（Tøssebro, 1996, 181-189）では、日中活動と余暇活動に関してともに職員の50％弱が改善されたと答えている。家族は日中活動は37％、余暇活動については30％が改善されたと答えている。

(3) 経済状況

家計については全員が障害年金やその他の手当を受けていることは理解しているが、具体的な収入額は知らなかった。4人が収入は十分であると考えている。小遣いは、喫茶代やジュース、ビデオに障害者本人クラブでのレクリエーション代などに使われている。使い方は4人が自分で決めており、1人は常に職員と相談しながら決めている。全員が銀行口座をもっており、職員や後見人に管理を任せ、手続き上の手助けを受けている。そのことについてはみなが満足をしている。

(4) 対人関係

友人がいると答えたのが4人、近所の人、支援コンタクト、職員、女の友人、障害者仲間、職場の仲間、遠くに住む親戚、前の近所の人、昔の学校の友達を挙げている。友人とは頻繁に会い、満足しているが、なかには障害者仲間や職員以外の友人がほしいという声もある。家族とはそれほど頻繁ではないが、連絡をとっている。近所の人との付き合いは挨拶をする程度の付

き合いである。恋人のいる人が3人、うち2人は結婚をしたいと考えている。不安や孤独なときに助け、支えてくれるのは、4人が職員と答えており、必要なときにその助けを得られると答えている。

テッセブローの調査報告（Tøssebro, 1996, pp.181-189）では、25％前後の職員、家族が本人を取り巻く社会ネットワークは以前のほうが良かったと答えており、調査項目の中で一番満足度が低くなっている。

(5) 会議や意思決定への参加

何かを決めるとき、最終的な決定を下すのは障害者本人ではないという答えが5人から出ている。会合で発言する機会のある人は1人で、当事者組織の会合や学習会に参加し、その活動を社会的で素敵だと答えている。この組織への入会は自分で決め、そこでは自分の思っていることが発言できるという。

(6) 将来の夢など

5人の障害者本人は基礎学校（小学校）までか特殊学校での教育を受けている。職業訓練をめざした特殊学校では、料理や大工仕事、溶接、料理などを学んできた。今、習いたいと思っているものがあるのは1人で、ダンスと車の運転を学びたいと思っている。

毎日の生活については、全員が幸せだと答えている。ただし、「失敗をしなければ幸せ」「病気のときや暗くなってから、物音がしたときなど、暗闇が怖い」という、心細い状況に追い込まれなければという条件つきである。今の生活を変えたい点がないという4人と、分からないという1人の答えである。

将来の夢は「恋人と一緒に引越しをしたい」「大好きなフェリーに乗ってドイツに行きたい」という回答や、「今、ものごとがあるようになっているのが幸せ」と今の生活を変えたくないという回答があった。

4. 地域移行後の変化

　職員たちは障害者本人の今の生活を見て、仕事や余暇の過ごし方は改善されたと答えている。期待されていたほど近所との付き合いはないが、ほとんどの人にとって良い生活がもたらされた。しかし、アパートに暮らし始めて、孤独、非社交的になり、退屈な毎日を過ごす人もいる。特に重複障害のある人が孤独で寂しい毎日を過ごしているという。そういった人には、より広く共有スペースが設けられているグループホームのような住まいのほうが良かったのではないかという声もある。

　家族は今の生活を見て「以前に比べて個別的で静かになった」など、期待以上に改善されていると答えている。しかし、「まあまあ。何か中間的なものができたかもしれない。寂しがっている人みんなのために何か。（その点で）A施設は完璧だった。福祉的なホームで数人の障害者本人が暮らしていけるような、大きな町に越した人は今もOKだと思う。でも、彼らを誰も知らないような、障害者本人が自分の能力を維持して、それを伸ばしていくことができないような、そんな小さくて辺鄙なところに越していった人にとっては、状況は悪くなった」「（前略）グループホームが一番良い。ときどきみんなと一緒にいられるから」という声も聞かれた。また障害者本人が家族と同居している場合、家族を支えるための社交の場づくりが必要だという声もあった。

5. 地域支援における職員の関わり方

　職員自身は「今は障害者本人たちが自分でものごとを決めるが、昔は職員が彼らの代わりに何もかもを決めていた。今は個人やその望み、ニーズをもっと尊重している」「大きな違いがある。今の職員は前よりも謙虚で、利用者の自宅で働いている。施設はそんなふうではなかった。入所者が職員の職場に住んでいるような感じだった。今、私たちは利用者に対してもっと敬

意を抱いていると思う」と語り、入所施設時代と比べて地域での働き方がより障害者本人を中心にしたものに変わってきていることが分かる。

　ＨＶＰＵ改革まで、施設が職員の職場という認識が大きかったのに対して、施設解体後の住まいは、何よりも障害者本人の「家」であり、職員の職場ではなくなった。職員の１人は地域の中の住まいに暮らす障害者本人を支援していくにあたり、次のように述べている。「みんながそれぞれに別々で、人生のさまざまな局面に立っている。絶え間なく変わっていくため、ケアをすぐに対応させていく能力と新しい考えを試そうとする意思が必要だ。市は何もかもをするわけにはいかない。今すぐでなくてもよいものもあるので、優先順位をつけるための力がいる。職員には施設経験が長い者が多く、古いイデオロギーが身についてしまっている。私たちは利用者に経験をさせなくては。彼らの子守りをしているのではいけない」。

　障害者本人の生活の場が施設から地域へと移行することで、ケアの考え方が大きく変わった。家族も職員の変化を見ており、「施設には大きくて能力のある職員のグループがあった。彼らには経験があったが、コミュニティには確かなものはない。しかし、彼らが施設を離れたのは良かった。それまでのシステムを変えるのは難しいし、大変だ。今、彼らは障害者本人のニーズや願いに対応するのが上手くなってきている」と前向きな見方をしている。

6. 考察
（1）施設解体と地域移行プロセス

　第１節の歴史的な流れからも分かるように、国家レベルで施設解体を宣言し、地域移行の推進と地域支援サービス拡充のための財源を確保すること、施設解体の実際的な期限や具体的な数値目標、実施計画を明確にすることがなされない限り、一般的な市が施設解体に積極的に着手することはまず期待できない。ＨＶＰＵ改革をトップダウン型で一斉展開したことは、ノルウェー社会に広まってきていた人権意識をより強め、施設解体を一気に推し

進めることとなった。伝統的な入所施設から、障害のある人の生活基盤を現実的に地域へとシフトしていくには、こうした力強いイニシアティブがある程度必要とされる。

インタビューで描き出された入所施設での生活は、1985年のロッシウス答申の指摘どおり、個人のアイデンティティやその人らしいライフスタイルとは無縁の環境であった。障害者本人は現在、地域の中に住まいを確保し、自分で家の鍵を持って生活をしている。インタビューの中でも障害者本人や家族は、住環境の改善やプライベート空間ができたことに対する喜びを語っている。テッセブローによれば、こうした私的なテリトリーは自己決定を促す（Tøssebro, 2002, p.164）。

しかしノルウェー国内でHVPU改革は「住まいの改革」（Bolig reformen）に過ぎないという評価を受けている。インタビューの中でも職員がHVPU改革は「基本的には住まいの改革であり、仕事や余暇、仲間については問題にされていなかった」と回答しているが、テッセブローはその原因の一つとして、施設解体が5年という期限付きであったことを挙げている。これは市が5年以内で地域に住宅を準備しなければならないことを意味し、当然、住宅整備が市の優先事項となる。市の住宅整備が間に合わなければ、施設解体の法律に違反することになるが、余暇活動を十分に準備できなかったとしても、これは違法とはならなかったのである（Tøssebro, 1996, pp.199-202）。

移行当時、現場では職員間の意見対立や時間的制限による引越しの準備不足が見られた。また障害者本人の能力を過大評価し、実生活の訓練が不十分であったこともインタビューの中で語られている。施設を出れば何もかも自分で決めることになると言われても、長年施設に入所してきた人には自分の希望を語ることすら難しい。こうしたことを踏まえ、障害者本人に何ができるのかを見極めながら、より現実的な日常生活の体験が必要であると考えられる。

(2) 地域生活支援

インタビューからは、障害者本人はおおむね現在の地域生活に満足しているように感じられた。テッセブローの調査も明らかにしているように、障害者本人と家族のなかで住まいと自己決定に対する満足度は高い。しかし日中活動や余暇活動、さらに社会的ネットワークについては評価が低く、この分野はＨＶＰＵ改革が当初期待していたほどの成果があげられていない。地域移行中の一時期、余暇活動の充実が積極的に行われた時期があった。しかしそうした取り組みは、その期間が終わると後に続かず終わってしまうことが多い。継続的な取り組みが求められる。

またインタビュー調査のなかで、重複障害や重度の障害のある人々の日常が語られた。アパートに一人暮らしの場合、非社交的になり、孤独に陥りやすい。職員や家族の多くが、こうした障害者本人にはもっと広い共有スペースをもつグループホームのような住まいのあり方を提案している。住まい、日中活動をふくめ、今後の取り組みに注目する必要があると言えるだろう。

注

1) ＬＥＯＮ主義 (Laveste effektive omsorgsnivå-prinsipp) とは、80年代、ノルウェーの社会サービスの分野で普及した「もっとも利用者に近いところで効率的に」行うサービス提供の理念のことである。
2) ノルウェー語の kommune は日本の基礎自治体（市町村）に当たるが、本稿では「市」と呼ぶ。
3) 2001年の病院改革によって、それまで各県で行われていた専門医療サービスは国の管轄に移された。ノルウェーは五つの医療圏域に分けられ（2007年に四つに統合）、各病院はより専門特化した医療サービスを提供することになった。
4) 成人1回の診察料金のうち、自己負担は約150クローネまで、特別な薬代の自己負担は36％まで、1年間の自己負担総額の上限（1,600クローネ）がつけられており、これを超えると、その年の残りは無料で治療を受けることができる。
5) パーソナルアシスタントは従来の在宅ケアサービスに加え、障害当事者の希望に沿い、移動の援助や学校や職場、余暇の援助なども行う。市が障害当事者のケアプランを作成するのではなく、その人自身がパーソナルアシスタントの仕事を管

理することになる。パーソナルアシスタントは、とくに障害のある若者が他の人と同じように社会参加できるように用いられる（Konradi, 1999: pp.335-337）。

6) 支援コンタクトは言わば、「公的に雇われた友人」であり、障害のある人の外出時の付き添いや、介護家族が外出する間の付き添いなどの仕事をする。市が新聞広告で募集し、書類と面接により採用が決定する。わずかの時間給と必要経費が支払われる。スウェーデンのコンタクトパーソンに相当する。

7) 精神科看護師は一般看護師の教育に加えて、1年間の専門教育を受けた専門職。地域で暮らす精神疾患を有する人の生活をサポートする。具体的には、週に1.5回45分の個別のフォローアップミーティングや夜間・週末の訪問、デイケア活動、自助グループや相談グループの組織などを行う。

8) 介護手当は市のスタッフに代わって近親者が看護・介護の作業を行うことが正式に認められた場合、その労働に対して手当が支払われる。訪問したある市では、水頭症の1歳の子どもをもつ看護師の希望により、その子どものケアはその地区の訪問看護師ではなく、母親である彼女自身が行い、その地区から彼女に対して介護手当が支払われていた。

9) 環境調整士は何らかの障害のある人が自分自身で日常生活を送れるよう、障害当事者のできることを見極め必要な支援を準備するなど、障害当事者を取り巻く環境の調整を図る。

参考文献・ホームページ

ジム・マンセル、ケント・エリクソン編、中園康夫・末光 茂監訳（2000）『脱施設化と地域生活――英国・北欧・米国における比較研究』

ヤン・テッセブロー、アンデシュ・グスタフソン、ギューリ・ギューレンダール編、二文字理明監訳（1999）『北欧の知的障害のある人――思想・政策と日常生活』

Askheim, Ole Petter, Andersen, Torhild & Eriksen, John (red.). (2004). *Sosiale tjenester for familier som har barn med funksjonsnedsettelser.*

Norges statistisk sentralbyrå, (2000). *Statistisk årbok.*

NOU 1973:25 *Omsorg for psykisk utviklingshemmede.*

NOU 1985:34 *Levekål for psykisk utviklingshemmete.*

NOU 2001:22 *Fra bruker til borger–en strategi for nedbygging av funksjonshemmede barrierer.*

St.meld. nr.88. (1974/75). *Omsorg for psykisk utviklingshemmede.*

St.meld. nr.47. (1989/90). *Om gjennomføringen av reformen for mennesker med psykisk utviklingshemming.*

St.meld.nr.35. (1994/95). *Velferdsmeldinga*.
St.meld.nr.40. (2002/03). *Nedbygging av funksjonshemmede barrierer*.
Tøssebro , Jan. (1992). *Institusjonsliv i velferdsstaten Levekål under HVPU*.
Tøssebro , Jan. (1996). *En bedre hverdag? Utviklingshemmedes levekål etter HVPU-reformen*.
Tøssebro , Jan & Lundeby, Hege. (2001). *Statslig reform og kommunal hverdag: Utviklingshemmetes levekål 10 år etter reformen*.
ノルウェー社会保険庁 http://www.trygdeetaten.no/
ノルウェー統計局 http://www.ssb.no

資料

1985年審議会答申34号『知的障害者の生活状況』（NOU1985:34 *Levekår for psykisk utviklingshemmede*.）

第3章　審議会提案とその背景について要約、財源など

3.1　審議会の提案

　　審議会は全員一致で、1995年の終わりまでに、ＨＶＰＵを解体することを提案する。1985－95年の間に、市はＨＶＰＵ解体の指揮をとることで、知的障害のある人への一般的なサービスに対する全責任を引き継ぐ。特別なサービスに対する限定的なニーズは、別の第二次ライン（県レベルの専門保健医療）を通してそれらの人々に対して提供される。

　　ＨＶＰＵ下の職場に対する責任は、国会から要求があったように、労働市場管轄の担当当局のもとに間もなく移管される。ＨＶＰＵの解体に合わせて、（国は）枠付きの助成金と特別補助金を増額し、市はそれらの財源を基に受け入れ態勢を整える。

　　ＨＶＰＵ解体までの期間中、県と監査委員の一番重要な任務は、ＨＶＰＵ解体が適切に行われるよう支援することである。

　　市の取り組みを調整、促進するため、市の総務部（central administration）のもとに市の《牽引》役となる機能をもたせる。ＨＶＰＵ解体までの間、法的秩序を保障するために、現在ある《セーフティーネット》を強化する。それは正当な基盤のもとに知的障害者が新しい生活へ移行できるように、また、当事者が実際的な選択肢を得られるようにするためである。

　　ＨＶＰＵ解体までの期間、新たな入所者の受け入れは行わない。この間、中央施設は何ら特別な機能は負わない。ＨＶＰＵの法的根拠は改正されることはない。

3.2　審議会提案の根拠

審議会が全員一致で提案したその根拠は、国内外の経験や報告書に基づくものであり、中でも、以下のような点が上げられる。
1. 審議会の広範な査察では、知的障害者の施設における生活状況や生活水準は、人道的、社会的、文化的に受け入れがたいものであることが明らかになった。
2. 知的障害があるからといって、彼らをその近隣社会や地域の取り組みから排除することに、なんら合理的な理由はない。
3. 地域でその他の人に提供されるサービスに比べて、現在の特殊ケアサービスの提供機関が知的障害者に提供する医療や教育、社会サービスに文化サービスは質が劣る。
4. 10年以上にもわたって示されてきた政治的な目標は、地域が責任をもつことによってのみ、実現することができる。特殊ケアが残ることは、地域が力をつけ、独自に職員を補充するなどして目標を実現していくことを妨げるものである。
5. 知的障害者へのサービスに対して市が責任を負うことによって、彼らが被ってきた経済的困難、その他の悲惨な状況が取り除かれる。
6. ＨＶＰＵにますます多くの資金を費やしたとしても、施設入所者の生活状況や生活水準はわずかしか改善できない。しかし、同じ額の資金が市にあれば、当事者の声を聞き、決定の場に参加してもらいながら、生活スタイルを劇的に変えていくことができる。

3．3　ＨＶＰＵの解体── 期限の問題

　審議会で全員一致していることは、施設に入所している知的障害者の生活状況を考えると、ＨＶＰＵの解体を進めることが目下の急務であるということである。
　同時に、何よりも知的障害者を偶発的で体系的でない取り組みから守り、そしてその次に、必要な取り組みを計画し、実行するための十分な時間を市に与えながら、ＨＶＰＵの解体を進めていくよう保証しなければならない。審議会はこうした点を踏まえて、解体までの期間は1985年の終わりから10年間とすべきとする。

3．4　財源
3．4．1　ＨＶＰＵ解体中の財源

　審議会の多数派（イエル・ベニク、スィーグルー・ゴーリー、コーレ・ホイエ、クヌート・ラングフェルト、オーレ・ペッテル・ロッシウスとスィーグリー・ストロン）は、自治省と労働省の財源をもって、ＨＶＰＵ解体中の財源保障を行うことを提案する。個々の承認を受けた地域移行のための予算に対して、５年間の

補助金制度を提案している。1年目は費用の100％が補助金で補われる。5年後には市の財政管理へと完全に移行できるよう、2年目以降はその割合を下げながら、補助を行う。現在、ＨＶＰＵ施設を利用していない知的障害者に対する取り組みは、市への枠付き助成金を適応することで補償する。

　審議会の少数派（ロルフ・ヴィッゲン）は、市人口の約0.3％に相当するＨＶＰＵクライアント、1人当たりの平均コストの50％を市に補助することを提案している。この提案によれば、解体期間中、市は県に対して、ＨＶＰＵ施設の入所者となっている住民それぞれにかかるコストの50％を県に支払う。6年目以降は、市の負担額は10％ずつ増える。ＨＶＰＵ施設受け入れの市は、その0.3％を上回る知的障害者の人口比に対し、文書による手続を経て特別補助がなされる。

　この委員の意見では、解体期間中の財源は、ＨＶＰＵ施設を利用していない知的障害者への取り組みも含める。

3.4.2　解体以降の財源

　多数派（3.4.1の多数派メンバーと同じ）は、1995年以降の財源は市に対する枠付き助成金を用いること、現在ＨＶＰＵに投入されている資金は助成金に回されることを提案している。

　少数派（ロルフ・ヴィッゲン）は、市人口の0.3％に対して行われた特別運営資金の返済金を1995年以降の財源に当てることを提案している。

　人口比0.3％以上の場合、補助には特別の文書手続が必要となる。

3.5　市の責任

　審議会は、全ての知的障害者に対する市の責任基盤はすでにできていると考えている。

　市の社会サービスの包括的な再編成が必要となるが、市が安易に特別ケアを推進することになるような、新しいタイプのサービスを設ける必要はないことを、審議会は強調する。

第4章　オランダにおける地域移行・地域生活支援の実態と課題

河東田　博

第1節　オランダにおける保健福祉政策——文献研究に基づいて

はじめに

オランダの障害者福祉については、これまであまり伝えられてこなかった。日本語で読むことのできる資料もあまりなかった。そこで、まず、オランダ保健・福祉省（ＶＷＳ）発行の資料[1]に基づき、オランダの障害者福祉の概要について記しておく。

1. 福祉政策の政策目標と対象障害者の概要

オランダの障害者福祉政策の対象者として公的に示されているのは、身体障害者、視聴覚障害者、知的障害者、慢性疾患患者等である。これら対象者は、オランダに居住する他の全ての市民と同様の権利と義務をもち社会参加の権利をもっている。障害故に社会的不利益を与えてはならず可能な限り広範なサービスを公的に提供しなければならないため、オランダの保健福祉政策には次のようなさまざまな政策目標が示されている。

・障害故に保護を必要とする人たちのための幅広い施設ケアとそこでのサービス提供
・障害のある人たちの立場を法的に強化すること
・障害のある人たちが社会から隔離されて生活させられることなく、どこでも生活が可能なように、地域生活支援に必要なさまざまなケアや支援を

創り出していくこと
・入所施設のもつ管理性をなくし、利用者主体となるように改善していくこと

なお、オランダの保健福祉省による障害者の分類は、次のようになっている。

・身体・知的障害等、障害故に機能的に制限を受けている人々（この障害は恒久的で、個人の発達に遅れを生じさせてしまう状態を指す）。
・比較的長期間にわたって慢性的疾患を患い、回復が困難で、回復の見通しがたたない人々。

オランダの障害者の内訳の概要を記すと次のとおりである。中軽度の身体障害者は障害者登録をしていない人が多く、実数値を把握することが困難である。したがって、これらの数値は推測値である。なお、オランダの人口は、約1600万人である。

・身体障害者　　　約350万人（地域で自立生活）
　　　　　　　　　（重度者　約50万人、中度者　約100万人、軽度者　約200万人）
・知的障害者　　　約 11万人
・慢性疾患患者　　約150万人（知的障害者、知覚障害者は含まれない）

2002年次統計によると、2001年末の障害別の内訳は、表1のとおりである。

表1 障害種別推計障害者数

障害のタイプ	人数（人）
重度身体障害	512,000
視覚障害	158,000
聴覚障害	290,000
言語障害	71,000
軽度知的障害	49,700
重度知的障害	53,600

（De Klerk, 2002, 2000 ケア部報告 '00-'03, p.25/26 より）
注：数字は重複しており、総計数とは必ずしも一致しない。例えば、慢性疾患者は身体障害の原因となることが多く、知的障害も慢性疾患が原因でなることがある。

　表2には、2001年次統計資料に基づく身体障害者、視覚障害者、聴覚障害者、知的障害者の施設入所者数を示してある。入所施設で暮らしている身体障害者は視覚・聴覚障害者を含め2,357人で、医療的ケアを必要としている人たちが主に入所していた。また、成人知的障害者の約3分の1（35,346人）

表2　機能・規模（定員等）に応じた施設のタイプ

施設種別	2001年末の入所者数（人）
長期・短期入所施設	
身体障害者用大規模施設	817
視覚障害者施設	568
聴覚障害者施設	972
知的障害者施設	35,346
知的障害児施設	2,545
地域型小規模住宅（グループホーム等）	
身体障害者用地域型小規模住宅	2,898
視・聴覚障害者用地域型小規模住宅	247
知的障害者用地域型小規模住宅	18,418
デイ・ケア・サービス（DCS）	
身体障害者用活動センター	2,156
高齢知的障害者用DCS	12,980
知的障害児用DCS	4,50

（健康ケア局年次報告2001 ケア部報告"00-'03, 8頁より）

が入所施設で暮らしており、日本の状況と似通っていた。身体障害者用地域型小規模住宅（グループホーム等）は身体障害者の入所施設居住者数よりも多かったものの、知的障害者用地域型小規模住宅（グループホーム等）は16.7％、入所施設居住者数の約半数で、地域生活支援のための受け皿が十分に整えられているとは言えなかった。日中活動の拠点であるデイセンターも十分に整えられているとは言えなかった。

2. 機会均等法（WGBG）と社会支援法（WMO）

　オランダの法律では、誰もが完全参加の権利をもち、住みたいところに住み、働きたいところで働き、余暇活動を楽しみ、自立生活を行う権利があると謳っている。しかし、現実には社会に多くのバリアが存在し、障害のある人々は社会で不利な立場に置かれている。表2でも見てきたように、まだ入所施設のような特別な環境で暮らしている人たちが多くおり、誰もが地域であたり前に暮らせるような環境になっていないからである。仕事を得る機会にも恵まれず、十分な給料をもらうこともできないできた。これは彼ら自身の障害のせいではなく、環境が阻害要因となっていたからである。そのため、2003年12月に、「障害のある人々・慢性疾患者のための機会均等法」（WGBG）が施行された。この法律は主に労働や教育面での差別を解消しようとするために設けられたものだが、公共交通機関にも適用されることになっている。2006年2月には社会支援法（WMO）が国会に上程され、制定の後2007年1月1日より施行されている。

　保健福祉省は新法の整備により、障害のある人たちが社会に完全参加できるように組織的に状況を改善したいと考えている。保健福祉政策は社会全体のためであると同時に障害のある人たち自身のためでもあり、社会はその責任を認識し障害のある人たちの居場所を用意しなければならない。障害のある人たちには、自分たちの生活が形づくられ、責任をもった行動がとれるような機会が提供されなければならない。こうした観点から、新法では彼ら自

身の個性を発揮し、直接的な社会的支援のネットワークを整えていこうとしているのである。さらに、十分な情報や専門的な技術をその人にあった形で提供され、必要な場所で必要な支援が受けられるようにしようとしているのである。

　新法制定の根底にある根本原理は、障害のある人の思いや願いに対する尊敬の念であり、自分で選択し、責任が取れるようにすることである。そのため、新法策定のなかでこの原理を念頭に入れ、可能な限り一般政策に入れられるように社会的に組み込み、機能性のあるものにしようと試みてきた。新法の最終的な目標は、可能な限り障害のある人たちだけの政策とならないように政策を「可能な限り一般化」できるようにするということであり、このような努力を通して社会全体の生活の質が向上することである。現在検討されている新法の特徴を、次のように整理することができる。

・障害のある人々は、社会に完全参加することができる。その際、社会は、バリアをつくってはならない。
・社会的資源や社会的機関は、こうした人々の特別なニーズを保障できるように機能しなければならない。
・障害のある人々のために用意された不必要な分離された施設や生活状態をつくってはならない。
・障害のある人々は、一人ひとりに合った施設のタイプや組織、質などを個人的・組織的に要求する発言権をもっている。

3. 障害者福祉サービスの改革

　（1）アクセス可能で入手可能かつ質の良いサービスを数多く提供すること

　オランダの障害者用福祉サービスの提供の内容は、ケア付き居住、就労支援、日中活動、施設ケア（24時間ケアの対応も含む）、相談活動など様々である。これまでの施設サービスに重きをおいた政策を改善し、短期間で目的を達成

しアクセスしやすい状況をつくり出すために、保健福祉局は、当事者を代表する全国組織やサービス提供団体の全国組織、被保険者団体全国組織と頻繁に協議を行ってきた。

その結果、少人数で住むことのできる住宅を建てたり、障害者介護手当（ＰＧＢともＰＶＢとも言われている）で自分に必要な介護を確保しようとする人たちが出てきている。家庭での専門家による援助やホームヘルプサービスの利用量も急増してきている。

(2) 利用者の選択の自由に対応できる健康保険

健康保険サービスは、社会の全ての構成員が機能的に十分利用できるように用意されなければならない。社会から阻害されないように、車イスや電動車イスは屋外で自由に使えるように機能的でなければならないし、聴覚障害者には、人とやりとりをし、理解し、行動できるように、聴覚福祉機器やループアンテナなどを整えておかなければならない。健康保険や自治体からの手当などにより、誰でもこうしたサービスを受ける権利をもっている。しかし、現実的には多くの問題がある。適用されている規則にも問題があり、今後も問題解決のために努力が続けられることになる。

(3) 自立生活者への支援

自分でサービスの選択をし結果として選択の幅を広げ、自己決定ができるように支援するために、2005年度からＭＥＥと呼ばれる新しいサービス機関を設置することになった。対象となる人々は、照会なしで、長い時間待たされることなく、どんなアドバイスも支援もＭＥＥで受けることができることになっている。相談の内容は、教育、住宅、仕事、年金・手当、収入、公共交通、余暇活動など多岐にわたっている。知覚障害や自閉症のある人々の利用率が高まっているが、このことは、ＭＥＥが全ての障害のある人々を対象として支援を行い始めていることを示している。

4. 障害のある人々の法的立場を強化すること
   (1) 障害のある人々の機会平等

　2003年の機会平等法の導入によって、仕事や専門教育の分野で障害のある人々に対する差別が生じたときに法的行動がとれる範囲が拡大してきている（WMOの制定・施行により、この範囲は公共交通にも及ぶことになっている）。例えば、慢性疾患のある人が病気のために学校に行くことができなかったり仕事を得られない場合、機会平等委員会のような機関に苦情処理の申立てを行うことができる。また、裁判所にも訴えることができる。つまり、多くの障害者や慢性疾患者が仕事が得られるように状況を変えていくということが可能になってきているのである。

　機会平等に対する行動計画により、実質的機会平等も促進されてきている。例えば、住宅を建設する際、障害のある人たちが設計の初期の段階からでき上がるまで、至るところに関与できるようになっている。当事者参加・参画による実質的機会平等の保障は社会的排除や再統合の必要性を妨げないようにするためだけではなく、全ての人たちが快適に暮らせるようにする上でも有効であり、今後の成り行きを見守っていく必要がある。

   (2) タテ割り行政の弊害を取り除く

　行動計画や他の各種障害者政策を実行する際に重要なのは、タテ割り行政の弊害を取り除くことである。その理由を次に明示する。

　第一に、一般の人々に障害のある人々の政策は自分にも関係のあることだということを認識してもらうためにも、他の省庁や関係部署も障害のある人々の特別なニーズをすぐに把握し各省庁の政策の中に取り入れることが重要だということである。行政諸機関相互に連携をとり、障害者が不自由さを感じることのないようにしっかりとした社会政策を立てていく必要がある。

　第二に、障害のある人たちに関係する省庁の政策は均等に作成されなけれ

ばならないということである。関係部署の政策や方針が全体の一部として機能し、均等に適用されるように、各省庁にまたがる包含された政策がもっと効果的に作られなければならない。例えば、5歳から16歳までの学齢児が可能な限り多く通常の教育に参加できるように、教育省（ＯＣＷ）とＶＷＳの政策が連携のとれたものとなっている必要がある。

5. 地方自治体における地域に密着した福祉サービスと支援の条件
（1）地域型小規模住宅の利用の拡大

多くのオランダの障害者は、今なお特別な形態の居住施設で暮らしている。しかしながら、これらの施設は、社会から遠く隔離された巨大な入所施設という形態や大規模家族を模したようなホーム（施設）という形態はもはやとらなくなってきている。障害のある人々が望まなければ、社会から隔離されて居住させられるべきではないという考え方が今や一般的となってきている。この何年もの間に、施設的環境から出て社会に住める機会が多くの人たちに提供されるような努力がなされてきている。障害のある人たちにとって快適な様々なタイプの居住施設が用意されるようになってきている。こうしたタイプの居住施設には、自立生活ができ相談もできる住宅や、援助が必要なときには電話などで連絡がとれるようになっている複合式アパート、障害のある家族構成員がいる家族が住んでいる家なども含まれている。

利用者の要求を満たせるようにすることも、適宜その人に合った居住状況を整えてあげることも大切なことである。しかしながら、こうした全体的状況を獲得することや障害のある人たちが本当に望むものを選べるようにすることは、そう容易いことではない。障害のある人たちにとって望ましくないと思われる選択をしたり、当事者以外の人たちが決定してしまう危険性もある。そのため、今後とも人生・生活の質を高めるための調査研究が行われ、政策に反映させていく必要がある。

(2) 住宅・ケア・福祉の効果的な共同の取り組み

　一般の住宅エリア内にある住宅関係団体や公的部署との間における協同の取り組みが盛んに行われるようになってきている。多くの場合、それは、住宅関係の団体、福祉機関、地元の役所、福祉事務所などとの協同の取り組みである。多くの様々な団体との協同の取り組みがなされるようになってから、人々の中からも制度の中からも不必要なハードルが取り除かれ、障害のある人たちが一般の住宅地で暮らせるようになってきた。真っ先に取り除かれなければならないのは、そうしたバリアである。オランダでは法改正の論議と並行して、バリアフリー化に向けた取り組みが徐々に進められようとしている。

おわりに──当事者が求める社会の実現を

　障害者関係団体は今、2007年1月に施行された社会支援法（WMO）がより当事者の立場に沿った形で支援体制が確立されるように関係省庁と話し合いに入っている。障害者団体が掲げている要求は、「ケアを受ける権利の保障」「自己決定権の尊重」「客観的な運用規定」「当事者によるサービスの質のコントロール」など10項目である。いずれも完全参加と平等を基にした質的に連携のとれた政策の確立を求めたものばかりである。オランダの障害当事者が求める社会に一日も早くなってほしいものである。

第2節　オランダにおける地域移行・地域生活支援の実態と課題
　　　　──インタビュー調査に基づいて

はじめに

　本調査は、全国当事者自治組織ＬＦＢオンダリングシュタルク（Onderling Sterk、以下ＬＦＢと略記する）との共同研究として行われた。ＬＦＢ所属のヘーラ・ナス研究員に調査委託をし、現地調査の全てを請け負っていただい

た。

　調査期間は、2004年10月から2005年2月までであった。調査にあたっては、オランダ南西部シーレックスシーにある社会福祉法人コッシュ（Stichting het Gors）の協力を仰いだ。

　コッシュは、オランダ南西部地区で数多くの地域生活支援及び日中活動支援を行っている社会福祉法人である。日中活動は作業所とデイセンターが中心である。作業所としてコーヒーショップを営み、コーヒーや軽食、手芸品等を販売している。そこでは働いている知的障害当事者が注文を受けやすいように、注文表にイラストを付けるなどの工夫がしてある。デイセンターは一つの大きな建物で、知的障害者、重度重複障害者や高齢者がそれぞれの場所でゲームや簡単な作業をしたり、パン工房（地域作業所で販売）でパンを焼いたりしている。戸外には子ども動物園もあって、動物の飼育をしている。地域生活支援は、法人本部が地域生活支援センター的機能を有する部門をもち、各地の作業所やデイセンターと結ぶネットワークをつくりながら支援を行っている。地域移行後の地域生活支援の拠点の一つともなっている。

　調査対象者の選定はコッシュの地域生活支援担当職員にお願いし、現地調査員が直接調査対象者に電話等で許可を得るという方法をとった。面接場所は、障害当事者や親または家族の家か、または、コッシュの事務所や会議室等とした。面接は各種調査用紙を参考にしながら、予め準備したインタビューガイドに沿って、一人ずつ対面形式で行った。対象となっている障害当事者に対する面接は、障害当事者が最もリラックスできる場や環境が用意できるように、お茶などを飲みながら行った。面接時間は、30分から3時間と、対象者によって幅があった。家族や職員に対しても、調査内容、面接方法共に基本的には同様であった。なお、対象者の了解を得てテープ録音を行い、対象者の逐語記録を作成し、質問項目に沿って整理した内容を抜書きして、概要が把握できるようにした。その上で質的に分析を行うという方法をとった。

　コッシュで行った面接調査の対象者は、最終的に、①入所施設での居住

経験がある地域で生活をしている障害当事者20人、②その親または家族6人、③関わりのあった職員10人であった。以下調査結果を示すが、障害当事者については考察を含めその詳細を、親または家族・職員についてはその概要と考察を示す。

1. 調査結果
A. 障害当事者
(1) 対象となった障害当事者の特徴

知的障害のある障害当事者のうち、男性は75％（15人）、女性は25％（5人）であった（表1参照）。また、障害当事者の75％（15人）が1970年以前に生まれており、1950年以前に生まれている人は35％（7人）であった（表2参照）。さらに、障害当事者のほとんど（85％）は未婚で（表3参照）、子どもは誰もいなかった（表4参照）。なお、数人が重複障害があった。

表1 対象となった障害当事者の性別

	人数（人）	割合（％）
女	5	25
男	15	75

表2 対象となった障害当事者の生年

	人数（人）	割合（％）
1949年以前	7	35
1950－1969年以前	8	40
1970－1989年以前	5	25
1990年以降	0	0

表3 対象となった障害当事者の婚姻の状態

	人数（人）	割合（％）
1. 未婚、同棲者なし	17	85
2. 未婚、同棲者あり	0	0
3. 既婚、同棲してない	0	0
4. 既婚、同棲している	3	15

表4 対象となった障害当事者の子どもの有無

	人数（人）	割合（%）
有	0	0
無	20	100

対象となった障害当事者の大多数（90％、18人）がコミュニケーション能力も言語能力も良好であった（表5及び表6参照）。

表5 対象となった障害当事者のコミュニケーション能力

	人数（人）	割合（%）
あまり良くなく、幾つかの単語と文章がわかる	2	10
良好なコミュニケーションの能力がある	18	90
その他	0	0

表6 対象となった障害当事者の言語能力

	人数（人）	割合（%）
あまり良くなく幾つかの単語と文章を使える	2	10
良好な言語的コミュニケーション能力がある	18	90
その他	0	0

一人で外出できない人はおらず、半数以上（60％）が援助なしで公共交通機関等を利用するなどして行動することが可能であった（表7参照）。そのため、ガイドヘルパーを利用している人はわずか15％（3人）であった（表8参照）。

表7 対象となった障害当事者の外出能力

	人数（人）	割合（%）
一人では外出できない	0	0
家の近くは一人で外出できる	1	5
近隣界隈は、自分で行動することができる	7	35
援助なしに、公共交通機関を利用して移動できる	6	30
援助なしに、行動することができる	6	30

表8　対象となった障害当事者のガイドヘルパー利用の有無

	人数（人）	割合（%）
1. 利用している	3	15
2. 利用していない	17	85

注：1名は、視覚障害のために杖を利用している。

表9　自分の障害について理解していますか？

	人数（人）	割合（%）
1. はい	17	85
2. いいえ	1	5
3. わからない	2	10

　「障害受容」は社会生活を送り、自己実現を図る上で大変重要な概念だと言われている。オランダの障害当事者の多く（85％）が自分の障害について理解をしていると答えていたが（表9参照）、障害受容は障害理解ほど高くはなかった（65％、表10参照）。

表10　自分の障害を受け入れていますか？

	人数（人）	割合（%）
1. はい	13	65
2. いいえ	0	0
3. わからない	7	35

　表11からもわかるように、「パーソナリティ」「価値」「自分史」「期待」といった抽象的で難しい概念はわからないにしても、「自分のことを知っている」（自己理解）と受け止め、答えることができていた人が70％もいた。また、全ての障害当事者が「自分のできることをやってみたい」と答えていた（表12参照）。さらに、全ての障害当事者が「必要なときに助けを求めることができる」と答えており（表13参照）、地域生活を送るなかで身に付けた対応の一つのように思われた。

表11 自分のパーソナリティ、価値、自分史、期待について理解していますか？

	人数（人）	割合（％）
1. はい	14	70
2. いいえ	1	5
3. わからない	5	25

表12 自分ができることをやってみようと思いますか？

	人数（人）	（％）
1. はい	20	100
2. いいえ	0	0
3. わからない	0	0

表13 必要なときに、助けを求めることができますか？

	人数（人）	割合（％）
1. はい	20	100
2. いいえ	0	0
3. わからない	0	0

(2) 対象となった障害当事者の入所施設からグループホーム／コミュニティホームへの移行プロセス

　対象となった障害当事者の半数以上（60％）が15年以上施設で暮らしていた（表14参照）。入所施設暮らしが5年未満の人は、15％にすぎなかった。

　入所施設での暮らしは、大多数（85％）がゆううつで嫌な気持ちをもっていた（表15参照）。幸せ、楽しかったと答えていたのは、15％にすぎなかった。対象となった人たちが暮らしていたのはオランダの2カ所の大規模施設で、1カ所は革新的な施設として、もう1カ所は一般的で伝統的な施設として知られていた。

　入所施設で暮らしている間、大多数（75％）の障害当事者が地域移行について意見を求められた経験をもっていた（表16参照）。

表14　どの位の期間、施設で暮らしましたか？

	人数（人）	割合（％）
5年未満	3	15
5年から15年未満	5	25
15年から25年未満	4	20
25年以上	8	40

表15　施設で暮らしていたときには、どんなことを感じていましたか？

	人数（人）	割合（％）
1. 幸せ	3	15
2. 幸せではなかった	3	15
3. ゆううつな気持ち	13	65
4. 悲しい	1	5
5. その他	0	0

表16　地域生活への移行について意見を求められたことはありますか？

	人数（人）	割合（％）
1. はい	15	75
2. いいえ	4	20
3. わからない	1	5

　対象となった障害当事者の半数（50％）が地域での自立生活は5年未満で、多くがグループホームやコミュニティホームに住んでいた（表17参照）。

表17　何年間、グループホーム／コミュニティホームに住んでいますか？

	人数（人）	割合（％）
5年未満	10	50
5年から15年未満	5	25
15年から25年未満	3	15
25年以上	2	10

表18 いつ、グループホーム／コミュニティホームへ引越すことについて聞きましたか？

	人数（人）	割合（％）
引越しの1年前	5	25
引越しの6カ月前	10	50
引越しの1カ月前	4	20
引越しの直前（約2週間前）	1	5

表19 引越しについて、誰が伝えてくれましたか？

	人数（人）	割合（％）
1. 親・家族	5	25
2. 職員	14	70
3. その他	1	5

表20 その人は、どのように伝えてくれましたか？

	人数（人）	割合（％）
ビデオを見せてくれた	0	0
写真を見せてくれた	0	0
既に引越した人との話合いの場を設けてくれた	0	0
既に引越した人を訪ねる機会を設けてくれた	2	10
引越しについて話合う場を設けてくれた	3	15
幾晩か宿泊してみる機会を与えてくれた	0	0
会話のなかで、そのことを説明してくれた	15	75
その他	0	0
わからない	0	0

表21 引越しを聞かされたとき、どう感じましたか？どんな気持ちになりましたか？

	人数（人）	割合（％）
1. 幸せ	10	50
2. 悲しい	5	25
3. 不愉快な	0	0
4. 寂しい、心寂しい	0	0
5. 無関心な、どうでもよい	1	5
6. 愉快な、楽しい	2	10
7. いらいらする、心配	1	5
8. その他	1	5

　グループホームやコミュニティホームへの移行について、障害当事者たちは、移行の1年前（25％）か半年前（50％）に、職員（70％）から話を聞いて

いた（表18・表19参照）。多くの場合、引越しのことは職員や家族との会話のなかで話されていた（表20参照）。障害当事者は引越しに対する各自の意見を尋ねられているが、少なくとも印象として、現実の引越しにおいてそのことが重要で決定的な役割をもっていたとは言えなかった（表16参照）。しかしながら、半数以上（60％）の障害当事者が地域の住まいに引っ越せることを幸せに感じていた（表21参照）。しかし、障害当事者のうちの何人かは、地域移行にあたって不安に思ったり（25％）、心配（5％）を感じていた（表21参照）。

　新たな生活に慣れるために、住む家（または同様の家）で時々共に夕食をしたり、"一泊"してみたり、また何泊か宿泊体験することもあった。しかし、ほとんどの場合、そのような事前準備はなされていなかった。障害当事者たちは、その準備がなされていないことにも気づいていなかった。また、障害当事者はたいてい、引っ越す前に、地域社会での生活について何の考えももっていなかった。一方で、彼らは自分が得た印象から、社会の中で暮らす人（例えば家族）のことを知っていた。引越し前に、どんな種類の情報が必要であるか、そのことについて考えをもつことは彼らにとってとても難しいことであった。どの障害当事者も地域社会に引っ越すことをとても幸せに感じていたが、緊張していた人もいた。また、地域社会の中で暮らすことは大きなチャレンジだと感じていた。

　対象となった障害当事者のほとんどは、施設から地域への移行の後すぐに、再び別の所へ引越しをしていた（表22参照）。その引越しとは、ほとんどがグループホームから、自分の住居への引越しであった

表22　引越しの経験は、何回ありますか？

	人数（人）	割合（％）
1回	3	15
2回	1	5
3回	4	20
4回	4	20
5回	2	10
5回以上	6	30

(3) 対象となった障害当事者の地域社会での生活
①住居の条件

大多数の障害当事者は物理的な環境に満足していた。今回の調査では、ほとんどの人たち（75％）が、各自のアパートを借りていた（表23参照）。

表23　対象となった障害当事者の住宅形態

	人数（人）	割合（％）
1．グループホーム（数人の住まい）	3	15
2．自分のフラット	15	75
3．その他	2	10

注：3のその他は、支援事務所付きのアパート

グループホームに住んでいる人は多くなかった（15％）。ほとんどのケースにおいて近くに利用可能な支援センターがあった。事務所には支援者たちがいるが、事務所がない場合でも、多くの場合24時間体制でスタンバイできる体制となっていた。

何人かの人たちは、1人または2人の同居者とリビングルーム、浴室、台所を共同で使用しなければならないが、ほとんどの人たちは、自分のリビングルームを所有していた（表24参照）。すべての障害当事者は、鍵のかけられる自分の部屋（寝室）をもっており、皆自分の居住形態に満足していた（表25参照）。

表24　対象となった障害当事者のプライバシー保護の状態

	人数（人）	割合（％）
個室	18	90
部屋を他の1人と共有	2	10
部屋を他の2人と共有	0	0
部屋を他の3人かそれ以上の人と共有	0	0

表25　現在の住居形態に満足していますか？

	人数（人）	割合（%）
1. とても満足している	8	40
2. 満足している	12	60
3. 不満である	0	0
4. とても不満である	0	0

　自分のフラットを所有し、個室を持って暮らしている人たちが持っている家具はとても新しく、ほとんどの場合職員や家族の援助を受けて各自が選んでいた。こうした人たちは自分の家具に満足しており、短期間で家具を替えたいとは思っていなかった。

　障害当事者のほとんどは、自分自身で洗濯をし、また半数の人たちは自分で部屋の掃除をしていた。他の人たちは、洗濯や掃除のために週何時間か、職員やホームヘルパーから援助を受けていた。全ての人たちが、必要とするときに必要な援助を得ることができていた。障害当事者たちは、いろいろなことをしていて多忙であった。たとえ彼らが掃除をする能力があったとしても、時間がないときが多々見られていた。また、対象となった人たちは年齢の高い人たちが多く、何人かは肉体労働をすることが困難になってきていた。

　食事は、多くの場合、特に夕食は、たいてい支援センターで用意されている食事を利用していた。多くの人たちは料理をすることができるが、彼らにとって調理は時間を要するやっかいなことの一つである。彼らの多くは、メニューを決める話し合いに参加していたが、その話し合いはあまり重要だとは考えていなかった。多くの人たちは、昼食を職場で食べ、朝食は自分自身で用意していた。外食は高いので、外で食べることは少なかった。

　買い物についてもインタビューを受けた。買い物をする際支援者に手伝ってもらうことができるようになっていたが、多くの場合、週1度、たくさんの物を買うときに援助を受けていた。彼らの多くは、道順を習い、日常の買い物を自分で行っていた。

　非常時にも常時24時間体制で、支援者と電話によって連絡が取れるように

なっていた。

　安全確保はとても重要なことで、支援者が常時待機してくれていることに高い評価が示されていた。

　障害当事者たちはグループホームやコミュニティホームで誰の影響力が強いかをいつも考えており、自分たちで規則（例えば喫煙）についても決めていた。対象となった人たちの何人か（特に若者）は、支援センターの規則に不満をもっていた。また、ペットを飼っている人もいた（1人）。

　②就労と日中活動

　対象となった障害当事者のうちごく少数の人（5％）は一般就労だが、ほとんどは年金付き賃金雇用（40％）か保護就労（30％）であり、また何人か（10％）はデイセンターに通っていた（表26参照）。また高齢（年金時給者）のため、または適した仕事がないために仕事をしていない人もいた。

表26　対象となった障害当事者の雇用形態／日中活動のタイプ

	人数（人）	割合（％）
1. 一般市場	1	5
2. 年金付き賃金雇用	8	40
3. 保護就労	6	30
4. 日中活動センター	2	10
5. その他	3	15

表27　対象となった障害当事者が障害のない人たちと同じ職場で働いているかどうか

	人数（人）	割合（％）
1. はい	3	15
2. いいえ	17	85

表28　対象となった障害当事者の1週間の労働時間

	人数（人）	割合（％）
1.　1－9時間	1	6
2.　10－19時間	3	19
3.　20－29時間	7	44
4.　30－39時間	5	31
5.　40時間以上	0	0

　大多数の人たち（85％）は、同じような障害のある人たちと仕事をしており（表27参照）、その多く（69％）が週30時間未満の労働時間であった（表28参照）。こうした労働環境に大多数の障害当事者たち（83％）が満足していた（表29参照）。不満な人たち（18％）の中には職場を替えたいという希望をもっている人もいたが、彼らの多くは他の仕事を探すために援助が必要だと感じていた。

表29　現在の仕事や日中活動に満足していますか？

	人数（人）	割合（％）
1.　とても満足している	4	24
2.　満足している	10	59
3.　不満である	2	12
4.　とても不満である	1	6

注：3の不満は、雇用されていない人からのものである。

③経済

　対象となった障害当事者の多く（70％）は彼らの収入がいくらかを正確に知らなかった。しかし、1,000ユーロ（日本円換算142,000円、2006年3月14日現在）がある程度自活可能な月額生活基準額であるということを何となく知っていた。もし十分な収入をもらえるとしたらという質問には、標準的なオランダ人の最低限度の額（1,000ユーロ以上）を答えていたかもしれない。しかし、障害当事者の月額収入は、800ユーロ（113,600円、2006年3月14日現在）以上が70％を占めていたにもかかわらず（表30参照）、標準的なオランダ人の

最低生活基準額を大幅に下回っていた。（ここでは、800〜900ユーロを妥当な額と判断した。）それにもかかわらず、障害当事者は十分な経済状況であると考えており、たくさんお金をもっていると感じていた（85％、表31参照）。そのため自分の経済状況についてあまり心配していないか、していてもほんの少しだけという結果が見られていた。

表30　対象となった障害当事者の1カ月の収入（課税後）

	人数（人）	割合（％）
1.　100－300ユーロ未満	1	5
2.　300－500ユーロ未満	2	10
3.　500－800ユーロ未満	3	15
4.　800ユーロ以上	14	70

注：1ユーロ＝142円（2006年3月14日現在）

表31　自分の収入に満足していますか？

	人数（人）	割合（％）
1.　とても満足している	3	15
2.　満足している	14	70
3.　不満である	3	15
4.　とても不満である	0	0

　給料を管理しているのは、障害当事者よりも、むしろ家族（20％）や職員／支援者（50％）が多かった（表32参照）。年金や社会的手当ての管理も給料と全く同じ結果が見られていた（表33参照）。ただ、障害当事者の多くが年金や手当についてよく知らないと答えていた。

表32　誰が給料を管理していますか？

	人数（人）	割合（％）
1.　親・家族	4	20
2.　職員／支援者	10	50
3.　その他	6	30

注：3のその他は障害者自身。

表33　誰が年金や社会的手当を管理していますか？

	人数（人）	割合（%）
1. 親・家族	4	20
2. 職員？支援者	10	50
3. その他	6	30

注：3のその他は障害者自身。

インタビューを受けた障害当事者の多く（80％）が60ユーロ（約8,500円）から110ユーロ〔100ユーロ以上という回答だったが、ここでは110ユーロ（約15,000円）を妥当な額と判断した〕ほどの小遣いをもらっており、もらっている小遣いの額にそれなりに満足（75％）していた（表34・表35参照）。

表34　お小遣いはありますか？　1カ月にいくらですか？

	人数（人）	割合（%）
はい	(20	100)
1カ月に10－20ユーロ未満	0	0
1カ月に20－40ユーロ未満	2	10
1カ月に40－60ユーロ未満	2	10
1カ月に60－80ユーロ未満	5	25
1カ月に80－100ユーロ未満	2	10
1カ月に100ユーロ以上	9	45
いいえ	(0	0)

表35　お小遣いの額に満足していますか？

	人数（人）	割合（%）
1. とても満足している	3	15
2. 満足している	12	60
3. 不満である	5	25
4. とても不満である	0	0

障害当事者は、小遣いをどのように使うか自分で決めており、多くの場合余暇活動に使っていた。彼らの多くは、週ごとか月ごとに食料品（昼食、朝食）を買うために手当をもらっていた。もらったお金は、自分たちで管理していた。何人かは、小遣いも職員や家族に管理してもらっていた。このこと

については、当事者との合意がなされているようであった。また、何人かの人たちは、将来の経済の動向を心配していた。

④余暇活動

表36からもわかるとおり、対象となった障害当事者が自由時間に行っている活動の種類は様々であった。多くの人たちは、例えばテレビを見たり（75％）音楽を聴いたり（75％）、ラジオを聴くような、多少受け身的な活動となっていた。その他には、買い物（40％）、散歩（30％）、映画を見に行く（30％）、コンピューター（インターネット）をする、バードウオッチング、演奏をする、美術館へ行く、友達を訪ねる、読書、ビリヤードのような典型的なオランダの遊びや活動を行っていた。

表36 余暇にはどんなことをしていますか？（複数回答）

	人数（人）	割合（％）
1. 散歩	6	30
2. ドライブ	4	20
3. 買い物	8	40
4. 外食	4	20
5. スポーツ観戦	2	10
6. 映画	6	30
7. 音楽を聴く	15	75
8. テレビを見る	15	75
9. スポーツをする	5	25
10. 旅行	4	20
11. その他	9	45

注：割合は20人を母数とした。

表37 余暇活動に満足していますか？

	人数（人）	割合（％）
とても満足している	4	20
満足している	15	75
不満である	1	5
とても不満である	0	0

ほとんどの人（95%）が自分たちの行っている余暇活動に満足している（表37参照）ように見えるものの、ほかに何かやりたいことがないかどうか尋ねても「ない」（69%）と答えるなど、余暇活動への満足とは裏腹に、自らは主体的な意見をもっていないように思われた（表38参照）。友達と一緒に何か活動を共にするという人は少なく、またそのことに触れる人もあまりいなかった。これは、親しい友達が日常的にいないことの表れとも考えられた。

表38　余暇に何かやりたいことはありますか？

	人数（人）	割合（%）
1. はい	4	31
2. いいえ	9	69

注：障害当事者の多くは、余暇にどんなことをしたいのかについて意見をもっていないようである。

⑤人間関係

対象となった障害当事者たちの多く（75%）が友達がいると答えていた（表39参照）。質問の際、彼らは"友達がたくさんいる"と答えていた。もう少し詳しく、友達はどんな人なのか、どのくらい会うのかと聞くと、最初に答えたときよりも少ない人数になっていたように思えた。多くの場合、その友達とは、施設時代からの知り合いやグループホームの仲間であったり（45%）、仕事で知り合った仲間（40%）であった（表40参照）。

表39　友達がいますか？

	人数（人）	割合（%）
1. はい	15	75
2. いいえ	5	25
3. わからない	0	0

表40 「はい」と答えた方へ：それは誰ですか？（複数回答）

	人数（人）	割合（%）
1. 仕事仲間	8	53
2. 施設での友達	9	60
3. パートナー／配偶者	2	13
4. 隣人	2	13
5. 支援者	2	13
6. その他	6	40

注1：6のその他はボランティアと家族。
注2：割合は15人を母数とした。

障害当事者の多くは、友達に週に1、2回または気軽に特に規則的ではなく会っていた。彼らは、例えば、一緒に外出したり、一緒にテレビを見るためにお互いに訪問していた。そのため、現在の状況に満足している人が半数以上（65％）いた（表41参照）。さらに質問をすると、3人に1人（35％）はもっと友達が欲しいと答えていた（表42参照）。

表41 友達にもっと会いたいですか？

	人数（人）	割合（%）
1. より多く会いたい	7	35
2. そんなに会いたくない	0	0
3. 現在の状況に満足している	13	65

表42 もっと友達がほしいですか？

	人数（人）	割合（%）
1. はい	7	35
2. いいえ	4	20
3. わからない	9	45

親・家族とはどの程度会っているのであろうか。対象となった障害当事者たちの半数以上（55％）が週末に親・家族に会っており、その頻度は週に1回であったり、月に1回とさまざまであった。障害当事者たちの多くは面会

の回数に満足していたが、もっと頻繁に会いたいと思っている人もいた。

表43　自分の親・家族に、どの位会っていますか？

	人数（人）	割合（％）
1. とてもよく会っている	11	55
2. たまに会う	9	45
3. 全然会っていない	0	0
4. わからない	0	0

　隣近所との関係はどうであろうか。障害当事者たちの多くは、グループホームなどで一緒に住んでいる人たちのことを、いつも夕食を共にする隣人としてみなしていた。オランダでは、同僚や仲間ではない隣人とのつきあいは、挨拶を交わしたり、時々お茶を一緒に飲んだりする程度である。挨拶を交わす（50％）、お茶やコーヒーを一緒に飲む（10％）と、同じような結果が調査結果にも見られていた（表44参照）。

表44　近所の人達との関係はどうですか？

	人数（人）	割合（％）
1. 挨拶を交わす	10	50
2. お茶やコーヒーを一緒に飲む	2	10
3. 一緒に出かける	1	5
4. 全然つきあわない	5	25
5. その他	2	10

注：5のその他は具体的に答えることができなかった。

表45　現在の隣近所との関係に満足していますか？

	人数（人）	割合（％）
1. とても満足している	1	5
2. 満足している	13	65
3. 不満である	6	30
4. とても不満である	0	0

　現在の隣近所との関係に不満（30％）をもっている人がおり、そのような人たちはもっと隣人とのつきあいが欲しいと回答していた。しかし、彼らは

隣近所との関係をもっともちたいと思いながら、どこへ行ってどう支援を求めたらよいのかを知らなかった。

⑥決議における参加

直近の選挙では、投票した人（40％）が半数を下回っていた（表46参照）。

表46　この前の選挙で投票をしましたか？

	人数（人）	割合（％）
1. はい	8	40
2. いいえ	6	30
3. わからない	6	30

この１年間に所属団体が開催した会議に参加したのは30％の人たちだけで、かなり多くの人たち（60％）が会議に参加したことがなかった。参加した人たちは賃金削減についての会議に参加したり、地方議会の傍聴をしたり、サービス事業者の会議に参加していた（表47参照）。

表47　この12カ月間で、組織によって開催された会議に参加しましたか？

	人数（人）	割合（％）
1. はい	6	30
2. いいえ	12	60
3. わからない	2	10

注：1の参加は、ＬＦＢの委員会や特別な会議に参加したことを指す。

表48．決議において、現在の参加レベルに満足していますか？

	人数（人）	割合（％）
1. とても満足している	1	5
2. 満足している	18	90
3. 不満である	1	5
4. とても不満である	0	0

かなり多くの人たちが会議に参加をしたことがなかったものの、それで特

に何とも思っていないことが推測できた。95％もの人たちが現状に満足していたからである（表48参照）。にもかかわらず、障害当事者の多くは自分の意見を何とか伝えることができるだろうと思っていた。外出のときに何か起こった場合にも何とかできるだろうと考えていた。また、参加したい会議も特ない（90％）と答えている人が大多数だった（表49参照）。

表49　参加したい会議はありますか？

	人数（人）	割合（％）
1．はい	2	10
2．いいえ	18	90

注：1の「はい」は、知的障害者のための特別な会議。

⑦教育

　対象となった障害当事者が知的障害児のための特別学校へ行ったかどうかは、時代的な背景と関係していた。対象となった人たちでやや年齢の高い人たち（75％）は、当時特別学校がなかったので通常学校の特別学級に通っていた。特別学校に通っていたのは20％であった（表50参照）。

　半数以上（55％）の人たちは義務教育終了後は学校に行かず、家事労働や単純生産労働に就くための技術を身につけられる基礎的な教育を受けているだけであった（表51参照）。半数以上（60％）の人たちは受けた教育に満足していたが、3人に1人（35％）は学校に対して不満をもっていた。

　障害当事者が学びたいものをたくさんもっていることは、よいことである。40％の人たちがコンピューター、インターネット、読み書きに関すること、旅行（一人旅）、特別なこと、料理などについて、もっと学びたいと思っていた（表53参照）。半数以上（60％）の人たちは、学びたいものが特にないと答えていた。

表 50　対象となった障害当事者の教育のタイプ（義務教育）

	人数（人）	割合（％）
1. 通常学級	1	5
2. 特別学級	15	75
3. 知的障害者のための特別学校	4	20

表 51　対象となった障害当事者の義務教育後の教育

	人数（人）	割合（％）
はい、通常教育	7	35
はい、通常教育	0	0
はい、選択的教育	2	10
いいえ	11	55

表 52　受けた教育に満足していますか？

	人数（人）	割合（％）
1. とても満足している	1	5
2. 満足している	11	55
3. 不満である	4	20
4. とても不満である	3	15

表 53　何か学びたいことがありますか？

	人数（人）	割合（％）
はい	8	40
いいえ	12	60

（4）対象となった障害当事者の施設での生活

　対象者となった知的障害当事者が施設で過ごした時間は長く、ただ歳をとっただけであった。彼らが施設で過ごした年数の平均は、28年間であった。施設暮らしの長い人たちの多くは、施設から出られるなんて考えたことすらなかった。施設の外に出ることもあまりなかったし、施設の"外"でどのような生活ができるかなんて想像すらできなかった。彼らが外で暮らしたいという意思表示をすると、"そのための準備"はできていないと説得された。多くの場合、彼らは自分で準備を始め、強く訴えるしかなかったのである。
　障害当事者たちの多くは、施設生活はそれほど悪いものではなかったと言

う人もいたが、しかし一旦、施設"外"の生活を経験すると、再び施設に戻りたいと言う人は誰もいなかった。何人かは施設での暮らしは"きつくて"、"軍隊のようだ"と言い、全ての規則に不満をもつ人たちや、規則があるのはやむを得ないと思う人もいれば、罰を受けた経験をもっている人は施設暮らしに対して強い拒否反応を示していた。

職員に対する意見は人によって異なっており、職員からとてもよい支援を受けた経験をもっている人もいれば、そうでない人もいた。

(5) 将来への希望

誰もが地域生活に満足しており、地域社会で起こる小さいが、様々な希望をもっていた。仕事を替えたり、余暇活動も変えていきたいと思っている人たちもいた。より安定した仕事（一般就労）を得るために勉強したいと思っている人もいた。

彼らの多くは、現在の生活を地道に続けていくことが最も重要なことだと考えていた。それは彼らに将来の夢について質問すると、多くの人たちが「ここで、今のような生活を続けていきたい」と答えていたからである。

B．親または家族――親・家族はわが子の地域移行・地域生活支援をどう見ていたか

障害者のケアは専門家に委ねられていることが多く、親・家族が意見を述べることはとても難しい。福祉予算も十分とは言えない。こうした状況が、親・家族を不安にさせていた。親・家族は、専門性が強化されることで個人的な関係が希薄になってしまうのではないかと考えていた。また、親・家族は、個人的な関係を大切にするためには、障害のあるわが子を自分たちで面倒をみなければならなくなるかもしれないと考えていた。しかし、自宅で面倒をみるほど経済的に豊かではなかったため、施設に預けざるを得ないと考えていた。また、わが子は重複障害があるため、専門家や専門施設に委ねざ

るを得ないと考えている人もいた。

　多くの親・家族は、わが子の施設経験を肯定的に捉えていた。障害をもったわが子が施設で有益なスキルを学び、仲間ができたと考えていたからであった。また、ある父親は、社会に出たら安定した仕事（一般就労）に就くことが重要だと述べていた。福祉作業所は、保護し過ぎるという理由からであった。彼は、普通に仕事ができるようになることが一般的な生活を送る上でとても大切な条件の一つだとも言っていた。ある母親は、施設にはたくさんの規則があったと考えていた。娘が、自分自身で決定することや自発的に行動できることが少なかったからであった。施設によっても異なっており、親・家族はわが子が施設で学ぶことに満足していた。しかし、何人かの親・家族は、職員は他の入居者に平等に関わらなければならないことが多く、わが子に関心をもって接してもらうことはできないと答えていた。

　何人かの親・家族は、現在の状況にそれなりに満足していたが、他の親・家族は満足していないことが多く、個別的な関わりをもってほしいと望んでいた。

　ほとんどの親・家族は、自分たちの近くに引っ越して来てほしいと考えていた。これはわが子と行き来しやすくなると考えていたからだが、実際何人かの親・家族は地域移行後よく行き来するようになっていた。

　インタビューを受けた親・家族のほとんどが、地域移行を経験したわが子は地域移行プロセスの重要な決定に参加したり、彼ら自身で新しい家の模様替えを決めたりすることは、とても良いことだと評価していた。また、誰と一緒に住みたいかも選べることができており、評価できることだと答えていた。

　概ね、親・家族は、地域移行についてわが子に対して提供された情報にも満足していた。インタビューを受けた親・家族にとって、わが子が社会へ移行することはとても良いことだと好意的に受け止めていた。地域移行は彼らの願いでもあったし、とても重要であると考えていた。幾つかのケースでは、

地域移行を行う際に鍵を握っているのは、やはり親・家族であると答えていた。何人かの親・家族は、職員よりもわが子の願いを"読みとる"ことが的確にできているのは親・家族だと答えていた。しかし、親・家族は、わが子が家に戻されるのではないかという不安を感じることが時々あった。移行先のスタッフと良い関係をもっていたが、それは、移行先でどのような生活を送っているかを心配しているためでもあった。スタッフと良い関係を保ち、情報を得ることは、とても重要なことだと考えていた。

　親・家族は、地域移行後、わが子が幸せに暮らしていることに満足していた。地域での暮らしはプライバシーが保たれ、より広い空間と自分の所持品を所有することができると感じていた。何人かの親・家族は、当初孤独になるのではと心配し、親・家族がたくさん支援をしなければならないのではないかと心配していた。現在は、予想していたよりも、大きな問題はそれほどないと思えるようになってきていた。ある母親は、娘が自分で暮らすようになって良かった点を挙げていた。例えば、娘は施設の番号がついた洋服をもらうために待つ必要がなくなり、買った洋服を直接身につけることができるようになったと述べていた。親・家族も、わが子に気楽に関わることができるようになったと考えていた。

　親・家族の多くは、地域移行について肯定的であった。一方で、わが子が"社会的なスキル"や対人関係のスキルを獲得していくための支援を十分に得ることができるのかどうかを心配していた。さらに、将来においても十分な支援を得ることができるのか心配していた。また、社会的統合はとても重要だが果たして可能だろうか、という思いももっていた。ある母親は、地域移行は賛成だが、それだけが目的になってしまうと、形だけは整えられるが一人ひとりの思いが脇に置かれてしまう心配がある、と述べていた。また、ある母親は、わが子を障害者と見るのではなく、わが子も社会の一員として見ることがとても重要だという意見を述べていた。さらに、必要に応じて利用できる施設があることが望ましいという考えをもっている人もいた。

親・家族は、今後の課題として「孤独」の問題を取り上げていた。地域で個室をもって暮らしていくのはよいが、十分な支援がなければ孤独になってしまう可能性があることや、生活を充実させていくためには、良い情報と精神的なサポートも必要としていることなどを述べていた。また、親・家族は、障害のある人たちが家の掃除、買い物のようなたくさんの日常的なことをこなすときに、他の人たちよりも多くの時間を必要としているし、自分の将来について考えるときも支援を必要としていると考えていた。その意味で、現在得ている支援よりももっと多くの支援が提供されるべきだと考えていた。これは、社会的安全の確保や社会的スキル、金銭管理などへの支援であった。彼らは、経費削減を打ち出している政府の社会政策に疑問をもっていた。

親・家族は、障害のあるわが子が、成長・発達し、地域社会のメンバーとして生活できるようになることを願っていた。そして、わが子に困難なことが待ち受けているかもしれないが、社会の中で生活していくために必要な支援を得ながら、自立していくことを願っていた。

C. 職員——職員は地域移行・地域生活支援をどう見ていたか

インタビューを受けた職員のほとんどが、福祉の現場で何年も働いており、多くが10年以上で、10年未満の人は少数であった。また大多数が入所施設で働いた経験をもっていた。したがって、彼らは施設での仕事と地域での生活支援の仕事とを比較することが可能な人たちであった。

インタビューを受けた人たちの共通した意見は、施設には規則があり、集団処遇がなされていたというものであった。施設で働いていたときは、自分たちで物事を決定したり、主体的に動くことは困難だと思っていた。彼らが世話をする利用者も同じような状態に置かれていると感じていた。ある職員は、"彼らは施設の中では何ら尊重されていなかった"と答えていた。"狭い部屋に閉じこめられていた"からであった。さらに、施設では複雑な交代勤務で働かされており、主体的に動ける時間はほとんどなかった。施設利用

者の個人的な成長・発達に関心が払われず、共感もほとんどもてない状態にあった。そのため、次のように入所施設に対して否定的な回答が数多く見られていた。

　職員の数が非常に少なかったために、1人で10人以上の利用者の面倒を見なければならず、利用者へ注意を払うことはほとんどなかった。インタビューに応じた職員たちは、このことを問題と感じていた。時々混乱した状況になるなかで物事を進めていかざるを得ず、利用者に命令を下す"ボス"のような存在であった。権力をもつ職員が規則を作り、利用者を「工場労働者」のように使っていた。ケアに対する専門性などなく、実際の決定は利用者を知らない管理者によってなされていた。したがって、利用者一人ひとりの要求に応じた対応が困難となり、利用者との間にはとても大きな"関係性の距離"があった。また職員間の関係がよくなかったときには、利用者のケアにも影響を及ぼしていた。

　近年、生活集団規模は、次第に小さくなってきた。25年前は、一つの生活単位が20人であることが普通だったが、10年前くらいから8～10人になってきた。もちろん、かつては、利用者たちにほとんどプライバシーがなかった。ある職員は、自分は"怖い親"的存在であり、利用者たちは何をするにも私たち職員に許可を求めなければならなかったと述べていた。

　地域移行を求められたとき、この決定を下したのは施設側であった。オランダにおいて、地域移行の動きは10年前に始まった。ある職員は、地域移行が開始されたとき地域移行に多くの関心が向けられ、そのために必要な費用が投資された、と述べていた。地域移行と地域生活を勧められた障害当事者たちは、当時、障害の軽い、地域移行しても大丈夫だと思われていた人たちだった。障害のある当事者たちと家族との話し合いがもたれ、障害当事者たちが希望を述べることも選ぶこともできるようになっていった。しかし、家族からはたくさんの反対意見が寄せられた。職員とのインタビューを通して、当時は、家族の了解を得るためにたくさんの注意と時間が注がれていたこと

が伝わってきた。

　当時、多くの職員は、利用者が地域移行し、地域生活をすることは無理でうまくいくとは思っていなかった。それでも、心の中では地域移行することにとても興奮していた人が多かった。地域移行に関する当時の様子を鮮明に思い出すことはできなかったものの、職員へのインタビューからいくつかの重要な特徴点が見出されていた。

　地域移行する際には、地域生活支援のネットワークを構築することが重要だということである。その際、家族の役割が大変重要となっていた。障害当事者は何がなされ求められているのかが理解できるようなわかりやすい情報を必要としている、ということもわかった。わかりやすさのレベルは当事者によって異なるが、自己認識のレベルに応じた情報を用意しておくことが必要とされていた。重要なことは、障害当事者の自尊感情を大切にし、やる気をもってもらうようなものでなければならないということであった。その際、たくさんの支援が必要となるが、支援開始時期が特に重要であった。自分自身の家をもつことは素敵なことだが、一般市民になるには多くの時間を必要としていた。しかし、施設を出てグループホームのような小さなホームで暮らすことは、当事者たちにとっても職員たちにとってもよいという意見が多く寄せられていた。

　地域生活への準備は、人によって異なる。多くの人が地域生活の現実を知り、支援を得るために、近所の家を訪問したり、近所の人たちと話をすること、一緒に食事をしたり、一緒に寝泊まりをすることは、良い印象を得るために必要なことだと答えていた。

　多くの職員は、障害当事者にとって地域移行はとても大切だと考えていた。しかし、家族には躊躇が見られ、移行当初はとても懐疑的であったと感じていた。そのため、職員は、時間をかけて徐々に家族の考え方を変えてもらうように働きかけており、家族への対応にたくさんの時間とエネルギーと忍耐を必要としていた。職員は、家族に地域移行の重要性を説き、時間をかけて

家族への働きかけを行ってきたことがインタビューからうかがえた。
　実際の地域生活は、一人ひとり異なっていると感じていた。地域生活支援ネットワークがあるかどうか、家族の理解があるかどうかによっても異なっていた。また、地域社会との関係や仕事との関係、余暇活動との関係がどうなっているかによっても異なっていた。
　そのため、関係性についての教育、エンパワーメントを強化していくための取り組みが重要であり、買い物、社会資源の使い方、銀行の利用の仕方、健康管理など、あらゆる実践的なスキルの習得も必要とされていた。
　地域移行への準備も一人ひとり異なっていた。地域移行については、多くが個人的に説明を受けていた。具体的な地域移行にあたっても、持ち物をどうするか、施設に残していくものは何か、などの細かな検討事項がたくさんあった。普通の暮らしのなかで見られる様々な事柄を地域移行プロセスのなかで経験しているようであった。当事者たちと相談し、話し合いをしながら物事を進めていくことに喜びを感じていた職員もいれば、ストレスを感じていた職員もいた。職員は、また、地域移行体験は当事者にとって実践的な学習の場となるだけでなく、具体的な環境づくりにもつながっていくと考えていた。
　多くの職員は、かつて、障害当事者が経験不足故に地域生活は困難だと考えていた。施設のほうが安心して暮らせるのではないかと考えている職員もいた。しかし、一方で、彼らがいろいろなことを自分自身で決定することができると考えている職員もいた。
　職員は可能な限り障害当事者の立場に立ち、関わりをもっていく必要がある。支援職員として誠実に、障害当事者の可能性を見つけ出す支援を行っていくことが重要である。支援職員として、障害当事者たちの成長を信じ、支えあげることが大切である。"障害当事者の背後にある問題"に目を向けていく必要がある。上から下にものを見るような関わり方をやめ、対等な隣人として関わっていくことが大切となってくる。こう話す職員もいた。

地域移行は、物理的・機能的・社会的統合を主な目的としていた。地域における「孤独」は最も大きな問題であり、良好な人間関係をつくり、愛を育むための取り組みが必要とされていた。当事者たちのために社会的ネットワークを構築することも必要とされていた。

社会の受け入れは社会によって異なっており、支援職員は当事者たちと隣人たちとの媒体者としての任務を負っている。さらに、社会に対して良い情報を提供することが重要であり、情報を提供された市民たちは情報を喜んで共有するに違いないと考えていた。さらに、良い情報を提供することは、サービス供給者の責務でもある。職員たちは、また、地方自治体や国との関係を保ちながら情報収集を行っていくことも必要だと考えていた。

職員たちは、障害のある当事者たちが地域生活を豊かに送ることができるようにするために必要な資金を得、具体的な支援を提供し、支援の輪を広げていく必要があると考えていた。職員たちはまた、将来、知的な障害のある当事者たちが専門的な支援の手を離れてもっと自立し、多くの人と出会い、隣人と良い関係を構築することができるように支援をしていく必要があるとも考えていた。さらに、多くの職員は、一人ひとりの個性が尊重され、社会で発揮されるようにと願っていた。

2. 考察

三つの面から考察を加えたい。まず第一に、対象となった障害当事者の施設での生活と地域移行プロセスについて述べる。第二に、地域生活支援システムを構築するためにはどうしたらよいかについて述べる。施設での生活は一般の生活とは異なっており、職員や親にとっても望ましいものではなかった。しかし、施設生活に慣れた障害当事者にとって地域移行をスムーズに行い、地域生活をエンジョイするには相当の苦しさと困難を伴うものとなっていた。したがって、第三に、地域生活における様々な障壁を取り除くためにはどうしたらよいのか、つまり、社会的統合の可能性について述べる。

(1) 入所施設での生活と地域移行プロセスについて
　①入所施設での生活
　対象となった障害当事者の年齢にもよるが、ほとんどが施設で生活した経験をもっていた。彼らはたいてい何度も引越しを経験していた。障害当事者にとって、"施設職員はボス的存在"であったことが調査結果から明らかになった。しかし、職員たちとの関係については概ね肯定的であった。
　親たちは、彼らの子どもたちが暮らしていた施設について否定的ではなく、わが子が施設で役に立つ社会的スキルを学んだと思っていた。しかし、わが子の施設生活を振り返ってみると、施設にはプライバシーがほとんどなく、自分で物事を決める機会もほとんどなかったし、わが子が施設に慣れるにつれて職員のわが子への関心も薄れていっていることを実感するようになっていった。また、施設では、"通常の社会的スキル"を習熟する機会も与えられていなかった、と話すようになっていった。むしろ、集団管理のための規則ばかりが目立つようになっていった。このことは、障害当事者が社会的スキルを習得し、グループホームなどの地域の住まいに住むことを困難にさせていた。施設の問題について指摘をすると、施設側は"問題の利用者""問題の親・家族"というレッテルを貼るようになっていった。つまり、入所施設の保守的・閉鎖的な面と構造的な諸問題が利用者（わが子）との日常の関わり合いを通して明らかになっていったことが示されていた。
　②地域移行プロセス
　まず第一に、施設職員や管理職にとって、障害当事者が地域社会で支援を受けながら生活をすることがいかに必要なことなのかを親に了解してもらうのはとても大変な作業であることが明らかとなった。職員は、多くの時間を費やして、親・家族からの了解を得る努力をした。家族から支援を受けながら地域移行を進めることが、障害当事者の意思を受け止める上でも大変重要だった。と同時に、地域移行プロセスのスタート時点から、知的障害当事者と家族が充分な情報を得ることがとても重要なことだということが明らかと

なった。しかし、今回対象となったほとんどのケースにおいて、障害当事者と親・家族に地域移行に関する情報が口頭で伝えられてはいたものの、他の伝達方法はほとんど用いられていなかった。

　障害当事者にとって、地域生活を送るために新しいスキルを学ぶこと、そのための準備期間を設けることがとても重要であることも明らかとなった。しかし、調査結果は、ほとんどの障害当事者たちが十分な情報をもらえていなかったこと、また、地域生活のための十分なトレーニングの機会を受けられないでいることが示されていた。換言すれば、障害当事者は、地域移行に際して、必要かつ十分な特別な支援を必要としていたということである。彼らは単に料理や買い物をすることを学ぶような実際的な援助を必要とするだけではなく、彼らの生活上の変化に対処できるようにするために継続的な支援を必要としていたのである。その準備には、コミュニケーションのとり方や生活維持、社会的関係に関するスキルが必要とされていたし、またエンパワーメントも必要とされていた。

　今回の調査は、障害当事者の過去の施設生活について思い起こしてもらう機会ともなり、結果として、自分自身の人生と将来を意識するようになっていったように思われた。

(2) 地域生活支援システムの構築について

　対象となった障害当事者の多くは、概ね現在の地域生活に満足していた。プライバシーが守られ、自分自身の持ち物を所有することに満足を感じていた。支援のあり方も良好で、安心感を感じていた。しかし、支援体制と規則に関して支援を受ける上で必要だと考えている人と不満だと考えている人がおり、意見は分かれていた。もし彼らが自分でいろいろなことが決められるなら、地域生活もいいだろうと考える人もいた。

　さらに、調査結果は、もし十分な支援体制が随所にあれば、障害が重い障害当事者も、地域生活は可能であることを示していた。そのため、障害当事

者が適切な地域生活支援ネットワークと機会が与えられれば、施設よりも地域でより満足した生活を送ることができると判断することができた。

　障害当事者、親・家族、職員を問わず、障害のある人たちは、地域生活のほうがずっと暮らし向きがよいと考えていた。ここで留意すべき点は、ノーマルな環境を整えることにより障害のある人たちの満足度が高くなるということであり、自己認識、個人的な意見、選択能力を高めるために十分な時間と余裕のある対応を心がけていく必要があるということである。そして、もしもっと生活経験（人生経験）を豊かにすることができたなら、依存が少なくなり、物事を巧みにこなせるようになり、成長・発達を促進させることができるようになると思われた。障害当事者が専門的な支援からの依存を少なくし、ケアを受けながらノーマルな環境の中で生きることを学習していくことが必要であろう。

　親・家族は、障害当事者の現在の地域生活に満足していた。そして、多くの親・家族は、障害のある人たちの地域参加に積極的に貢献していた。親・家族の存在はとても重要であり、障害当事者の人生を左右する存在でもあった。親・家族は理解者である反面、わが子の人生に枠をはめる存在ともなっていた。

　親・家族はいつも責任感を感じているため、物事がうまくいかなかったときのことを考え、"安全"を求める傾向があった。親・家族は、将来の政府の福祉予算が削減されるのではないかとの不安を抱いており、将来十分な支援を受けられなくなるのではないかと心配していた。障害当事者の地域における孤独感や地域生活を送る上での精神的な支援の不足もまた親・家族にとっての懸念事項となっていた。反面、職員は地域移行や地域生活支援に熱心であった。質問されないにもかかわらず、地域生活支援の利点について自発的に述べてくれた。しかし、地域生活支援は変化に富んでいるが故に大変なことが多く、職員は常に新しいスキルを学ぶことを求められていた。様々なスキルを用いて障害当事者の社会的な関係性を広めていくための支援とそ

のことへの気づきを求められていたのである。

(3) 社会的統合の可能性について

(1)の地域移行プロセスで述べたように、多くの障害のある人は、施設よりも地域生活のほうがずっと暮らし向きがよいと感じていることをみてきた。しかし、多くの課題が存在していることも明らかとなった。例えば、「孤独」の問題である。このことは、社会的統合が不十分だということを意味している。したがって、ここでは、社会的統合の不十分さと可能性について検討する。

①新しい実践的な社会的スキルを学ぶことの重要性

恒常的に学習することが、障害のある人たちにとってはとても重要である。障害のある人たちが、地域社会の中でうまく生活するためには、彼らがこれまでに習得してこなかった社会的なスキルを獲得していく必要がある。例えば、買い物、料理、銀行へ行くこと、日常的に決めなければならない社会生活上のスキルの習得は、とても重要であり、自分で生活をしていく上でも役立つ。これらのスキルは、施設で生活しているときにはそれほど必要とはされなかった。しかし、社会的スキルの習得は、今後ますます必要とされる。そのために、スキル獲得の機会を豊富に与えることが重要である。できれば、その人の生活スタイルに合わせた学習環境が用意される必要がある。

今回行った調査の結果は、これらの条件を整えることがとても大切で、これらの条件が整えられれば学習効果はもっと上がることを示していた。もう一方で、新しいスキルを学ぶのは障害のある人たちばかりではなく、施設職員たちも"新しい"スキルを学習する必要があるということを示していた。またこのことは、職員は障害のある人たちからも学ぶことができるということを示していたのである。

親・家族と施設職員たちは、社会的統合を成功させるには、特に地域移行の初期段階において、よい社会的ネットワークを構築しておくことが重要だ

ということを指摘していた。そのために、家族も社会的ネットワーク構築の一翼を担う必要があると思われた。また、障害のある人たちの自尊感情を大切にし、障害当事者にやる気を起こさせるための働きかけも必要とされていた。

　②時間をかけて

　さらに考えなければならないことは、"時間"である。人のケアをするときには、いつでも、どの時点においても、特別な時間を必要としていた。特に、障害のある人たちの社会的スキルの習得には長い時間がかかるため、早くから社会的スキルが学べるように働きかけていく必要があると思われた。

　③社会的統合の重要性

　障害のある人たちの日中活動は、週40時間未満が多かった。その多くが福祉的就労の場やデイセンターであった。障害のある当事者たちは、現在の日中活動に十分に満足しているように思われた。しかし、一般就労における障害のある人たちの就業率の低さが社会的統合の妨げになっている実態を考えると、福祉的就労のあり方を見直していく必要があるように思われた。一般市民との出会いや語り合いのないなかでの日中活動となっていることが多かったからである。今後は、社会的統合を促進させ、社会との関係を維持しながら、社会に統合された形の日中活動を模索する必要があるのではないだろうか。また、障害のある人たち自身も、専門的なケアが用意されている場よりも、社会的な関係が保たれている統合された場での活動や触れ合いがもっと重要だということに気づく必要があると思われる。

　これまでオランダでは、障害のある人たちを官僚的なケアシステムの中に位置づけ、専門家の手によって守ってきた。その最たるものが入所施設であり、入所施設という特別な場に収容することによって専門システムが維持されてきた。しかし、既に歴史は、このような専門主義化が障害のある人たちを特別視し、彼らを過小評価し、社会の片隅に追いやってしまったことを証明してきた。そして、社会的統合を阻み、彼らの完全参加と平等を困難にし

てきたのである。私たちはこのような社会的環境を私たち自身がつくり上げてきてしまったことに気づき、社会の価値観の変容に向けた取り組みを展開していく必要がある。

　④新たな人間関係の創出

　かつて施設で生活していた人たちにとって、地域における「孤独」はとても大きな問題となっている。今回の調査においても、障害当事者は、かつての施設仲間や家族、専門家との関係以外、人間関係をほとんどもっていないことが明らかとなった。つまり、田舎で生活しているか都市で生活しているかによって多少違いはあるものの、対象となった障害当事者たちは、隣人たちとのつき合いが全くないか、ほとんどないかであった。また、障害当事者たちは、余暇活動で出会った友人や知人が全くいないか、ほとんどいないかであった。彼らの最も共通した余暇活動はテレビを見ることであり、他の人たちとのつき合いはほとんどなかったのである。さらに、ほとんどの障害当事者たちは、新たな人間関係をつくる環境にもいなかったのである。

　障害のない人たちとのつき合いがほとんどないため、かつて施設で生活していた障害当事者にとって、新たな人間関係をつくるためには絶えず支援者の支援を必要としていたのである。残念なことに、職員たちは、新たな人間関係を創り出す努力をほとんどしていないことが明らかとなったのである。

　⑤低収入と社会との関係

　社会との関係を十分にもてないのは、得ている収入とも関連しているように思われた。障害当事者たちは、外食するためのお金や他の余暇活動で使えるお金を十分には持っていなかったのである。障害のある当事者たちは、彼らの収入や将来の経済的状況についてあまり心配しているようには見えず、彼らの家族や福祉システムが彼らの面倒を見てくれるだろうと考えているように見えたものの、お金をあまり持っていない彼らは、たいてい、かつての施設仲間を訪問し、彼らと長い時間を過ごし、低収入に甘んじるという連鎖の中にいたのである。

また、障害当事者は、これまで選挙に行ったことも社会的な会合に参加したこともなかった。このことも彼らが社会に統合されていない要因の一つであり、社会参画にはほど遠い実態であることを示していた。

　オランダにおける今回の調査から判明したことは、脱施設化や地域移行の流れのなかで物理的な統合が促進されてきてはいるものの、社会的な統合からはほど遠いということであった。したがって、今後、オランダにおいても、障害当事者の社会的統合にもっと関心が払われる必要がある。障害のある人たちが、他の一般市民同様、どうしたら社会の中で暮らし、働き、余暇を楽しむことができるのか、どうしたら友人や意味のある人間関係を築いていくことができるのかを、真剣に考えていく必要がある。

参考文献

1. Wim van Oorschot and Kees Boos. (2000). The Battle against Numbers: Disability Policies in the Netherlands. *European Journal of Social Security*, Vol.2(4), pp.343-361.
2. オランダ保健福祉省（ＶＷＳ）(2004). *People with a disability in the Netherlands – the government's health and welfare policy* (Fact sheet)
3. オランダ保健福祉省（ＶＷＳ）(2005). Special needs services in the Netherlands
4. オランダ保健福祉省（ＶＷＳ）(2005). Disability Policy in the Netherlands
5. オランダ保健福祉省（ＶＷＳ）(2006). New effective date for Social Support Act (Wmo): January 1, 2007

第5章　日本における地域移行・地域生活支援の実態と課題

杉田穏子・麦倉泰子・鈴木　良

第1節　知的障害者の地域移行・地域生活支援の実態と課題
──知的障害者援護施設Aにおけるインタビュー調査に基づいて

　　はじめに

　ここ数年の間に、日本においても知的障害のある人の入所施設から地域の住まいへの移行の動きが見られるようになった。その代表的なものとして、長野県の西駒郷、宮城県の船形コロニー、そして独立行政法人国立のぞみの園があげられるだろう。

　長野県では、西駒郷改築検討委員会が、2002年10月、県立の西駒郷（県立知的障害者入所施設等）改築に関する提言をまとめ、「ノーマライゼーションの理念に基づいた障害者の地域生活支援の充実を今後の施策の重点とする」ことを決めている。長野県西駒郷自律支援部長の山田によると、2003年4月1日現在441人であった利用者は、2005年4月1日には326人に、2006年4月1日には261人にまで削減予定である（山田、2005）という。

　また2002年11月には、宮城県福祉事業団が県立の船形コロニー（県立知的障害者入所施設等）の解体宣言を行い、2010年を目標に485人の入所者全員を地域に移行させ、施設を解体する予定であることを宣言した。さらに宮城県の浅野知事（当時）は、2004年2月に期限はもうけないが県内すべての入所施設の解体を表明してさまざまな議論を呼んだ。2006年2月9日の朝日新聞によると、2006年1月中旬の時点で168人がグループホームなどに地域移行している。しかしその後、村井知事は「目標年度を定めて無理をしてはいけない」と述べ、2010年度までの閉所にはこだわらないという考えを示し、再

び関係者の議論を呼んだ。また船形コロニー親の会も「解体宣言の見直し」の要請書を提出した。これによって地域移行が遅延するのは明確であり、地方自治のもろさが露呈した形となった。

のぞみの園に関しては、2003年8月、厚生労働省が「国立コロニー独立行政法人化検討委員会」報告書の政策目標の中期目標として「入所利用者を積極的に地域への移行を進めるべき」とした方針を決定し、具体的な数値目標として2007年までに入所者数を3割から4割程度縮減し、新規入所者は受け付けないとしている。

上記の3施設はいずれも1960年代から70年代につくられた大型コロニーである。日本におけるコロニーは、欧米のコロニー事情を背景として、1965年10月に厚生省（現・厚生労働省、以下同様）コロニー懇談会が発足し、1966年3月、高崎に国立コロニー（現・独立行政法人国立のぞみの園、以下同様）の建設を決定、それとほぼ同時期に地方においてもコロニーが建設されていった。地方コロニーとしては、1968年5月に北海道の「太陽の園」、同年6月に愛知県の「心身障害者コロニー」が開設されたのを皮切りに、1975年岩手県の「中山の園」が開設されるまで、収容定員が300人から850人の大規模施設が全国20カ所に次々と建設されていった。その背景には、精神薄弱者育成会（知的障害児の親の会で、現在の「手をつなぐ育成会」）が1952年に終身保護を可能とする名張育成園などを建設したこと、1965年の重症心身障害児を守る会の親たちの訴えが大きく影響している。このようにコロニーの建設は知的障害児の親の強い要請によって建設されていった。また矢野によると、背景には親の要望だけでなく「でき方が余りにも政治的な面が多いことを指摘しておきたい」（矢野・富永、1972）と述べている。そのためコロニーは設立当初よりさまざまな批判があったにもかかわらず、十分な検討もされぬまま急速に次々と建設されていった。

コロニーの機能について、厚生省コロニー懇談会は「重症心身障害者、障害の程度が固定した者を長期間収容し、あるいは居住させてそこで社会生活

を営ましめる生活共同体としての総合施設」であり「障害の程度が重いため、長期間医療または介護を必要とする者や、一般社会への復帰は困難であるが、ある程度作業能力を期待できる者を<u>健康な人々（職員、ボランティア等）と共に一定の地域内に収容</u>し、保護、治療、訓練などを行うと共に、障害の程度に応じた生産活動と日常生活を営むようにする社会」（矢野・富永、1972、下線は筆者）と定めている。実際に日本に設立された多くのコロニーは、「長期間収容」の場として機能し、障害者を終身的に隔離してきた。

　しかしコロニーの中で、今回調査した知的障害者援護施設Ａ（以下、Ａ施設）だけは例外であった。それはＡ施設では、設立当初より、総合施設長をはじめ、幹部職員の中に、本人の声に耳を傾ける人がいたからである。その当時のことを施設関係者はこう語ってくれた。「その当時は施設の中で比較的障害の軽い人たちもいました。そういう人たちに聞きますと、こういう施設では自分は一生終わりたくない。町にでて普通の暮らしがしたい。とにかく頑張って１日も早くこの施設から出て、町で働いたり、町の住まいに住んで、そして将来は結婚もしたいんだというようなことを言った人が多かったように思います」。実際にその考えに従って設立からわずか３年目で施設を出て一般就労する人が出てきている。国が「障害のある人が一生涯住める場所の提供」を目的として設立したコロニーの方針に疑問をいだき、40年近く前にコロニーから地域への移行を行ってきた発想と実践はたんへん先駆的なものであり、地域移行の必要性が検討される現在において学ぶものが多くあると思う。おそらく日本で最も早期に地域移行に取り組んだ施設の一つであると考えられる。

　また二つめの機能「健康な人々（職員、ボランティア等）と共に一定の地域内に収容」に沿って、Ａ施設でも設立当時、山の上に独身寮や職員宿舎が建てられている。しかし、Ａ施設では、設立から８年目で、独身寮や職員宿舎を出て、町で生活を始める職員が出始めている。その空いた宿舎に本人たちが生活をする形で地域生活実習が始まるのだが、「山の上では暮らせない」

という答えを出しているのは何よりもそこに住んでいた職員とその家族たちではなかったのだろうか。小池は1971年にすでにコロニーの生活共同体という機能を「障害者と職員とその家族が地域社会から隔離されて生活する特殊な共同体」(小池、1971)と批判している。

今回、A施設において、知的障害のある本人(以下、本人と略す)、職員、家族にインタビュー調査をする機会を得た。本節では、このような先駆的な実践から彼らが何を学び、何を感じていたのかまとめる。「はしがき」にあるように本研究のタイトルは、「入所施設から地域の住まいへの移行に関する研究」であるが、そもそも地域への住まいの移行が必要なのは「入所施設」が存在するからである。そこで考察では、「入所施設の意義について」述べ、その後「施設から地域の住まいへの移行はどのように進めればよいのか」「地域生活支援にとって必要なことは何か」を考えていきたい。

1. A施設の地域移行の歴史について

A施設の地域移行の歴史について、本、関係者の講演録、職員への聴き取りを基に紹介したい。A施設は山の上にある。A施設の地域移行は、まさに山の上から町へ、利用者の人たちが生活の場、日中活動の場を変えていった歴史であるといえる。

A施設の地域移行の特徴の一つは、生活の場、日中活動の場を一度に町に移すということではなく、まず生活の場か日中活動の場のどちらかを地域に移し、それに慣れた頃、あるいは必要が出てきたときに、もう一方も町に移すという形になっている。1970年代に軽度の人が対象となっていた時代には、就労や実習のため、先に日中活動の場だけが町に移行し、そののち通勤寮や下宿が整えられ、生活の場も町に移行している。しかし1980年代半ばから行われた中・重度の人の移行の場合には、生活実習という形で生活の場が先に町に移行し、そののち福祉的就労の場が整えられ、日中活動の場も町に移行している。現在は100カ所近いグループホームやアパートの「生活の場」と

地域共同作業所や通所授産施設等の「日中活動の場」を町に整えている。

またA施設の地域移行の歴史からは、その時代の障害のある人への制度の変更や偶発的な出来事によって、入所者の人たちの運命は簡単に変えられていることを実感する。一番大きな影響を与えたのは、1986年の障害者年金制度改革である。この改革によって今まで2万から3万円の低額で抑えられていた年金が中・軽度の人で6万円程度、重度で8万円程度となり、一般就労していない中・重度の人が地域で生活していける可能性が生まれた。先に述べたようにA施設では設立当初より利用者を地域に移行させていこうという考えに従って1970年代には障害の「軽度の人」に対しては一般就労を目指して「訓練」を行い、一般就労させ、地域移行させる取り組みがなされている。しかし一方で1980年代に入ると、職員の中から、いくら訓練をしても効果の上がらない「中・重度の人」たちが一生地域に出られないのはおかしいのではないかという疑問も議論され始めている。職員間で議論されてきたことと年金制度改革が相まって、それ以降、中・重度の人の地域移行が実践されていく。

しかし忘れてはならないのは、このように国の年金制度改革は全国的な流れであるが、それによって他のコロニーには中・重度の人を地域に出していこうという流れは全く生まれていない。A施設のように元々コロニーという場で一生を終わらせるのではなく、地域に戻していこうという発想や実践と組み合わさって、中・重度の人の地域移行の取り組みが開始されていくのである。

また偶発的な出来事としては、1980年代の施設の大掛かりな改修工事が挙げられる。改修工事のため一時的に別の場所に住まざるを得なくなったとき、別の場所として「町」を選んでいる。そしてこのことがきっかけになり、本格的な町での地域生活実習の取り組みが始まっている。「町での生活実習」で多くのものを得た本人や職員たちは施設の改修工事が終わっても「A施設」に帰ることはなく、「町」で住み続けることを選んだのである。

2. 調査の実施方法と対象

本調査は、研究グループのメンバー4人で行った。メンバーのうち3人は本人20人、職員10人、家族10組を対象に一対一のインタビュー調査を実施した。メンバーのうちインタビューに加わらなかった1人は、職員数名からA施設の歴史についてインタビューを行った。また職員の案内でメンバー全員が、施設本体、地域生活実習のホーム、グループホーム、アパートなどの見学をした。

インタビューはあらかじめ決められたインタビューガイドの質問項目に沿って、半構造化面接を行った。実施に必要な時間は1時間から2時間程度であった。場所は地域生活支援センターや地域共同作業所、グループホームの本人の部屋などで行った。インタビューの内容は対象者の了解を得て録音した。なお調査は、2005年2月上旬に行った。

対象となった本人20人は、A施設で生活した体験をもち、現在地域で生活をしている人、ある程度言葉でのコミュニケーションが可能な人を条件に、施設の側で選定していただいた。実際には、20人のうち1人はA施設での生活経験はなく、在宅から通勤寮に移った人が含まれていた。

本人20人の生活場所は、グループホーム9人、アパート8人（うち結婚や同棲している人5人）、在宅3人であった。その内訳は男性10人、女性10人、年齢は平均44.3歳（最低24歳—最高73歳）、「A施設」での入所施設生活年数は平均9.2年（最短2カ月—最長18年）であった。なお対象者のうち6人は他の施設での入所経験をもっている。グループホームやアパートでの地域生活年数は平均8.4年（最短2年—最長28年、在宅生活者3人は除く）であった。

職員は以前「A施設」で勤務した経験があり、現在は地域生活を支援している人たちである。対象者の平均年齢は、49.4歳、平均勤務年数は、28.9年で、長年にわたってA施設やその後の地域生活支援に関わってこられた方たちである。

家族は以前「A施設」に親族（子どもやきょうだい）が入所していた経験をもち、現在その親族は地域で生活している10組の家族で、その内訳は、父母2組、父親2組、母親5組、きょうだい1組であった。

3. 調査内容

本人への調査には、2種類のインタビューガイドを使用した。一つは、インタビューガイドⅠであり、本人をよく知る職員に記入してもらった。記入内容は、①本人の個人情報、②地域の住まいへの移行プロセス、③現在の生活、に関してである。もう一つは、インタビューガイドⅡであり、本人へのインタビュー時に用いた。その内容は、①現在の生活、②入所施設生活、③地域の住まいへの移行プロセス、に関してである。なおコミュニケーションがとりにくい人には、絵カードを作成し、補助的に用いた。これらのインタビューガイドは、河東田らの先行研究で用いられた「カヤンディ式生活の質修正インタビューガイド」（河東田他、1999）を参考にしている。

職員に対するインタビューガイドの内容は、これまでの職務経験、現在の職務、地域移行プロセス、入所施設や地域での本人の様子、地域移行への考え方に関してである。

家族に対するインタビューガイドの内容は、これまでの本人の生い立ち、地域移行プロセス、入所施設や地域での本人の様子、地域移行への考え方に関してである。

4. 分析方法

調査の分析に関しては、まず各調査員のインタビューの逐語録を読みインタビュー内容の全体を把握した。

そして本人、職員、家族のインタビュー内容から「入所施設」「地域移行プロセス」「移行後の地域生活」について、どのように感じていたのかを中心にまとめた。

5. 結果

ここではインタビューで得られた語りをそのまま記載しながら、「入所施設の意義について」「施設から地域の住まいへの移行の実態」「地域生活支援の実態」について特徴的にみられたことを示していきたい。

なお語りの中の（　）の記号内の内容はインタビューをした人の発言をさし、［　］の記号内の内容はインタビューの内容を分かりやすくするために筆者が補足したものである。

(1) 入所施設の意義について

入所施設の意義については、〈入所施設での処遇の実態〉〈入所施設から移行した後の気付き〉〈今後の入所施設の意義〉について語られた内容から考えていきたい。

〈入所施設での処遇の実態〉

> ① 1970年代には軽度の人には地域移行を視野に入れ「訓練」を、重度の人には一生施設で暮らすことを視野に入れ「わいわい」と楽しく過ごす関わりだと職員から語られる。本人からは規則に対する強い不満が語られる。

入所施設での処遇は時代によって変化してきている。職員によると、主に1970年代は軽度の人には地域移行を促すため、「トレーニングして一般就労して自立させていく」、「訓練色の強い関わり」がなされていた。その背景には、1970年代には障害基礎年金は低額であり、地域で受けられるサービスもなかったため、入所施設を出て地域で生活するためには、「一般就労」して金銭を稼ぎ出す以外に方法はなかったことがある。

一方で重度の人は地域移行というよりは、一生をA施設で暮らすことを視

野に入れ、「みんなでわいわい」と楽しく過ごす関わりが中心であったと語られる。

軽度の人に対する関わり
職員：トレーニングして一般就労して自立させていく。一般就労に耐えうる姿勢や体力が必要。地域で社会人を目標に、すごい頑張ってた。毎日朝夕2キロ走っていた。
職員：訓練色の強い関わり。1日6キロのマラソンを職場実習の後にやってた。職員も一緒に。日曜日は20キロ。……当時の考え方は、できることはなるべく自分たちでできるように。ADLの問題、部屋を片づける、当番を組んだり、チェックする日をつくったりなど訓練っていう意味合いが強かった。細かいところまで、服のたたみ方一つから全部やった。

重度の人に対する関わり
職員：地域との関わりというよりは、みんなでわいわいやって、（地域移行は）全く何も考えてなかった。
職員：1971年ごろは、仕事というよりは利用者と一緒に楽しむ。日曜日の勤務では、散歩にみんなで、町、海まで行ったり、すごい楽しい思い出はいっぱい。地域移行というのは頭になく町の雰囲気を味わう。

当時の処遇の状況は、訓練だけでなく、規則や日課もさまざまなきまりがあり、本人からは「とにかく大勢の中から出たかった」「つらかった」、買い物に行っても「買い物もしないで帰ってきた」など生活への強い不満が語られている。また職員からも「叱りつけて何が何でもやらせていた」「一つの枠の中にはまっていた」ことが語られる。

本人：4人か5人部屋[注]。9時になったら電気消された。朝は5時半か6時に起床。外出も自由じゃない。外出許可証、職員の許可ないと、町におりられなかった。（罰は？）おれも見てきているけど、施設嫌で、無外［無断外出］して、怒られて。おれいたときはたばこ吸えなかった。とにかく大勢の中から出たかった。楽しくはなかった。施設だから。
（注：調査後の職員と調査員とのミーティングにおいて、職員よりA施設では、4人以上の部屋はないと語られた）

本人：でたいと思った。（誰かに言いました？）言わなかった。……規則はいっぱい。就寝が9時で起床は6時。外出は先生ついて。皆で行く。つらかった。

本人：（寮では何人部屋でしたか？）たくさんいたね、4人だったり、5人だったり[注]。寝る時間は8時だったり、9時だったり。起きるのは6時。……（買い物も寮のときは自由にできました？）いや、あんまりできなかったね。先生と一緒に行ってた。買い物もしないで帰ってきてさ。（みんなと一緒に行くのですか？）うん。4人か5人ぐらいね。（4、5人で行ってたから、自分の買い物ができなかったのですか？）うん、できなかったの。（時間もないんですよね）うーん。バスで帰ってくるからね。
（注：調査後の職員と調査員とのミーティングにおいて、職員よりA施設では、4人以上の部屋はないと語られた）

職員：劣悪だった。4人部屋。自分がそんなところで年がら年中暮らせって言われたらきっと、おかしくなるんだろうなと思う。規則は朝から晩まで。起床、洗面、食事、仕事、園内の作業に行く人が多いんだけど、作業に行って昼戻ってきて、また出かけて夕方に戻って御飯食べてお風呂入って何時に寝るというのがある。関わりとしては、担当者には、施設から出て行こうという目標あったので、それに向けて生活技術を身につける、たんすの整理、服のたたみ方、歯の磨き方、そういった基本の生活動作の指導。当時の考え方としては、叱りつけて何

が何でもやらせる。［今思えば］それって苦痛以外の何ものでもない。
職員：夜寝るとき「はい、消灯」と電気消して、9時には寝せなきゃなんない。朝は何時になったら「はい、起きなさい」っていう形でたたき起こしてでも起こして。もう日々「はい、作業だよ、作業行きなさい」って感じで……。全く一つの日課になっている。（本人の意思に）全然（関係）ない、ない、ない。職員1人で20人もっているから、結局そうせざるを得なかった。一つの枠の中にはまっていた。

②1980年代後半からは中・重度の人の地域移行も視野に入れた取り組みが開始された。職員からは、訓練や規則は減っていったと語られたが、本人からは規則や日課に対する強い不満が語られ、両者にずれがみられた。

　1980年代後半から1990年代には、中度・重度の人の地域移行についても検討されるようになる。それに従って、訓練色は減っていき、「今の入所施設は……訓練という感じではない」、規則についても「今はだんだん緩くなって酒も煙草もある程度」と職員は述べている。しかし1990年代に入所していた本人たちからは「『きょうは我慢しなさい』って言ったら、我慢するしかないんですよ」「［規則は］結構ありました」「休みといっても日課があった」などと相変わらず規則や日課に対する強い不満が語られた。

職員：今の入所施設は……訓練という感じではない。自閉や精神障害の方もいるので、関係調整を職員が、一生懸命やらないと、もうすぐトラブルになったりする。今は3人部屋が1組で、あとは2人か個室。
職員：今はだんだん緩くなって酒も煙草もある程度。力のある園生は学園バス（1日7往復）に乗って単独で買い物など外出もできる。
職員：今は重度化して［訓練は］できなくなっている。（今も中軽度の人に対しては必要ですか？）難しい。対象の方による。反発する方も当然い

る。当時は「やらないと出られないんだよ」というような言い方でやってきたことも事実。今やるとすれば、やはり、合意の上で。

本人：[外出について]先生に言って、はんこもらえれば行けるけど、はんこもらえないで、「きょうは我慢しなさい」って言ったら、我慢するしかないんですよ。例えば、歯磨いてないで口臭いとか、ひげ剃ってないでひげを剃らなきゃだめだとか。(何か罰とかはありましたか？)ちょっとわかりませんね。たぶん、叱られるぐらい。

本人：[規則は]結構ありました。覚えている限りでは、1週間に1回、1週間の行事を言うの。……仕事でこうしました、ああしました。寝る時間は9時ぐらい。起きる時間は6時。外出は自由にはできない。外出許可証があって、「この日に出ます」って先生に言って。ちゃんとね、時間も言ってね。場所までは言っていないけど。

本人：始めは2人部屋で、それから4人部屋に。(大変じゃなかったですか？)夜布団ひいたらほとんどもうビッチビッチ状態。水、土日、祝日が休み。休みといっても日課があった。水曜日は朝環境整備で、鍋洗い、草むしり、雪かき、通院。……全体で行くから「大型通院」という。日曜日は午前中いっぱい床磨き。ほとんどそれでもう使っちゃって。昼から買い物、職員と仲間も一緒に。

　規則は、男女交際。つき合いはいいけど、くっついたりとか一切だめ。同じ部屋の人のものを盗んだり。そんな時は買った服を没収されていた人がいた。

③本人・家族からは、他の入所施設に比べて「A施設は良かった」と語られる。

「○○[他の入所施設]では10年でかなわなかったこと[地域移行]が、こっちに来たら3カ月でかなった」り、「○○[他の入所施設]では電気治療、1部屋10人、学校にも行かしてもらっていない」ような他の施設に比べて、

「A施設」は良かったと語る本人や家族もいた。

> 本人：友だちが○○［他の入所施設］において、空きがあったので入った。○○は言ってること［自立］とやっていることが全然違う。一人も自立していない。友だちはまだ○○にいる。……［A施設では］地域で生活しているということを、友達から聞いて自分から進んで見にいって。……3カ月いたら、まちにおりるっていう話がでた。(嬉しかったですか？) それが目標だったから。(○○では10年でかなわなかったこと[地域移行]が、こっちに来たら3カ月で。) うん。かなった。
>
> 家族：小学△年生のときに児童相談所の人にそういう子ばかりが通う施設があるからと入ったが、電気治療なんか嫌がってかわいそうで連れ帰った。その○○［他の入所施設］は出さないということで酷い目にあった。○○のときは1部屋に10人。小さい子の世話で学校にも行かしてもらっていなかった。先生たちは良いことを言うけど、そんなことがわかって嫌で辞めさせた。

> ④本人からは、施設に入所していることは、「障害者」というレッテルを貼られることになる屈辱感も語られる。

施設に入所していることは、「施設の人だ」「障害的な扱いになる」つまり「障害者」というレッテルを貼られることになる。本人からはそのことへの屈辱感も語られた。

> 本人：施設にいること自体が嫌だった。町に下りて来て、周りの目線がA施設のバス乗っていったら「施設の人だ」と思われるようになると思う。それが一番嫌だった。……(外でどういう暮らしをしたと思っていたのですか？) 施設にいたらA施設のバス乗るでしょ。でも、町に出たら乗る必要ないっしょ。(バスに乗りたくないっていうことですか？) う

ん。早い話がそうですね。……結局周りの目線がずっと気になってた。「あ、この人施設だ」って。

本人：でも行く前は障害的な、自分もそういう扱いになるっていうことで、すごく反対した。（嫌でしたか？）ええ。……（最終的に行くことになったのはどうしてですか？）親にも言われたけど、親もいつまでも生きていられるわけでもないし、そこに行けば親死んでからも、面倒みてくれるっていうことで。（それで納得した？）ええ。……（A施設の生活どうでしたか？）半端じゃなく、やでした（笑）。

〈入所施設から移行した後の気づき〉

> ⑤職員・家族からは、中・重度の人たちを地域に移行させていくなかで、本人の思いがけない力に驚かされたことが語られる。

中・重度の人たちを地域に移行させていくなかで、職員や親の中には、本人の思いがけない力に「驚きでした」と語る人、「町には学習要素がいっぱいあった」と気づく人、「A施設の本体にいたときよりもすごい成長」を感じる人などが多くいた。

職員：［地域に出て］最初床屋さんは、職員と［一緒に行っていた］。その後お友達2人で行った。ある時、時間がたってから床屋さんに見に行ったら［床屋］閉まっていて［本人たちが］いなかった。すごい心配していたら、全然違う床屋さんに行って、散髪してもらっていた。そこは何か<u>驚きでした</u>。いつも練習していた床屋さんが休みで、ほかの床屋さんに行けるっていうあたりはすごいな。能力的には本当に重い方でIQでいえば20ない方だった。

職員：［生活の場も］A施設の中で実習するよりは、地域の中のほうがいいんじゃないかということで、［寮全体で］町におりた。●●を基点

に△△、◇◇、××に点在させて 20 名で生活した。●●に職員が宿直して、他の所は訪問して支援する形。その頃、町は、だれもストーブをつけてくれなくて寒かったり、雪かきしなくていいので山の上のほうが快適な部分もあった。しかし、例えばきょうの夕飯はみんなで作ってみようとかが施設よりやり易かった。材料から買ってこようか、自分たちで書き出してどんなものが必要か。学園にいるとジャガイモもニンジンもお肉も売ってない。山には。<u>町にはスーパーなど学習要素がいっぱいあった。</u>

職員：思ったよりも利用者さんが力をもっているということに気づかされることが最初は多かった。小集団での生活のほうが、本人たちにとっても安定した生活が得られる。

職員：最初の頃、20人から４人をピックアップして、町で作業実習、家も借りてやってうまくいった。障害は中・重度だったが、自動販売機を利用したり、自分で床屋に行った。重たい子が「昨日、救急車走ってた」とか「車がうるさかった」とか言って生活を実感してるという感じを受けた。地域の中から学習していく要素たくさんある。園にいたらその辺でおしっこしていても気にならない。ここではお巡りさんに捕まる。大家さんと仲良くやってほしくて、気を使った。大家さんを呼んで食事をしたこともあった。

家族：<u>A 施設にいたときよりもすごい成長して、一人でも出歩ける。［以前は］</u>ほんとできなかった。家のすぐ近くの自動販売機にも一人では行かなかった。それが今は結構何かびっくりするくらい遠くに一人で買い物行っている。……自由に自分で歩きたい、歩けるんだっていうのがそれに勝ったんだね。恐怖からね。もし家にいたら一生親と手をつないでいたかも。施設にいても自分から言わないから、結局職員と一緒に行動するとかね。金銭面、男性、交通事故などいつも心配。でも……仮に施設でいたより半分しか生きられないにしても、事故に

遭ったにしても、こういうふうに生まれてきたけど、みんなと同じように ね、いろんな体験できたっていうほうが勝るんじゃないか、娘もそう思っているんじゃないかと思う（笑）、思うことにしてます。
家族：[施設で] 人によっては成長してく人もいるんだろうと思うけども、自分の〇〇［家族の名前］は結局は何も進歩してないなっていうふうに思っちゃう。……3回ぐらい施設から逃げ出して大騒ぎ、……［グループホームで］3、4人ぐらいで住宅借りると、飛び出したりなんかすることもない……個室について満足感が非常に強い。帰るとこはそこだと思ってる。ここへ来ても……帰るときになったら、さっさっと帰っちゃう。……施設から抜け出すこともなく落ち着いてきた。だだこねもましになってきた。

> ⑥職員からは、施設での集団・管理的処遇への反省点が語られる。

　職員の中には、「寝てもいいですか？」と尋ねられたり、「ちょっと変だよね」と感じたり、「日課っていうのは何なのか」と気づいたり、「やっぱり無理なことを課題にしていた」など施設での訓練や日課中心の集団・管理的な処遇への反省点を語る人もいた。

職員：[地域移行した] 最初のころは本人たちもすごく不安で、わりと中度の方たちが、9時とか10時になったら、家に電話よこして、「寝てもいいですか？」と尋ねてきた。「自分で考えてください」って言われると、逆に困っちゃう。そういうことすら、自分たちの自由にはならなかったのかなっていうのは、こちらの大きな反省点。〇〇年にA施設に入った頃っていうのは、9時になったら「はい、時間ですから寝てください」そういう形でした。9時になって「寝ていいですか」って電話来たときに、「あしたの朝何時に起きるの？　起きる時間によって、起きられるんだったら別に10時まで起きててもかまわ

ないし、起きる自信がないんだったら、もう寝たほうが良いんじゃないですか」と［答えた］。

職員：［山の上では］朝起きて、みんなで一斉に掃除して、御飯も時間決まってて、早く出る実習の方に合わせて、7 時 20 分には全員集合して、朝礼やった。こっち［町］に来たときに、「それ、ここでもやるのかい」っていう話になって、「それ、ちょっと変だよね」と。建物の構造が変わることで、自然と意識も変わることもある。休みの日も［山の上は］敷地広いので散歩で、集団でぞろぞろと歩いていた。でも街中でできない。でも肥満体質の人もでてきた。大きな違いは、休日に、買い物に行ったり。でも帰宅は 4 時までに制限。［しかし］一気に自由度がひろがった。

職員：日課に沿って生活するのが当たり前って思っていたことが、10 数年たった「〇〇［24 時間のグループホーム］の人たちの生活」の中で、日課っていうのは何なのか。自分たちの中で、最低限出勤する、朝起きてバスに遅れないようにすることさえできれば、日課は、本人が決めること。時間をプログラムを決めて、こうですよってものではない。だんだん自分の中でも変化してきた。知らず知らずに。

職員：昔は実習に行くのにもハードルを設定していた。これができたらもっとこう次はこれをしないと働きにいけないとか、自立はできないというような形。課題設定がたくさんあった。できない人にとっては難しかったんだろう。買い物に行ってきて小遣い帳をつけるのに苦労していたけど、やらせていたっていうようなこともあった。やっぱり無理なことを課題にしていた。今はやれないことを手伝います。変わったのは、何故かわからない。福祉全体の流れかな。

〈今後の入所施設の意義〉

⑦職員・家族からは「これからも入所施設が必要」と語られる。

　職員ほぼ全員から「地域は、誰でもというわけにはいかない」「スタッフが本人をわかるために」「特に強度行動障害、自閉の重い人たち」のために「これからも入所施設は必要」という意見が多く聞かれた。また施設の有効性は「悪いことをしたら施設に帰るんだよ」というおどし文句を使って、地域生活で問題行動を減らす効果があると語った職員もいた。
　家族からは「子どもに手を余している親が多い」、つまり介護の負担が大きいためというもの、「自分たちの仲間をつくって暮らしてほしい。……そういうところはないから、やっぱり施設でしかなくなってしまいます」、つまり他に選択肢がないので「これからも入所施設は必要」という意見が聞かれた。

　職員：地域は、誰でもというわけにはいかない。今は重たい子が、施設に残ってます。
　職員：施設というものが全部なくなればいいということではない。……［入所施設が］人生の中の一時期必要という人はいる。本人が変わるというため、町で暮らす上で利用者を支えるスタッフが本人をわかるために。特に強度行動障害、自閉の重い人たちが、本人が落ち着くためのサインや環境はどうあるべきなのかということを、利用者自身もスタッフもわかるために。
　職員：一番おどし文句はね「悪いことをしたら施設に帰るんだよ」って言ったらしない。籍切ってからでも、盗んだとか職場の人の財布開けたとかいったら、罰として、おどしで2、3日施設連れて行く。そしたら「絶対、もうしないから」って、結構それでみんなこたえてた。
　家族：施設は要る。子どもに手を余している親が多い。
　家族：ある程度の年になったら、やっぱり親から離れて、自分たちの仲間

をつくって暮らしてほしい。……親が抱えていたり、どっかに施設とかにずっと一生入ってるのでなく、例えばおしゃれしたり、自由に外出したり、そういうことをさせてやりたいなっていう思いがずっとあった。だけどそういうところはないから、やっぱり施設でしかなくなってしまいます。

(2) 施設から地域の住まいへの移行の実態

施設から地域の住まいへの移行の実態については、誰が押し進めたのかという〈移行の進め方〉、どのように行われたのかという〈移行の方法〉、さらに〈家族の反応〉について語られた内容から考えていきたい。

〈移行の進め方〉

> ①移行者、移行時期、共同生活者、移行場所の決定は実質的には職員であった。多くの本人にとってそれは喜びであった。一方で最初は不安だが後に地域のほうが良いと意識の変わる人もいた。

「だれが、いつ地域移行するのか」「誰とどこで住むのか」は、「基本的に職員から見て大丈夫な人」「［移行者の決定は］寮の3人の担当で週に2回話し合い」と職員が語っているように、実質的には職員が決定していた。「その時会った職員によってその人の人生が決まる」という語りがそれを象徴している。

職員：地域生活実習は、基本的に職員から見て大丈夫な人。その後本人と話をし、了解が得られれば、相談しながら。本人はだいたいは喜ぶ。どうしても動きたくない人も強くプッシュ。
職員：［移行者の決定は］寮の3人の担当で週に2回話し合い。ある程度力を見る、グループ生活をうまくやれるか、火の管理、問題行動が少

ない、本人の希望も。……どこに住むのかは、職員が決める。
職員：こちらのもう条件づくりにかかってる。……同じA施設でも職員間で随分差がある。<u>その時会った職員によってその人の人生が決まる。</u>

本人からも職員が移行者や移行場所を決めていたことが語られた。多くの場合、それは「うれしいこと」つまり喜びであった。

本人：（グループホームに移ることは担当の先生から言われたんですか？）うん、<u>担当の先生。</u>（どういう気持ちがしました？）うれしかった。ふふふ、<u>町の、ふふふ……</u>（ねー。すごい笑顔ですよね。町に移ることを勧めたのはだれですか？）職員。（だれかに相談しました？）したんじゃないかな、うん……私、聞いてないけど。（あなたはだれか相談したっていうことはなくて？）うん。（じゃあ、最終的に町で暮らすことを決めたのはだれですか？）うん、職員ですよ。

本人：（グループホームに移れることを聞いたのは、担当職員からですか？）そうです。（どんなふうに言ってくれたんですか？）「町で生活できるようになったよ」っていう感じで。（グループホームに入ることを決めたのは誰ですか？）<u>やっぱり職員</u>。見学っちゅうの？　それをして……。先生と一緒に。私が「いいよ」って言ったら、「ここに引っ越ししよう」。やっぱり<u>うれしいっていう気持ち。</u>

しかし本人の中には、「初めて職員いなかったから、寂しかった」と不安が強かったが、次第に「職員いないほうが良くなった」と意識の変わることを語る人もいた。職員からも「すごく不安」な本人がいたことが語られた。

本人：<u>初めて職員いなかったから、寂しかった。</u>だけど、1週間、1カ月、半年なるうちに職員いないほうが良くなった。やっぱり自分たちでい

れるのがいい。出した先生悪いと思っていたけど、こっちのほうが良くなった。
職員：最初のころは本人たちもすごく不安で、わりと中度の方たちが、9時とか10時になったら、家に電話よこして、「寝てもいいですか？」と尋ねてきた。

②職員による中・重度者への地域移行の説明は不十分であった。

施設で生活しなければならないのは「誰の責任」なのだろうか。A施設の歴史を見ると、明らかに1980年代後半からは地域移行の対象者が「軽度の人のみ」から「中・重度の人にも」広がっている。このことによって今まで地域移行の対象者となっていなかった人たちも対象者として考えられるようになった。これは「本人の問題行動」や「本人の成績」という側面よりも、施設の改修工事が行われたり、国の年金のシステムが変わったり、グループホームの制度などが整えられていったためである。しかし職員は、最近地域移行した人たちに対して、「制度が変わったので地域移行ができるようになった」ことを十分説明していなかった。例えば、ある本人は、本人たちの間で「悪いことしたら長くいる」という感じがあると語る。また別の本人からは、職員から「おまえ、何でここ［施設］にいるの」とか「成績がいい」と言われたと語られる。

本人：（早く出たかったですか？）私は2年。人よりも遅く入って早く出てるから、自分より遅く入った人が何で先に出るんだろうっていうそういう感じで［見られた］。だから先輩でも、なんか自分が何年いたとか。悪いことしたら長くいるんだよって（笑）。（ああ。そういう感じがあるのね。）うん。

本人：（施設を出たいと思っていましたか？）全然、俺手足が不自由だから出れないと思っていた。ある時、ある職員が、「おまえ、何でここ［施

設］にいるの」と言われて……その後職員住宅に行った。でもどうせ町で暮らせないと思ってた。……そのうち町に出た。

家族：2年前に地域へ。［職員からの説明は十分ではなく］自分が知らないうちに子どもは下へ下りてっちゃった。本人からは、「今度、私成績いいからね。町に下りれるんだよ」みたいなことは言ってた。

〈移行の方法〉

> ③移行前の準備には決まったものはなく、日常から街の仲間の暮らしをみながらイメージづくりが行われていた。

移行前の準備には決まったものはなく職員からは「必要とする人としない人がいる」「一斉には説明や見学していない」と語られた。日常的に町で暮らす人の生活を「見に行ったりもしている」のでイメージができているからである。

職員：試しは、必要とする人としない人がいる。期間はその人に合わせた期間でやっていく。組み合わせの問題。公宅で職員のいないところでグループ生活ができて、大丈夫なら地域に。

職員：一斉には説明や見学していない。今言ったように、実習ホームって既にあったので、イメージ皆さんしてる。特に見に行ったりもしている。「今度みんな一斉にこの寮自体がおりていく。ああいう生活になるんだけど」っていうような話で、「それで、どう？」っていうのは一人ひとりに聞いてます。

> ④「生活の場」「日中活動の場」のどちらか一方から移行し、後にもう一方も移行するというやり方も取られていた。

地域移行のやり方として、「生活の場」「日中活動の場」がそろってから移

行するというよりは、どちらか一方でもチャンスがあればどんどん出ていき、その後、もう一方を整えるというやり方がなされている。初期には就職や職場実習のため、「日中活動」は町で行うが、「生活」は「学園のバスに乗り換えして学園に帰って来なきゃなんない」と語られ、専用のバスで施設に戻ってきていた。しかし1980年後半になり、中・重度の人の地域移行では、「地域実習を町の中でしながらも、A施設の作業科に通うというような形態」と語られ、まず「生活の場」（地域生活実習）を町に移し、しばらくは「日中活動」のために施設に通っている。その後「福祉的就労の場を［町に］つくらなきゃいけない」と語られているように、町に福祉的就労の場（地域共同作業所、通所授産施設）を開所し、「生活の場」も「日中活動の場」も町で暮らす体制を整えている。

職員：昭和50年代前半頃……実習に行ってた。民間のバスに乗っておりて、<u>学園のバスに乗り換えして学園に帰って来なきゃなんない</u>。
職員：昭和60年代ぐらいから、中・重度の方を中心に、地域実習を始めました。一般就労は難しい方たち。ですから、<u>地域実習を町の中でしながらも、A施設の作業科に通うというような形態</u>をとっての、生活実習をその頃から始めていました。
職員：平成3年とかのデータは企業就労と福祉的就労の割合が8対2。これがどんどん比率が変わってきて今は6、4を割ってます。5年以内に間違いなく福祉的就労の場がパンクするねという状態。それで<u>本格的な福祉的就労の場を［町に］つくらなきゃいけない</u>ということ。障害の重い人も利用できる本格的な福祉的就労の場、いわば通所授産施設をつくらなきゃいけない。○○［都道府県名］で知的障害では初の小規模通所授産施設パンの店が誕生する。

⑤寮ごと（20人）街に移行するというやり方もなされていた。

もう一つの特徴は、町に実際に下りて「生活実習」を始めている。2000年からは偶然に良い物件が見つかったので、寮ごと（20人一度）町に下り、四つの寮の利用者80人が20人ごとに固まって地域移行をしている。この地域移行では「●●を基点に△△、◇◇、××に点在させて20名で生活した」と語られているように、一カ所を拠点として、その周りに三カ所の生活場所を点在させたことがわかる。その結果「一気に自由度がひろがった」一方で「施設がそっくりきている感じ」になることが語られた。

> 職員：平成×年には、○○寮の20人の中度の人たち。就職実習で、［町に］職場に実習に行ってたり作業所のほうに行ってた。……地域の中のほうがいいんじゃないかということで、両方とも［日中活動も生活も］町に下りた。●●を基点に△△、◇◇、××に点在させて20名で生活した。●●に職員が宿直して、他の所は訪問して支援する形。
>
> 職員：平成×年○○が開設。20人が一緒におりてきた。自分の支援の場も山の下に。A施設で生活面の支援をしていたのを、そっくりその場所が地域に移って来た。……一気に自由度がひろがった。その後○○（別の仕事場）で1年半［働いてみて］改めて思うんですけど、……施設がそっくり来てるっていう感じ。

〈家族の反応〉

> ⑥移行時の家族の反応は初期には抵抗が大きかったが、次第に少なくなっていった。

　家族の反応については、初期の頃は、「とても抵抗は大きかった。……最後の切り札は、「何かあったときはA施設で引き受けますから」と語られ、心配するあまり強い抵抗があったことがわかる。しかし「移行後、自由に買い物したり、元気に生き生き暮らしている様子［を見て］『よかったんだ

ねー』って感想を漏らされる家族の方も」と語られ、本人での地域の様子をみて、反対から賛成になっていったのがわかる。

　しかし 1980 年代になると「大きく反対された方はいなかった」と語られ、家族の意識にも変化があることがわかる。また「バックアップはＡ施設で変わらないと説明」と語られ、同じ支援団体が地域おいても支援を継続することが家族の不安感を軽減していた。

> 職員：反対の人は多くいた。とても抵抗は大きかった。……「ずっと施設に置いといてくれ」といった方が結構いた。説得にかなりエネルギーを要した。最後の切り札は、「何かあったときはＡ施設で引き受けますから」と。……移行後、本人が元気に生活してたり「もう施設に戻んない」［と言ったり］、地域で自由に買い物したり、元気に生き生き暮らしている様子［を見て］「よかったんだねー」って感想を漏らされる家族の方も。
>
> 職員：大きく反対された方はいなかった。……このままバックアップはＡ施設で変わらないと説明。

⑦本人が施設から町に移行後、家族もＡ施設のある町に移行（転居）してきて、本人の近くに住む、同居するというケースもあった。

　一般に入所施設に預ける親はその後本人と関係が途絶えていくことが多い。そしてそのような家族は地域移行に不安を示し、反対の姿勢をとるのが一般的である。しかし今回インタビュー対象者となった家族 10 組のうち半数の 5 組の家族は他の地域から　Ａ施設のある町に引っ越している。そして 3 組は積極的に子どもを引き取り、一緒に生活している。残りの 2 組も週に 1 回程度帰省して来る本人たちを近くで見守っている。

(3) 地域生活支援の実態

本人はどのように感じながら地域生活を送っているのだろうか。〈生活の場〉〈日中活動〉〈余暇活動〉〈地域との関わり〉の4側面からみていきたい。

〈生活の場〉

> ①グループホームで生活している人たちからは「誰と住むのか」が重要であることが語られる。

グループホームで生活している人たちからは「みんなして楽しくていい」「仲のいい人と暮らしたい」と語り、「誰と住むのか」が重要であることが語られる。しかし必ずしも希望を聞いてもらっていない場合もあった。

> 本人：○○［前のグループホームの名前］みんなけんかする人ばっかり。△△［今のグループホームの名前］に来たら、みんなして楽しくていい。個室。（ずっと住み続けたいと思いますか？）△△［今のグループホームの名前］の人ならね。
>
> 本人：［将来は］グループホームみたいな4人で暮らせて、その4人も仲のいい人と暮らしたい。（だれか先生に言っていますか、希望は？）まだ言ってません。

> ②グループホームで親族が生活している家族からは、「個室」が重要であることが語られる。

以前2人部屋であった本人の家族からは、「帰るとこはそこだと思ってる」「個室で……ほんとに楽しく」と語り、現在個室になって本人の満足度が違うことが語られた。

> 家族：個室について満足感が非常に強い。帰るとこはそこだと思ってる。

ここへ来ても、……帰るときになったら、さっさっと帰っちゃう。施設から抜け出すこともなく落ち着いてきた。

家族：〇〇［以前のグループホームの名前］は2人で部屋が小さかった。今の〇〇［グループホームの名前］は個室。<u>個室でテレビもトイレも。ほんとに楽しく</u>、自分の部屋をもっているということで、カセット、テレビにしても、自分の好きなようにかけて自分でやれるということが一番いい。

> ③アパートで生活している人からは、グループホームの暮らしから抜け出した解放感が語られる。

アパートで生活している人からは、「大勢から抜けて気が楽」であるとグループホームでの暮らしから抜け出した解放感が語られた。

本人：［グループホームでは］実際に暮らしていて、中には掃除しないのもいたり。夜遅くまで騒いでギャーギャー言ってるのもいたり。［アパートにきて］<u>大勢から抜けて気が楽</u>。解放感あっていいわ。……一人の生活いいね。周りにも気を使わなくていい。（ずっと住みたいですか？）もう、大勢とは一緒に暮らしたくない。

> ④結婚や同棲をしている人からは一緒に暮らす喜び、自信、充実感が語られる。

結婚や同棲している人からは「生活習慣とか変えてかなきゃいけない」「独身のときと帰ってきたときの温もりが違う」と生活に張りができたり、一緒に暮らす喜び、自信、充実感が語られた。

本人：今までずっと1人で暮らしていたけども、2人でいるといろんな面で助け合える。1人のときだったら飲み過ぎ。2人でたまにお酒は飲

むが、生活習慣とか変えてかなきゃいけないなと思って。彼女のためにはこれも直していかなきゃいけないなと思って。だから歯も全部治療してね。

本人：結婚前からマンションに住んでいて、結婚してから奥さんが来た。愛している。じゃれあっている。独身のときと帰ってきたときの温もりが違う。

⑤結婚への支援は行われていた。

結婚生活を送っている人たちからは前述したように幸せな様子が伝わってきた。結婚や同棲に至るまでは、本人たちの話からはデートにも職員の承諾が必要であるなどの不自然さはあるものの、「結婚もできるんだよ」と職員に言われたと語られ、支援している様子がうかがえた。

本人：その時は、びっくりした。［職員に］2階も同じカップルが住んで、ヘルパーさんが御飯作ってくれ［て］、住むとこは別々だけど結婚もできるんだよってことで、じゃあそれもいいかなと思って。

⑥結婚後、出産に関しては積極的には支援されておらず、十分な情報提供もなされていなかった。その結果本人からは「無理」とあきらめの語りがきかれた。

結婚後の出産については「要らないってことに［なってる］」、「担当の職員とうちの親と彼女の親とで子どもはつくらないっていう限定で、一緒になっている」と語られ、積極的に支援されておらず、「ここはできないから。無理。東京の人って進んでいる」など十分な情報提供もなされず、あきらめている様子であった。また家族からも「むこうの母親の意向で産まないということになっている」「ここの方針［子どもは産ませない］」と、積極的な支援はなされていなかった。

本人：(子どもは欲しいですか？) うーん。欲しいけど、育てることなんかあれじゃないから、できないから。給料も少ないし。うーん。<u>要らないってことに</u>（なってるんですか？）うん。……奥さんが妊娠している間やっぱりだんなさんのお金で生活できるんですか。(保育所に子どもを預けて、どっちも働いて。出産する間はちょっと休む。すぐに復帰してまた働いてはどうですか？）<u>ここはできないから。無理。東京の人って進んでいる</u>。(東京じゃなくても。ビデオとか見られたことないですか？）ないです。(子どもが欲しいですか？) 何ていうのかな、ただ、なんか産んでも教えられる力がないし。[その後も出産についての質問が続く。]
本人：経済的には無理。育て方もあんまり自信ない。<u>担当の職員とうちの親と彼女の親とで子どもはつくらないっていう限定で、一緒になっている</u>。
家族：<u>向こうの母親の意向で産まないということになっている</u>。残念が半分、仕方ないが半分。
家族：<u>ここの方針［子どもは産ませない］</u>だと思っていた。

> ⑦グループホームでの職員や世話人の関わりには、集団・管理的な処遇が見られる場合もあり、本人の中には、強い不満を感じている人もいるが、「逆らえない」とあきらめている様子の人もいた。

　グループホームでの職員や世話人の関わりには、集団・管理的な処遇がみられる場合もあった。集団という点では「皆の分をまとめて」洗濯をする、「皆休みのとき買い物に行く」「食事は9人」などが語られ、洗濯や買い物、食事を集団で一緒に行っている場合もあった。「たくさんの人とは苦手」と強い不満を語る人、門限の規則を破ると「全員」が罰を受けると語る人もいた。

本人：洗濯は休みのときだけ。お風呂のとき自動で洗濯する。皆［の分を］まとめて。皆自分たちで部屋に持っていって干している。［食事は］皆さん6人一緒に食べる。(外食することはありますか？) 皆でこの前ラーメン食べに行った。(買い物は？) 皆休みのとき買い物に行く。

本人：洗濯は水がもったいないので2、3人分まとめて毎日。

本人：今は個室だが、食事は9人。たくさんの人とは苦手。外出の門限は9時。職員のほうで決定。(もし9時を超えたらどうなるの？) なんか8時半の門限になるとか。全員。(全員？) うん、その人のために。

　管理的な処遇という点では、料理は「することはない。危ない」「包丁・ガスも危ないから世話人さん以外は、使ったらだめっていうことになっている」と語る人もいた。また食べたいものも「言えない」と語る人もいた。また1人であるが、毎晩火の元、施錠などを確認して職員に安全確認の連絡を課されている人もいた。それは「半永久的にやる」「それはもう決められたこと」「逆らえない」とあきらめている様子が語られた。

本人：料理は世話人。することはない。危ない。(自分でしたいですか？) ない。(家でそうめん作ると聞いたが) 作るね。……

本人：台所は包丁、ガスも危ないから世話人さん以外は、使ったらだめっていうことになっている。コーヒーのコップとかは持っていってもいいがそれ以外は使ったらだめ。

本人：(世話人に食べたい物言うことあります？) 言わない。黙ってる。(言いたいですか？) 言えないね。黙ってる。(どうして？) 言えないもん。たくさんいるから。5人もいるから (5人もいるから？) うん。言えない。

本人：［安全確認について］(もう○年間ちゃんとできているんだったら、そういうのを止めようかという話は出ませんか？) もう、する人がいないから。でも、もしなんかあったら困るから。……(安全確認はなかなかなくな

りませんね。）たぶん、半永久的にやると思いますよ。（言ってみたことありますか？）いや、言わない、言わない。だって、それはもう決められたこと、〇〇［支援センターの名前］からの決められたことだから。もう〇〇長［役職名］に逆らえない。

> ⑧結婚生活をしている人の中にはホームヘルプサービスで個別支援を受けている人もいた。

結婚生活をして個別にホームヘルパーに料理の支援を受けている人は、ヘルパーが「いろいろ料理を教えてくれる」と語った人もいた。

本人：［結婚してアパート］：料理は週3回はヘルパー。……今来ているヘルパーさんがいろいろ料理を教えてくれる。「食べてみたい」って言って作ってくれる。

〈日中活動〉

> ⑨日中活動の場を失った人に対しても、その人に合った日中活動の場探しを支援し提供していた。一般就労している人が半数以上であった。

日中活動については、20人のうち、福祉的就労の人が9人、一般就労の人が11人であった。福祉的就労のうち1人は、企業で働いていたが加齢のため仕事が負担になり、福祉的就労に変更している。また2人はA施設の作業所に通って過ごしている。一般就労の人の中にはもう30年勤めているベテランの人もいた。一方で以前勤務していた場所で腰痛や人間関係が原因で退職し、その後福祉的就労をしていたが、「一般就労の希望あったから、職員に言って探してもらった」とか「一番難しい人間関係に気を使わなくてもいいので」と自分に合った場所で再就職を果たして生き生きと働いている人もいた。このように一時日中活動の場を失った人に対しても、その人に合った日中活

動の場探しを支援していた。たくさんの人の日中活動を支援しているためにいろいろな場の情報があり、それを駆使して支援している様子がうかがえた。

> 本人：この仕事は清掃関係だから自分に合っている。（他にやりたい仕事は？）掃除以外ないね。クリーニングやめてから［腰痛のため］、福祉関係の作業所みたいとこに行っていた。一般就労の希望あったから、職員に言って探してもらった。
>
> 本人：自分は作業所っていうとこに行ってて、○○で働いている方が辞めて……そこに行ってみないか［と職員に言われて］……前の前の職場も休みがちだった。今回は、朝になって行きたくないっていうことは、今んとこないです（笑）。なんか与えられたことを1人でするっていうような形だから。一番難しい人間関係に気を使わなくてもいいので。

> ⑩一般就労している人の給与は、福祉的就労をしている人の10倍以上の差があった。福祉的就労の人は経済的にギリギリの生活を強いられていた。

経済的な面をみると、福祉的就労をしている人の平均給与額は、7,875円（4千円から1万2千円）であり、一般就労している人たちの平均の給与額は、80,364円（5万5千円から11万円）と10倍以上の差があった。福祉的就労の人たちは、年金を合わせても9万円程度の収入でギリギリの生活を強いられている。一方一般就労している人たちは8万程度の給料があるものの、中には週休は1日で、一日8時間勤務にもかかわらず、給料は6万という人もいた。一方で残業もそんなにしていないのに手当てをつけてくれるという人もいて、内容は様々であった。

〈余暇活動〉

> ⑪職員から余暇活動の支援は十分でなく、買い物も「日程やメンバーを決めて」と語られる。グループホームに住んでいる人からは、デートをする場合には職員の了解をとるなど管理されていることが語られる。

　職員から「余暇支援がもっといろんなものがあれば」と余暇支援が十分でないと語られた。買い物も一人でいけない人は「日程やメンバーを決めてという形」になっていることも語られた。

　　職員：余暇支援がもっといろんなものがあれば豊かになるかなと思う。
　　職員：[余暇支援では] 例えば買い物に行くときも、一人で行けないので、日程、メンバーを決めてという形。土曜とか日曜に近くのコンビニに何人か連れて何回かに分けて行ったり来たりする。

　本人たちの多くは、余暇の間、特別なことをするというよりも、買い物に行ったり、テレビを見たりして過ごしている。中には1カ月に1回は料理を習っている人や畑を借りて野菜作りをしている人もいて、充実した趣味をもっている人もいた。
　デートをすると2人の人が語ってくれたが、デートは「職員に了解をもらって行った」と語られ管理されていた。また一人で買い物にいけない人は「たまにみんなで」しか買い物の機会がなく、グループホーム仲間とみんなで一緒に行ったと語られる。

　　本人：この前○○さんと××[喫茶店の名前]に行った。職員に了解をもらって行った。1時間だけ。
　　本人：[買い物は]たまにみんなで。塗り絵買ってきた。[一人で] 行ってみたいがちょっと無理。職員いないと。[同居の] Aさんに [買った

塗り絵について〕子どもみたいなやつ買うんじゃない、と言われた。

家族の中には余暇支援について「［本人の表現できないもの］を読み取れる資質の人が支援者になって欲しい」と要望する人もいた。

家族：担当の人はやっぱり本人たちがもっといろんなことしたがってる、出たがってるんだっていうのを、理解してほしい。今の支援者は、身近な支援で手一杯という感じ。契約にないからでなくて、必要としていることはするというような考えではない。ゴロゴロしているのも本人の意思というのも一つの考え方と言われたことある。やっぱり本人たちはいろんなことしたい、でも表現できない。そういうふうなの<u>［本人の表現できないもの］を読みとれる資質の人が支援者になって欲しいな</u>と。特に重い人の［支援の］場合は思います。

〈地域との関わり〉

⑫職員・家族から、問題行動を起こす人は施設に戻す、地域には本人への偏見も残っていることが語られる。しかし他の地域に比べて本人を受け入れていること、本人と関わりあるA施設のパート職員、家主、店の人には受け入れられていると語られる。

職員からは、地域で問題行動を起こす人は、「［施設に］戻して早めの対応が必要」と語られたり、「［地域の人から］じっと人の顔を見たりしないで欲しいという苦情がある」と語られる。またもともと地元の人で、自分の家族をA施設に通わせることになった家族からは「地域の中でA施設ったら……おかしな子が来るっていうイメージ」と偏見が残っていることが語られる。

職員：隣の家に奇声を発しながら入って洗濯物とるような人は園［施設］

に戻して早めの対応が必要。地域で信頼なくす。
職員：自治会に入っている。廃品回収、清掃行事は全部参加。回覧板は字が読めないのでとばしてもらう。今は重い人も［地域に］出ているので、［地域の人から］じっと顔を見たりしないで欲しいという苦情がある。
家族：今お世話になっているのにあれなんですけど、地域の中でA施設ったらすごく何ていうかな、よほど何かっていう（笑）何かうまく説明できない。……一口に言ってもわかんない言葉……これおかしな子が来るっていうイメージ、「おかしい」っていう言葉が変なのかもしれませんけども。障害の子がいっぱい来るっていうので、街歩いてたら「あの子たちがA施設の子だ」っていうようなすぐわかります。団体で歩いている。そしたら、やっぱり地域の目というか、そういうのはかなり厳しいものがあったと思う。

　家族からは「地元へ帰れば、『あそこのばか息子か。お盆で帰ってきたな』と言っている。○○［A施設のある町］の商店街もほんといい」「○○［A施設のある町］の場合、自分がわざわざ引っ越してまで『来たいなー』っていう感じがあった」と語られ、後者のケースは実際に引越してきている。このようにA施設のある町は他の地域に比べて本人たちを受け入れていることがわかる。

家族：地元へ帰れば、「あそこのばか息子か。お盆で帰ってきたな」と言ってる。○○［A施設のある町］の商店街もほんといい。……昔はレシートもないときには、書いてくれて、お釣り銭あれするんだよって。お店屋さんがみんなそういう具合にしてやってくださった。
家族：庭先でうろうろしていると通報された。自分の家族にそういう方がいないと、瞬間怖いなと思うと思う。その点……ここはいいところだ

なあって感じます。……△△［地元］でも授産ができて在宅で引き取る話を押されたが、ちょっと考える気になれなかった。○○［A施設のある町］の場合すんなり、自分がわざわざ引っ越してまで「来たいなー」っていう感じがあった。

　職員からは「グループホームなどは市長との契約になるので、使いませんかと次々に言われる」と語られたり、家族からは「町の人結構働いています」「必ずお金払ってくれるから、いいお客さんだ」と語られ、本人と関わりあるA施設のパート職員、家主、店の人に町の経済を活性化させている存在として受け入れられていることが語られた。

職員：当初は物件を借りるのも苦労した。今はない。障害者と個人契約ではなく、グループホームなどは市長との契約になるので、使いませんかと次々に言われる。
職員：○○［A施設のある町］は［地域の人に］慣れてきていただいている。何か買い物しても、お財布から「これと、これ」とお金取ってくれたり。お店の人がそういうのをすごく自然にされている。
家族：A施設のあるおかげでパートも働ける。町の人、結構働いてます。だからいいのかなって。お店屋さんに行ったらA施設の子なら、「必ずお金払ってくれるから、いいお客さんだ」って言われたことがある。

6. 考察
(1) 入所施設の意義について

　結果より以下の7点が、入所施設について語られた。ここから入所施設の意義について考えてみたい。
① 1970年代には軽度の人には地域移行を視野に入れ「訓練」を、重度の人には一生施設で暮らすことを視野に入れ「わいわい」と楽しく過ごす関わ

りだと職員から語られる。本人からは規則に対する強い不満が語られる。
② 1980年代後半からは中・重度の人の地域移行も視野に入れた取り組みが開始された。職員からは、訓練や規則は減っていったと語られたが、本人からは規則や日課に対する強い不満が語られ、両者にずれがみられた。
③本人・家族からは、他の入所施設に比べて「A施設は良かった」と語られる。
④本人からは、施設に入所していることは、「障害者」というレッテルを貼られることになる屈辱感も語られる。
⑤職員・家族からは、中・重度の人たちを地域に移行させていくなかで、本人の思いがけない力に驚かされたことが語られる。
⑥職員からは、施設での集団・管理的な処遇へ反省点が語られる。
⑦職員・家族からは、「これからも入所施設が必要」と語られる。

　入所施設での処遇については、1970年代には軽度の人に対して訓練色の強い関わりがされていたことが、本人からも職員からも語られた（①）。それは時代背景として、年金の問題があり、地域に出すには訓練をして、一般就労を目指すしかなかったからである。
　しかし1980年代後半の処遇について職員と本人の意見にはずれがみられた（②）。つまり職員にとっては1970年代と80年代との比較になるため、「以前に比べて訓練や規則は減っていった」というのは正直な思いだろう。しかし本人は在宅での暮らしから、入所施設への暮らしに移行するわけで、規則や日課は今までの在宅での暮らしからすると違和感の強いものであったことがわかる。③からは、酷い処遇を行っている入所施設が多く存在していることが語られた。また④からは入所施設の存在そのものが本人たちのレッテル付けとなり、本人を苦しめていることがわかった。
　一方、入所施設から移行した後の気づきが多く聞かれた。⑤の職員や家族の語りからは、山の上での施設の生活では、いかに多くのものを本人に提供

できなかったかを私たちに教えてくれている。職員からは特に重度の人たちについての驚きが報告されている。例えば「ほかの床屋さんに行けるってあたりはすごいな。能力的には本当に重い方でＩＱでいえば20ない方だった」「重たい子が『昨日、救急車走ってた』とか『車うるさかった』とか言って生活を実感しているという感じを受けた」と語られた。また家族からは「A施設にいたときよりもすごい成長」「3、4人ぐらいで住宅借りると飛出したりすることなんかない」と語られ、施設で問題行動と思われていたことも環境を変える（施設から地域に、20人の集団から3、4人の小集団の生活単位に）だけで、問題行動がなくなったことが報告された。つまり問題行動をつくっていたのは施設の環境がその一因であったことがわかる。それによって職員からは⑥のような気づきも生まれている。例えば生活の中で、全員集合して朝礼をすることのおかしさ、日課を他人が決めてしまうことのおかしさなど、集団・管理的処遇の問題点が語られた。入所施設を造ったこと事体が私たちの大きな間違いであったことがわかる。

　しかし理解できないのは、それでも今後の施設の意義について、「施設は必要」と多くの職員、親が語ったことである（⑦）。その理由としては大きく二つみられた。一つは「強度行動障害、自閉の重い人たちが……落ち着くためのサインや環境はどうあるべきなのか」を知るため、もう一つは「［町で］悪いことをしたら施設に帰るんだよ」というおどしとして使うことが語られた。しかし町で落ち着くことができない人を施設に戻し、集団・管理的な処遇を行うことが落ち着くためのサインを見つけることにつながるのだろうか。そのような考え方に大きな疑問を感じる。そのような人たちにとって必要なのは、ゆったりとした空間の中できめ細やかなサインや表情を感じとることのできる職員との個別の関わりだと思われる。そのような取り組みが地域の中で行われていくことが必要なのである。また二つ目の理由については本当にこのような語りがあったのかを疑いたくなるほど残念であった。そしてこのことから「施設」が本人たちにとっていかにつらいものであったの

かを再び思い知らされた。

　調査の後、筆者がA施設を訪問したとき、全員が黙々と掃除をしておられた。そして私たちとは目で会釈をかわした。筆者らが職員に「もうきれいなのになぜ掃除をしているのか」と尋ねると、「まだ10時5分前だから。10時までが掃除の時間です」と言われた。私たちは訪問者として入所者の人たちと話ができたらと思っていたが、残念な思いが残った。「汚れているから掃除をする」のではなく「時間まで掃除をする」という時間で区切られている施設生活であることを痛感した。

　(2) 施設から地域の住まいへの移行はどのように進めれば良いのか
　結果より以下の7点がA施設にみられた地域の住まいへの移行の特徴として挙げられる。
①移行者、移行時期、共同生活者、移行場所の決定は実質的には職員であった。多くの本人にとってそれは喜びであった。一方で最初は不安だが後に地域のほうが良いと意識の変わる人もいた。
②職員による中・重度者への地域移行の説明は不十分であった。
③移行前の準備には決まったものはなく、日常から町の仲間の暮らしをみながらイメージづくりが行われていた。
④「生活の場」「日中活動の場」のどちらか一方から移行し、後にもう一方も移行するというやり方も取られていた。
⑤寮ごと（20人）町に移行するというやり方もなされていた。
⑥移行時の家族の反応は初期には抵抗が大きかったが、次第に少なくなっていった。
⑦本人が施設から町に移行後、家族もA施設のある町に移行（転居）してきて、本人の近くに住む、同居するというケースもあった。

　①については「入所施設から地域の住まいへの移行」においては、必ずみ

られるものである。本人の希望を重視すると、入所施設での生活の酷さから多くの人が「出たい」と言い、地域の住まいが用意できないという現状もあるのだろうが、基本的には本人の希望をまず優先することが必要である。また後述するように、「誰と生活するのか」だけでもせめて選択できるようにしていくことが望まれる。ある入所施設では、「本人たちが、お互いにこの人と一緒に住みたいということを決めた本人たちから自律訓練棟での生活を始める」という方法をとっていた。このような視点をもって地域移行を進めていくことが望まれる。誰からも一緒に住みたいと言われない人をどう支えていくかについても検討していくことが必要である。

また一方で、移行に不安を示す人についても、体験してみることで意識が変化しており、まずは移行を促し体験してみることの大切さも示されている。

②については、施設に入所しているのは「本人の能力や責任」であるような説明の仕方には疑問をもった。まず国の制度が変わったことを説明し、施設での集団・管理的な処遇よりも町での暮らしの方が誰にとっても快適で、自分らしさが表現できることを丁寧に説明していく必要があると思われる。

③については自然な形で地域移行の準備がなされていることがわかる。本人たちにとっては、言葉で説明されるよりも、仲間の生活を見たり、聞いたりするなかで、町での生活をイメージしていくやり方は安心感を与えるだろうと思われる。

④については、一度に生活の場、日中活動の場の両方を町に移行するよりも、どちらか一方だけをまず移行するほうが場合によっては安心感を得やすいこともあると思われる。特に不安感の強い本人の場合、あるいはなかなか両方の場が町で確保できないような場合に、一方だけでも町に生活を移すことで本人たちのストレスを軽減したり、地域移行への意欲を高めることになると思われる。

⑤についても、施設の寮での慣れた仲間や職員と共に町に下りることは、本人の不安感を軽減させることができ、同時に解放感を仲間と共有できると

思われる。しかし一方で、施設が小規模化しただけのミニ施設化の事態を招いてしまう危険性を孕んでいることも留意すべきである。

⑥の移行時の家族の反応は、他の研究でも述べられてきたことである。初期の抵抗は強いが、地域で暮らす本人たちを見て家族の意識は変化している。家族の理解を得るためには、上手くいかない場合に施設に帰ることの保証、支援する職員や団体が基本的に変わらないことへの保証が重要なこととして挙げられる。

⑦については、現在地域移行に関して、本人が出身の地域へ帰るかどうかということが話題になっているが、「家族が本人の地域にやってくる」というのは新しい地域移行の形であると思われる。家族が転居してきて、「本人の近くに住む」ことは、本人の安心感、外出先の確保、余暇活動の充実の点からも望ましいと思われる。

しかし「本人と再び同居する」ことには、注意深くなければならないと思う。ベンクト・ニィリエはノーマライゼーションの八つの原則の一つとして、「ライフサイクルを通じて、ノーマルな発達的経験をする機会をもつことを意味している」として、子ども、学齢期の若者、青年期から成人期、老年期の4期に分けてその課題を述べている。その中の「青年期から成人期」については「子どもが親と一緒に住むのがノーマルであるように、大人になって家を離れ、できるだけ独立して自分の生活を始めることもまた、ノーマルなのである。……知的障害をもつ若者向けのトレーニングプログラムは、できるだけ自立した日常生活を送ることが可能になるように、……支援するものでなければならない」(ニィリエ、1998) と述べている。つまり、成人になれば障害があったとしてもできるだけ親と離れ、独立して生活することを挙げている。

また日本においても身体障害の分野では「自立生活」とは、「親の家庭や施設を出て、地域で生活すること」を意味している。つまり親や施設という管理された空間から自分を解放し、自分で自分の生活をコントロールする

ことが最も重要なことなのである。では知的障害の場合は異なるのだろうか。知的障害のある人の地域生活とは何を意味するのだろうか。杉本は、知的障害と身体障害の違いについて、「身体障害の当事者運動は自分達の受けた差別や人権侵害に対して、自ら立ち上がって抗議する力を備えてきました。しかし知的障害者（児）の場合は、理不尽な扱いを受けても当事者自らが抗議したり世間に訴えたりすることができにくいということもあり、だからこそ親をはじめ周囲の関係者はこうした問題によほど敏感であることが求められるのです……」（杉本、2001）と述べている。

筆者は基本的に地域への住まいの移行といった場合、両親やきょうだいとの同居の形態での「在宅」は例外を除いて避けるべきであると考えている。今回のインタビューでは本人からは「何で帰ってきたのかはよくわからない」、また親からは「［職員に］言われた」と語られ、十分に本人の想いや願いを確認した上での移行とは思えなかった。「知的障害をもつ人のライフサイクルの課題とは何か」「地域の住まいとはどのようなことを意味するのか」「成人してもいつまでも親と暮らすことの意味とは何か」といったことが職員の間で十分に検討され、本人の想いや願いを確かめた上で、できればグループホームやアパートの生活も経験した上で、在宅への移行が検討されていく必要性を感じた。

以上の点を考え合わせると、今後の地域への住まいの移行については、本人に対しては、町で暮らすことの意味の説明、イメージづくり、体験（①②③）を個別に丁寧に行うこと、親に対しても、同様のイメージづくりや説明を個別に丁寧に行うこと（⑥）が求められる。

実際の移行の際には「移行の時期、場所」も本人の希望を尋ねていくことが必要であるが、最低限「誰と住むのか」は選択できる体制を整えていくことが大切である（①）。

地域の住まいへの移行の進め方としては、④や⑤のようなやり方も、本人

の不安感の強い場合やなかなか両方（生活と日中活動）の場をそろえることが困難な場合には有効であるかもしれない。つまり⑤のように施設の生活をそのまま町に移行したり、施設の職員がそのまま地域で関わるという地域の住まいへの移行は、本人や家族に安心感を与えるだろう。しかし後述するように、その結果、地域での職員や世話人の関わりには、集団・管理的処遇が残る危険性もあることを考慮しなければならない。また入所施設から地域移行する場合の「地域の住まい」とは、再び両親やきょうだいとの同居の形態での「在宅」は例外を除いて避けるべきである（⑦）。

(3) 地域生活支援にとって必要なことは何か

結果より、以下の12点がA施設にみられた地域生活支援の特徴として挙げられる。

① グループホームで生活している人たちからは、「誰と住むのか」が重要であることが語られる。
② グループホームで親族が生活している家族からは、「個室」が重要であることが語られる。
③ アパートで生活している人からは、グループホームの暮らしから抜け出した解放感が語られる。
④ 結婚や同棲をしている人からは、一緒に暮らす喜び、自信、充実感が語られる。
⑤ 結婚への支援は行われていた。
⑥ 結婚後、出産に関しては積極的には支援されておらず、十分な情報提供もなされていなかった。その結果本人からは「無理」とあきらめの語りがきかれた。
⑦ グループホームでの職員や世話人の関わりには、集団・管理的な処遇が見られる場合もあり、本人の中には、強い不満を感じている人もいるが、「逆らえない」とあきらめている様子の人もいた。

⑧結婚をしている人の中には、ホームヘルプサービスで個別支援を受けている人もいた。
⑨日中活動の場を失った人に対しても、その人に合った日中活動の場探しを支援し提供していた。一般就労している人が半数以上であった。
⑩一般就労している人の給与は、福祉的就労の人と10倍以上の差があった。福祉的就労の人は経済的にギリギリの生活を強いられていた。
⑪職員から余暇活動の支援は十分でなく、買い物も「日程やメンバーを決めて」と語られる。グループホームに住んでいる人からは、デートをする場合には職員の了解をとるなど管理されていることが語られる。
⑫職員・家族から、問題行動を起こす人は施設に戻す、地域には本人への偏見も残っていることが語られる。しかし、他の地域に比べて本人を受け入れていること、本人と関わりあるA施設のパート職員、家主、店の人には受け入れられていると語られる。

生活の場について（①②③④⑤）は、グループホームに住んでいる人、アパートで住んでいる人がおり、人によってはグループホームで長期に住みたいと考えている人もいた。しかしその場合最も大切なのは「気の合った仲間と暮らす」「個室が確保されている」ということであるが、希望が充分には聞かれていない場合もあった。結婚や同棲している人からは「好きな人と暮らす」喜びが語られた。結婚への支援もなされていた。

しかし出産に関しては、積極的には支援されていなかった（⑥）。日本ではまだまだ出産を積極的に支援している所は少ない。2004年度日本財団助成事業における「知的障害者の結婚生活支援のあり方に関する研究」の報告書のまとめには「これらのカップルは、不妊手術や長期的に避妊が可能な避妊法が選ばれ、生活が安定するまで、または、恒久的に子どもが生まれない対応がなされていた。本人と相談し、本人の合意を得た上での対処とはなっていたが、『その後に結婚したカップルに子どもができ、妻から抗議の気持

をあらわにした』という報告も寄せられていた。理由はどうあれ、多くの支援職員が可能なら子どもを産まないようにしたほうがよいのではという思いをもちながら関わっていることの現れと推測できた」（小林他、2005）と報告されている。また報告書には本人たちのコメントとして「出産後、自分たちが養護施設出身で子どもには同じ経験をさせたくない。が収入もなく養育不能。結果、乳児院に預ける」と現実の厳しさも報告されていた。しかし先日筆者の出会ったスウェーデンの本人からは、「自分の子どもを里親に育ててもらっているが自分の子どもに会うことは何よりも生活の楽しみ」と語る人もいた。

　今回のインタビューでは本人たちの気持ちが十分に聞かれないまま、親や支援センターの方針という形で決められていた。今後は、本人たちに、十分な情報提供、例えば同じ障害をもつ仲間で子育てをしている人を招いて話を聞く、ビデオを見るなどをして本人たちの気持を十分に聞きながら支援していくことが望まれる。

　グループホームでは、集団・管理的な処遇がなされていることもあった（⑦）。現在は施設の時代から同じ支援団体が地域においても支援を継続していること場合が多い。そのことで、本人や家族の安心感を増し、本人をよりよく理解している人が支援できるという面がある。しかし一方で施設で勤務していた職員の支援は、集団・管理的な処遇が支援のベースになっている場合もあり、「同じ地域で失敗や成功をしながら共に生きる人間」というよりも「失敗をさせる前に守ってしまう」支援になり易い。地域において複数の支援団体から支援の場が選べるように地域支援システムを整えていく必要があるだろう。

　日中活動においては、継続的な支援がなされており、日中活動の場を失った人に対しても再就職の支援、福祉的就労の場づくりがなされていた（⑨）。年齢や体調のために退職した場合に、すぐに次の人を斡旋している様子がうかがえた。障害のある人たちを雇用していた職場が、障害のある人を継続的

に雇用していることに、本人たち、職員たちの地道な取り組みの成果がみられた。その結果として半数以上の人が一般就労をしていた。しかし先に述べたように、複数の支援団体が日中活動の場を提供し、本人たちが選べるシステムに変えていく必要もあると思う。

　余暇については、充分な支援はなされていなかった。特に障害の重い人の場合に、個別の支援を重視し、外出に積極的にガイドヘルプサービスを用いていこうというような取り組みはみられなかった（⑪）。

　地域には障害のある人への偏見も残っていた。しかし他の地域に比べると、本人と関わりあるＡ施設のパート職員、家主、店の人に、本人は受け入れられている。今だに家を借りることに対しても偏見がある地域が多いなか、Ａ施設の地道な長年の取り組みの成果が見られるといえる。

　以上のことを考え合わせると、地域生活支援にとって必要なこととは、できるだけ集団・管理的な処遇を取り去り、一人ひとりの求める支援に応えていくことである。その点では、施設から生活実習を経て、グループホーム、アパートへと生活の場を変え、プライバシーを確保していく方向で地道な実践がなされていた。また日中活動の場についても、一般就労の場を多く確保し、経済的に安定した生活を送っている人たちも半数以上みられた。またそれ以外の人々には福祉的就労の場が確保されていた。このように生活の場、日中活動の場は確実に提供されているものの、その場で生活する人たちの一人ひとりの求める支援には応じきれていない場合もあった。また時代によって「地域移行が夢」であった時代から、現在は「結婚、出産が現実のものになる」時代になってきている。そのような時代の変化にも対応していくような支援のあり方を今後期待したい。

7. Ａ施設の実践から学ぶもの

　最後にＡ施設の実践から学ぶものについてまとめたい。まず評価できるこ

との第一点は、まだ地域移行が注目されていなかった1970年代から確実に実践を積み重ねている点である。現在いくつかの地域で地域移行が推し進められているが、地域生活支援が不十分であったり、知事の交代などで計画が頓挫するなどさまざまな課題がある。しかし、A施設の実践は35年以上も前から地道に積み重ねられている。その成果は、地域に多くのグループホームやアパートを借り、生活の場を確保すること、多くの就労の場を確保することに見られた。また地域には偏見も残っているが、他の地域に比べると理解を示す人たちも多く、家族ごとA施設の地域へ引っ越す人たちもいた。

また評価できることの第二点は、地域移行の実践は、トップダウン方式ではなく、職員たちの話し合いとそれを受け止める管理者のバランスによって推し進められたことである。特に1980年代からの中・重度の人の地域移行は、年金制度改革もあるが、「訓練をしても効果のあがらない中・重度の人たちは一生地域に出られないのはおかしい」という職員の議論の中から生まれている。25年以上も前に、中・重度の人たちの地域移行を推し進めていこうという発想と、実践については職員たちの生き生きとした語りが聞かれた。

しかし一方で、一人ひとりの求める支援には応じ切れていない場合もあった。例えば、グループホームでの共同入居者について、本人の希望を十分に聞いているとはいえなかった。また結婚している人に対して出産の支援は十分にはなされていなかった。また、特に中・重度の人のグループホームでは日常場面で集団・管理的な処遇が残っていた。A施設が設立当初行っていたような、支援者からの発想ではなく、支援される方の声に真摯に耳を傾け、処遇を行っていく原点にもう一度立ち返っていただきたい。これらの課題は地域移行を実践し始めた他の施設でも同様にみられる課題であるが、先駆的な実践を行ってきたA施設には時代の要請に先んじて対応していく姿勢を期待したい。

また一番疑問に残ったのは、入所施設の定員縮小計画をしているものの、今だに入所施設に利用者を受け入れていることである。地域に多くの日中活

動の場を確保した現在、入所施設の新規受け入れを廃止し、日中活動の場での出会いを通して気の合った仲間を見つけ、在宅から直接グループホームへ移っていけるような流れを積極的につくっていくことを期待したい。

　本調査に御協力いただきました本人、職員、家族、その他関係者の皆様に感謝いたします。特に調査の許可をいただきましたA施設の施設長、職員の方々にはお忙しいなかインタビューのみならず、調査のアレンジにも全面的に御協力いただきました。また本報告に対しても貴重なご意見、ご批判をいただきました。深く感謝いたします。　　　　　　　　　　　　（杉田穏子）

引用・参考文献

2004年2月20日付朝日新聞、脱施設「宮城全県で」
2006年2月9日付朝日新聞、宮城県の知的障害者施設「解体」期限を知事撤回。
安積純子・岡原正幸・尾中文哉・立岩真也（1995）『生の技法——家と施設を出て暮らす障害者の社会学』（増補改訂版）藤原書店。
アンデッシュ・ベリストローム（2005）「支援（コーチ）するということ」地域移行・本人支援・地域支援東京国際フォーラム実行委員会編『「みて、きいて、はなしあおう、げんきの出る話、地域移行・本人支援・地域生活支援東京国際フォーラム」要旨集』。
河東田博他編著（1999）『知的障害者の「生活の質」に関する日瑞比較研究』海声社。
河東田博・孫良・遠藤美貴・杉田穏子（2005）『「障害者本人支援の在り方と地域生活支援システムに関する研究」平成16年度総括報告書』厚生労働科学研究研究費補助金障害保健福祉総合研究事業（主任研究者河東田博）。
小池清廉（1971）「新コロニー論」『教育と福祉』1971年5月号。
厚生省五十年史編集委員会編（1988）『厚生省五十年史』（記述編）。
国立コロニーのぞみの園　田中資料センター編（1982）『わが国の精神薄弱施設体系の形成過程——精神薄弱者コロニーをめぐって』特殊法人心身障害者福祉協会。
小林繁市・中里誠・坂本光敏・林弥生・大槻美香・河東田博（2005）「知的障害者の結婚生活支援のあり方に関する研究」志の会（代表：高松鶴吉）編『障害のある人々の結婚・就労・くらしに関する研究』2004年度日本財団助成事業、111～171頁。
「10万人のためのグループホームを！」実行委員会編（2002）『もう施設には帰らな

い』中央法規。
杉本章（2001）『障害者はどう生きてきたか――戦前戦後障害者運動史』Nプランニング。
太陽の園・旭寮編（1993）『施設を出て町に暮らす――知的障害をもつ人たちの地域生活援助の実際』ぶどう社。
独立行政法人国立重度知的障害者総合施設のぞみの園（2003）『「国立のぞみの園（略称）」の事業運営の概況』。
西駒郷改築検討委員会（2002）「西駒郷改築に関する提言」。
ベンクト・ニィリェ著、河東田博他編訳（1998）『ノーマライゼーションの原理』（新訂版）現代書館。
宮城県福祉事業団、議案第1号「宮城県福祉事業団経営ビジョンについて」平成15年3月17日。
矢野隆夫・富永雅和著（1972）『心身障害者のためのコロニー論――その成立と問題点』（第2版）日本精神薄弱者愛護協会。
山田優（2005）「施設解体レポート 長野県西駒郷の地域生活移行とグループホーム4（最終回）」『季刊グループホーム』。
Mansell, J, Ericsson, K.,(1996). *Deinstitution and Community Living*, Chapman&Hall,（中園康夫・末光茂監訳（2002）『脱施設化と地域生活』相川書房。
Mayer-Johnson, R., (1995). *The Picture Communication Symbols Combination Book* Wordless Edition, Mayer-Johnson Co.

第2節　身体障害者の地域移行・地域生活支援の実態と課題
　　　　――療護施設におけるインタビュー調査に基づいて

1. 日本の地域移行の現状と療護施設の位置づけ

　わが国における社会福祉は、1998年から検討されてきた「社会福祉基礎構造改革」のなかで、①個人の自立と選択を尊重した制度の確立、②質の高い福祉サービスの拡充、③地域での生活を総合的に支援するための地域福祉の充実、の3点が具体的な改革の方向として打ち出され、それに基づいて福祉サービスのあり方が抜本的に改革されることとなり、大きなパラダイム転換を迎えた。障害のある人の住まいについても「施設から地域へ」という流れ

が国レベルの政策として掲げられたことは意義の大きな変化であった。しかしながら、よく耳にするこの「施設から地域へ」というスローガンが果たして内実を伴うものとなっているのか否かは、実際のサービス現場で行われているサービスと、それに対する利用者の評価を詳細に検証していかなければわからない。本節は特に、身体に障害のある人のための施設の中でも、特に重度の障害のある人たちを対象とした身体障害者療護施設の利用者および職員に聞き取り調査を行うことによって、「施設から地域へ」という政策の内実を検証することを目的とするものである。

身体障害者療護施設が身体障害者福祉法の中に制度化されたのは、1970年の身体障害者福祉審議会の答申を受けて行われた1972年の法改正によるものである。当時の法改正の目的は、既存の施設の整備・拡充のほか、リハビリテーションの余地が少なく、自力で日常生活の維持をすることが困難で、常時介護、または医学的管理を必要とする寝たきりの重度障害者を収容し、必要な医療および保護を行うことであった[1]。それまでの身体障害者更生援護施設は主に職業訓練や更生訓練を行うことによって一定程度機能の回復が見込まれる人を対象としたものであり、重度の障害のある人たちは想定外であった。よって、当時は重度障害者は入所施設の利用もできず、また通所などの在宅でのサービスも未だ充実していなかったことから、家族による介護によって辛うじてその生活を支えられていたという状況であった。

このような重度の障害のある人の生活状況を改善すべく制度化されたのが療護施設である。そのため、施設が行う援助内容は、①介護や家事といった日常生活への援助、②医療・リハビリテーションなどの健康・医療面での援助、③軽作業などの労働、④レクリエーション活動等の文化活動、⑤その他自治会活動やカウンセリング、各種相談などの援助、といったように、他の入所施設に比べて非常に幅広く、生活全体をカバーするものとなっていることがわかる[2]。

しかし、私たちの日常は、さまざまな人間関係と社会的な場を行き来しな

がら生活が営まれている。生活全体をカバーするこのような入所型の施設には、人が日常生活を営むために必要な機能が集約されているために、ふつうの日常生活に付随する社会的な場の行き来が消滅してしまう。施設には鍵がかかっているわけでもなく、物理的に隔離されるわけではない。しかし、社会関係が閉じてしまい、社会的な隔離状態が結果として生じてしまう。すなわち、この生活全体に対する包括性は、逆に言えば施設内の生活ですべて完結してしまうことを意味するものでもあり、現在の地域への統合という流れに対しては阻害要因ともなりかねない。

さらに、制度化されて以降、療護施設の設置数は増え続けている。現在は約400の施設が全国に設置されているが、未だに待機者が数千名単位でいるといわれている。このような現状は、「施設から地域へ」という掛け声とは裏腹に、地域で生活し続けることが未だ困難であること、また、一度施設に入所してしまったら、地域資源があまりにも貧困であるために出るに出られない、という現状を示しているといえるだろう。また、療護施設にすでに入所している人たちに地域の生活への移行を促すような支援が十分になされていない、ということも示していると考えられる。

2. 本調査のねらいと概要

「自己決定、自己選択」という理念を尊重するならば、「施設から地域へ」という政策目標もまた障害当事者の生活に対する評価をもとに決定されるべきであろう。これまで問題であったのは、このような政策目標を決定する際の主体が、その目標によって実際に影響を受ける人々とは異なる人たちであったことである。この調査は、現在入所施設で暮らしている障害当事者に丁寧な聞き取り調査をすることによって、そこで暮らす人たちが何に悩み、何を望んでいるのかを明らかにすることを目的とするものである。

同時に、この調査では入所施設において障害当事者の介護、生活支援を行っている職員にも聞き取りを行っている。

3. 調査の内容

　2004年9月から11月にかけて、身体障害者療護施設A（定員50名）および併設する身体障害者福祉ホーム（定員5名）のうち、利用者25名および職員10名、さらに身体障害者療護施設Bの利用者13名および10名の職員に対して調査員4名で聞き取りを実施した。聞き取りは自由回答形式で行い、1人の回答者につき1時間から2時間の聞き取り調査を行った。質問事項をあらかじめ用意しておき、それについて自由回答してもらう半構造化インタビューの形式で行った。インタビューは対象者が希望する場所（居室や人のいない会議室など）で、対象者と調査者の1対1で行った。質問の中心は、現在の生活のあり方をどの程度自分でコントロールできているのか、という点である。対象者の許可を得て録音を行った。聞き取りの際、発語が困難な利用者についてはトーキングエイドを補助的に使用した。

4. 身体障害者療護施設Aの調査結果

　身体障害者療護施設A（以下、A施設）は1970年代後期に開設され、定員は50名である。もともとは肢体不自由児通園施設としてスタートしたが、その後18歳以上の成人の問題がクローズアップされ始め、常時介護を必要とする重度の身体障害者の生活支援の場を確保することの重要性が認識され始めたことから、身体障害者療護施設へと変わったという経緯がある。同法人内には、身体障害者のための施設だけではなく、知的障害者入所更生施設、知的障害者通所更生施設、知的障害者通所授産施設なども存在している。また、地域生活を支えるためのサービスにもここ10年の間に力をいれており、身体障害者福祉ホーム、知的障害者地域生活援助事業グループホーム、地域障害者生活支援センターを開設している。ここ10年の間に、同じ敷地内に介護老人保健施設やデイサービスセンターなど、高齢者を対象とする施設も開所させるなど、かなり大規模な法人の中の一施設として存在している。

A施設は人口100万人を超える都市の近郊に位置している。同じ敷地内には高齢者施設や知的障害者施設など複数の施設の建物が建ち並ぶ。敷地の周囲はなだらかな丘陵地帯であり、田んぼと畑が広がり、のどかな雰囲気である。敷地内には障害のある人が働く喫茶店があり、雰囲気は明るく、周辺の住民が子どもを連れてやってくるような場所になっている。

　施設の様子であるが、療護施設のほうは開所してから30年近く経過していることもあり、建物自体は古い造りになっている。玄関ホールに入るとすぐ右に事務所があり、左の入り口を入ると食堂になる。食堂の一角にはマットが敷かれており、たいてい利用者が5、6人ほど横になって昼寝をしたり、備え付けのテレビを見たりするスペースになっている。食堂から続く廊下は回廊式になっており、それにそって居室が配置されている。個室化を進めるため、施設に隣接する場所に新しい棟を建設している最中であった。トイレにはリフターや床暖房などが設置されるなどの工夫がなされている。

　職員は常に動き回っており、利用者からのナースコールを受けて走っている人もよく見かけた。朝食は8時から、昼食は12時から、夕食は17時からとなっている。それぞれ30分前に利用者を食堂に誘導していた。食事の介護は利用者2人から3人に対して職員が1人つくといった割合で介護が行われていた。また胃ろうの人も多く、食事の時間に他の人たちと食堂で一緒にカテーテルに栄養剤を注入していた。

　この施設内では利用者に対して、「住人」という呼称を使っている。特に利用者のみで構成される自治会は存在せず、何か話し合う必要がある事柄に関しては、職員と利用者を交えた「寄り合い」と呼ばれる集まりで議論される。施設開設時から、「障害のある人もない人も分け隔てなく」が理念になっていることもあり、職員と利用者入り乱れての参加である。この「寄り合い」は職員が司会をし、特定の議題に関して意見を募るという形式である。調査に入った初日にも、午前10時から11時半まで寄り合いが行われており、運動会の際に出される食事のメニューなどについて話し合いが行われていた。

(1) 利用者の施設入所の経緯

　療護施設に入所する以前に住んでいたところはどこかという問いに対しては、実家で親やきょうだいと一緒に暮らしていた人がもっとも多く、それに次いで他の入所型の施設から移ってきた人が多かった。療護施設への入所の経緯については、家族の介護の負担を軽減するためとの答えが主であった。

　「お母さんが病気で。それだもんで」
　「［施設入所を］決めたのは自分。親が年をとってきたから。寂しかった。できれば入りたくなかった」
　「ここに来て、ショートステイを3年くらい続けたの。その、ショートステイのときに、僕の親父が、よく旅行行ったの。やっぱり僕に、縛り付けられてた。いたっていうのはそこで、私の中ではっきり。親は言わない」

　これらの回答からは、両親やきょうだいといった同居する家族が自分自身の日常生活や旅行などの楽しみも犠牲にしながら介護する様子と、自分のために苦しむ家族の姿を見て、家族との同居の生活をあきらめ、施設入所を決心する障害当事者の姿がうかがわれる。
　施設への入所を後押ししたもう一つの要因として挙げられたのが、ショートステイやヘルパーの利用など、通所や在宅での生活を支えるはずの地域資源が十分ではないことであった。

　特に障害の重い人にとって、自分が施設入所を選択した当時の地域資源は介護してくれる家族の負担を軽減してくれるもの、あるいは地域での一人暮らしを可能にするもののはずであるが、その機能を十分に果たしているとは言いがたい状況であったことがうかがわれる。

以前に他の施設に入所しており、身体的な機能低下によって介護の必要性が上がったためにその施設での受け入れが不可能になり、現在の施設へ移らざるを得なかった人もいた。そのような人からは、自ら希望して移ったのではないものの、結果的に現在の施設に移ってよかったという声が聞かれた。

　「［前の施設で］わたしがやることができなかった。ほんとはまだよかったけど、もう駄目だったの。駄目だったもんで。やることが無理だったもんで。で、ここに誰かが見に来て、で、お父さんとかお母さんたちが一緒に見に来てもらって。で、見に来たら、よかったなあって」

　特にこの利用者の場合、それまでの生い立ちや家族との関係のなかで辛い思いをすることが多かったため、家族のもとに戻ることなく自分を受け入れる施設を見つけることができた安心感は大きかったという。
　家族への負担を軽減するためという目的を達成できたことから、施設入所を肯定的に話す利用者がいる一方で、入所施設に入ったためにそれまで受けられていたサービスを受けられなくなったと話す人もいた。以前は別の通所施設に通っていたというある利用者は、知り合いに勧められて入所したものの、通所施設で受けられていたマッサージなどのさまざまなリハビリテーションが受けられなくなったのは不本意であると話した。

(2)　施設での基本的な生活の状況

　A施設は現在は基本的に2人部屋であり、4人部屋も一つあった。それぞれの居室には特に個人の領域を決める仕切りなどはなく、テレビやラジオ、好きなアニメや俳優のポスターやぬいぐるみなどがおかれている。
　全員一律の起床時間は設けられておらず、何時に起きるかは職員との話し合いによって決められるという建前であった。しかし、着替え、ベッドから車椅子やストレッチャーへの移動、洗面、起床後のトイレ介護などといった

一連のモーニングケアを行う職員は50名の利用者に対して男女それぞれ2名ずつ合計4名しか配置されておらず、人手が非常に限られたものであることから、実質的には朝5時から7時半ごろまでの2時間30分の間で固定化されたものとなってしまっていた。また、朝食は8時から開始であるので、人によっては朝の5時に起きて着替えやトイレを済ませた後は、朝食の介護に職員が入り、食事を食べ始めるまで約2時間近く共用スペースでテレビなどを見ながら他の利用者の起床介護が終わるのを待ち続けなければならない。

　利用者の起床時間に対する評価は、「早い」「もっと寝ていたい」という声が聞かれる一方で、長く施設に入所している人を中心に「もう慣れてしまったために、それほど不満を感じない」という人もいた。しかし、このような意見の中には、職員が非常に忙しそうであるために自分の希望を言いづらいという人も含まれているものと思われる。実際に、体がきついときや、もう少し寝ていたいときなどもなかなか職員に言うことができず、我慢しているという声もあった。

　何時に起きるかという選択が、個人の希望やライフスタイルに合わせて利用者によってなされることは難しく、少ない人員でいかに効率よく起床介護を行っていくかという施設側の効率性の論理によって決められてしまっているのが現状である。このような不自由さは特に、自分の意見を表明しづらい重度の障害のある人に皺寄せが行っていることが以下の職員の言葉からもわかる。

　「朝起きてから夜寝るまでの流れには、皆合わないと思います。集団の中にガッと50人無理やり時間に決めてやっているから、本当は起きたくないだろうに起こさないと……あの〜足りない人数でやるわけだから……と思いますね。朝も早くから、早い人は朝5時に起こさないと間に合わないもんだから、朝食8時というのは決まっているものだから、それに皆が朝食食べれるように間にあうためには5時から、職員が男女合わせて4人で

動くものだから、それで50人起こすもんだからっていうところからしてもう［個々人の生活リズムに］合わないんですよね」

このような施設側の都合によって何をどのように介護するのかが決められてしまい、利用者の選択の余地がほとんどないという現状に対しては、利用者だけではなく、実際に働いている職員も大きなジレンマを感じていることがわかる。

「僕らは起床介護、パジャマから服に着替えて、車いすに乗って、『洗面していいですか』って。自分の頭の中の流れができてるんですね。起こしたら、声をかけたら着替えて車に乗せて、洗面所に連れてって、歯を磨いて、顔を拭いたらトイレに連れてって、トイレは小、おしっこや大便が出るだろう。出たら、そしたら廊下に据え付けてあるテレビを見たり、それからすぐその辺のテレビを見たりして食事まで待って過ごすもんだろうっていう。悲しいかな、それが一番早く済む方法だと思って身についちゃってる。でも、その歯磨きが終わって、トイレが終わって、トイレの後にひょっとしたら、『今日、朝ちょっと、いつもより、昨日より、涼しかった』って外へ出る。田んぼの風景を見てみたい人もおるかもしれない。だけど、僕らが言うのは、トイレから出てきて、『西廊下のテレビですか、それともホールのテレビですか、どこですか』って（笑）。そうしたらね、『うーん、じゃあ、西廊下』っていうね。なっちゃうのは当たり前なんですよね。そんだけしか言われてないもん。そこで、『西廊下かホールか、どこ行きますか』って言われて、『えーっと』って言うと、職員の顔がちょっとゆがむ。『どこだ、早くしろ』みたいな。［ちょっと田んぼが見たいななんて］もうね、口が裂けても言いにくいっていうね。かわいそうだね」

この職員は、障害のある人のための施設に就職した動機は、実習の際に感じた人とかかわることの楽しさだったという。今でも、特に障害の重い人と時間をかけてコミュニケーションし、相手が何を考え、求めているのかがわかったときにはとてもうれしく、やりがいを感じると話す。しかし、実際の仕事では、利用者一人ひとりとじっくりコミュニケーションをとることは難しく、上の言葉にあるように、工場のようにパターン化された介護をしなければ決まった時間内で全員を起床させ、食堂に移動させるのが難しい。結果的に、利用者にとって「朝起きてから、少し施設の前に広がる田んぼの風景を見てみたい」というような、人間らしい普通の希望さえ口にするのがはばかられる状況になっている。そして、そのような状況を職員自身も苦しく思っているのである。実際に、この職員も含めて、この施設の職員は、勤務時間内では休憩時間もまったく取れないほどの忙しさであるため、利用者と時間をかけて話したいことがあるときや、外出の付き添いの希望が利用者から出されたときには、勤務以外の時間を使っていた。
　就寝時間については起床時間に比べて比較的自由が確保されていることが確認されたが、基本的に1部屋に2人、多い部屋で4人の利用者が入所しているために、同室者への配慮から、夜遅くまで起きていたいがそうすることができないという声も聞かれた。また、中高年の利用者を中心に、体力的な問題もあり、夜遅くまで起きていたいという希望がないためにそれほど不満を感じないという人もいた。
　食事は8時に朝食、12時に昼食、17時に夕食をとることになっており、全員が同じ時間に一つの食堂に集まって食事をしていた。その他に15時におやつの時間がある。一回の食事では一つのメニューしかなく、量や中身を選択することはできない。前の月に希望するメニューを申し出ていれば次の月の献立に反映される。しかし施設の開設当時からの方針として、玄米食や野菜中心の献立の編成となっており、それが好きではないという人もいた。
　施設の食事が好きではない人は、宅配の利用や外のお店で自分の好きなも

のを買ってきて持ち込むことが選択肢として考えられるが、この施設ではこのようなことは禁止されている。そのために利用者は出されたメニューを食べるしかない。以下はそのことについて触れた利用者の言葉である。

　「ここの中、持込禁止なんで。食べ物。初代の施設長が、看板にも掲げてあるように、共に生きるっていうことを考えると、喋らん人は、買ってこれる人は、食べたり飲んだりできるけども、自分で訴えることができない人を含めて考えたときに、不公平だと言えると。そうすると、共に生きる、に反すると。だから自分が食べたいと思ったら、自分でお金出してみんなに配るんだったらいいけど、勝手に食べるとか飲むとかそういうのは良くないって。ただし、今この、酒だとか、喉アメは、酒は3年かけて協議して、専門家を呼んで、夜このくらい飲むんだったらそんなに体に影響はないって、証明をしてもらって。お薬としてならオッケーということで許可に。喉アメも、喉アメに限るんですけど、喉の調子の悪いときに喉アメは良しということで」

同様に、食事や買い物に関して、介護がなくては買い物に行くことのできない障害の重い利用者にとって「不公平だから」という施設の方針により、食べ物などの持ち込みが禁止になっている。このことは、施設の方針が個人の選択に対して優先されてしまい、個々人のライフスタイルや好みに合わせた援助が行われていないことを示している。

食事に関して個々人のペースに合わせた援助が行われていないことを示すもう一つの例が介護の方法についてである。これについては以下のように、多くの利用者から不満の声が聞かれた。

　「職員さんが1人で3人の人を食べさせてるから、いつまでも待っても終わらない」

「30分待っている。言葉かけてくればいいけど。[黙って待たされる]」

　食事の際にはおよそ3名の利用者に対して1名の職員が介護につき、昼食の時間に同時に介護を行う。そのため、他の人の介護をしている間は待っていなければならない。
　その他、トイレと入浴についても質問を行っているが、トイレの介護を職員に頼む際に待たなければならないことについては、ほとんどすべての利用者から強い不満が聞かれた。生活するうえでもっとも大きな苦しい部分であると答える利用者がほとんどであった。

「[生活していて一番困るところ]トイレ、呼ぶのが困る。ナースコールで呼べば来てくれるけど、なかなか来てくれない」
「トイレは待たされる。最高で1時間。ちょっとは出てしまう。一番つらい。[職員に]言ってもだめ。人手が足りないから」
「その人によってさ、辛抱できない人もいるから、その同じ人が待ってるとか、待ってるようなことがようけいるから。で、そんな自分は順番にして待ってるとか、終わったら終わってるよって言いながら、そういうふうに」

　このように、トイレと食事に関しては、特に待たされる時間と回数が多いことが利用者からの主要な訴えとして聞かれた。いずれも人間が生きていくうえでの必要最低限のレベルのニーズである。職員もこの点には気づいており、休憩もとらずに介護を続けるなど、最大限の努力をしていることがわかる。しかしそれでもなお利用者に「待って」と言わなければならないことは、職員にとっても最大のストレスであることが多くの職員から語られた。

「待ってと言わなければならないのがストレス。自分の子どもだったら

［「トイレ」と言われて「待って」ということは］ありえない」
　「やっぱり住人さんの「あれもやって」「あれもやって」っていうのがいっぺんにやれないじゃないですか順番に……今言われたことをやって、次にやってっていうふうにしかやれないけど、いっぱい要求されるけど、それにパッと応えられないから「待って」「待って」っていう感じになっちゃうところが［ストレス］」

　入浴の回数については、圧倒的に多くの人が今以上の回数、できれば毎日入りたいと希望していた。同時に、入浴は毎日したいが、自分自身の体力的な問題から毎日は無理であると自分自身で判断している人もいた。このような人は清拭を希望していたが、希望どおりには行われていないということだった。入浴方法についても、機械浴を希望していないが、人手が足りず、しばしば機械浴で我慢しているという人もいた。

　「私はさ、人がいないときは機械で洗うとこ行くんだよ。そんなに毎日じゃないけど、［普通のお風呂に］抱いて入れてほしい」

　特にわが国においては入浴が体の清潔を保つためだけのものではなく、ゆっくり入浴することによるリラックスの効果が重視されるという文化がある。このような文化に応じた援助が必要とされるのだが、対応できていない現実があることがわかる。
　施設側でもさまざまな改善の工夫はしていた。介護する職員の人数の問題から、入浴は午後の時間帯ですることになっている。以前は施設内でのレクリエーション活動や文化活動がこの時間に行われていたために、入浴日が週に2日で、男女が1時間ごとに入れ替わって入っていた。しかし、その入浴の方法だと、「お風呂も軍隊みたい。1時間で25人入れなければならなかった」という職員の言葉からもわかるように、非常にあわだだしく、ゆっくり

入浴を楽しむことができなかった。この状態を改善するべく、文化活動などを省略し、男女が日替わりで入浴することにより、一回あたりの入浴時間を延長した。このように、生活するうえでの最低限のレベルといえる身体介護の部分を充実させようとすると、他の文化活動ができなくなってしまうというジレンマがある。

「じっくりと向き合う時間がないというか、他のトイレの介護だとか食事の介護だとかそういう本当に基本的な身辺のそういうことの介護に追われることが多いもんだから、それ以外のこう、毎日の生活の余暇的な部分のところではなかなかじっくりと腰を据えてやれないというのが現状」

この職員も以前は利用者との陶芸教室に熱心に取り組んでいたが、現在は開催することが難しい状況となっている。

施設内での対人関係については、施設の中にとても苦手な人がいるが、食事をする場所やテレビを見てくつろぐスペースが共有されているために、一緒にいなければならないことが多く、それがとても苦痛であるという声が多く聞かれた。居室に関しては、誰と一緒に部屋を共有するかは話し合いで決めることができるため、嫌な人と一緒の部屋になることはないという。しかし、それぞれ生活のリズムがまったく一致するということはないため、夜更かしをしてテレビを見たいときなども、気兼ねしてしまい、自分の好きなように過ごすことはできないということだった。また、泣きたいときなど、一人きりになりたいときにそうすることができず、とても辛いという利用者もいた。入所施設の中では一緒に過ごす人を自分で決めることができないことが大きなストレスになっていることがわかる。

家族との関係については、個人差が大きく、面会や帰省が頻繁にある人と、家族がすでに亡くなっているなどの理由から、まったくない人もいた。そのような人は、運動会などの施設の行事の際に、非常に寂しさを感じると訴え

ている。

(3) 日中活動・外出・余暇

日中活動については、前述したように、かつて行われていた読書会や陶芸などのさまざまな文化活動が、入浴の時間を長く確保するために削られてしまい、特に施設として何か提供している活動は存在しなかった。入浴日でない日中は、利用者は食堂の一角の共用スペースや廊下の一角などでテレビを見て過ごしている人が多かった。

外出については電動車椅子を利用するなどして自分で自由に移動することができる利用者と、介護を必要とする利用者との間に大きな差が見られた。自分で移動することができる利用者には、外出に関する制限はなく、周辺のスーパーや娯楽施設に行きたいときに行くことができている。しかし、介護を必要とする利用者に関しては、外出の機会が「1年に3回」と非常に限られたものになっている。

　「［外出は］あんまりできない。私はさ、何か、何か、いろんな物を見に行きたい。スーパー。うん。それは職員さんは一緒に1年3回。行けるときがあるんだよ。ほんとに好きだもんで」

この言葉のように、利用者は外出をとても楽しみにしているが、十分に行くことができない様子がうかがえた。他にも、クリスチャンであるため、毎週教会に行きたいが、付き添いがいないために行くことができないという利用者もいた。

(4) これから希望する生活形態と地域生活への移行のための支援の現状について

以上で見てきたように、同じ生活状況であっても、人によってそれを不満

と感じ、施設を出たいという希望につながっている人とそうでない人の両方がおり、大きく違っていることが明らかになった。例えばトイレや食事の場面では、待たされることがあると言いながらも、生活全体に対してはおおむね満足であると答える利用者、また外出や余暇活動などを望み、それがなかなかかなわないことに落胆しながらも、職員の人手が足りないこと、毎日忙しそうであること、日常生活の介護による職員の体の負担を心配する利用者がいた。そうした人たちからは、職員の人手が足りないことに対する心配の声が多く聞かれた。「障害のある人もない人も分け隔てなく」という施設の理念が、利用者によって職員と利用者の関係を規定するものとして使われることもしばしばであった。そのような言葉には、消費者とサービス供給者という関係性ではなく、長い期間を一緒に生活する一種の共同体のような雰囲気が漂っている。

　逆に、施設を出たいと強く考えている人たちもいた。そうした人たちからは、「利用者のなかにほったらかしにされている人がいる。そういう人が出ないようにして欲しい」として、職員の個々の利用者に対する関わりの不足を指摘する声や、「仕事上での愚痴を聞かされるのが嫌」だという声など、職員の仕事の仕方が不十分であることを指摘する声が上がった。施設を出た後は、一人暮らし、あるいはグループホームでの生活を望み、結婚生活や仕事をすること、町でさまざまな食料品を買って食事をするなど、具体的な希望が語られた。

　現在も施設を出たいと希望している利用者は上記のように何人か存在する。自分のことを十分理解してくれるヘルパーを確保できるかどうか、といった点で不安を感じる部分も多く、また経済面での不安も大きいとしている。

　施設を出て自立生活をしたいと希望している人たちに対しては、職員が勤務外で地域生活に必要な知識（経済的な問題やヘルパーの問題など）についての学習会を開催している。

(5) 福祉ホームでの生活

　施設を出て生活をしたいという希望をもっている利用者に対して、A 施設では 5 年前から隣接する職員住宅を改装し、自動ドアを設置したり、部屋の段差をなくしたりするなど、車椅子でも使用可能なように改装し、福祉ホームとして利用することによって希望者の療護施設からの転居を援助してきた。その数は 5 年で 5 名に上る。「全介護の人でも絶対に出たいと思って出てしまった人もいる」という職員の言葉からもわかるように、身体面での介護を必要とする度合いが高い人もこの中には含まれている。本人の強い希望により療護施設から福祉ホームに移動した。今回の調査では福祉ホーム利用者のうち 3 名に話を聞くことができた。

　療護施設と福祉ホームは同じ敷地の中にある。一つの住宅に 1 人が入居しており、一つの住宅に台所、風呂、トイレのほかに居室が 2 部屋あり、広々としている。ここの利用者は、介護が必要な時間はヘルパーの派遣を利用している。

　福祉ホームと療護施設の間は距離としてはわずか 30 メートルほどしか離れていないが、雰囲気はまったく異なる。もっとも印象的な違いは福祉ホームの静けさである。療護施設の中は、絶えず何らかの音がしており、利用者や職員の声や歩く音、洗濯機が動く音、事務所から職員を呼び出すマイクの音声や利用者が鳴らすナースコールの音などが食堂にいても居室にいても聞こえた。それに比べて福祉ホームの居室は周囲の森から虫の音が聞こえるほど静かであり、落ち着いた雰囲気であった。

　療護施設から福祉ホームに移った利用者の 1 人も、二つの生活の場の違いについて「療護施設を出て一番良かったことは、静かなこと。療護施設ではトイレとか発作で夜中でも［職員を］呼ぶ人がいる」と話している。生活のリズムの異なる他人と同じ空間の中で常に一緒にいなければならないことで、自分の睡眠が妨げられることが日常的であったことがストレスであったと語っている。「静けさ」というのは、他人を気にせずにくつろげる生活の

象徴なのであろう。

　他の福祉ホーム利用者も同様に、福祉ホームへ移った理由を、集団で生活することが非常に辛い経験であったからだと答えている。常に他人の目にさらされ、他人の生活リズムを気にしながら生活すること自体が利用者にとって大変なストレスとなっていたことがわかる。

　「施設にこのままいて絶えず人といることがたまらなくしんどくなってきたから。好きなときにテレビ飯とかやれない」
　「療護施設ではみんなのことが先で、一人ひとりのことは二の次、それがいいところですけど、20年もいると疲れてきた」

　自分の好きなときや空腹を感じているとき、仕事の合間の時間などにテレビを見ながら食事をするなど、個人の自由な生活の組み立てができないこと、その状態が人によっては数十年という長い期間で継続することが、「たまらなくしんどい」のだとこの利用者は語っている。このように、施設でのケアの形態が、利用者個人の生活のあり方をもとに組み立てられている「個人志向的」ものではなく、集団での生活をいかにうまく切り盛りしていくかという「集団志向的」なものになってしまっていることが、入所型の施設において利用者が最も辛い点だと感じていることがわかる。集団志向的なケアをしようとすると、どうしてもその集団の中でより介護を多く必要とする人たちにペースを合わせないとならなくなってくる。それが利用者の中に、個人として尊重されないという感覚を生むことになる。

　「自分で言えない人、考えられない人も一緒にと。何でも自分が食べたいなら、その人たちも食べたい。たぶん、だから長くかかるの、話し合いが。今は、ヘルパーさんが一人ひとりにいますから」
　「私が考えたのはここで、50人の中の1人として、ずっといるのかなっ

ていうこと、チラッと考え始めましたね」

　この利用者の「50人の中の1人として、ずっといるのかな」という言葉が象徴しているのは、施設の中で集団志向的なケアが想定している利用者の姿が、いかに没個性的な「障害者」であるか、ということである。一人ひとり個別のニーズをもった存在として想定されていない。
　また、没個性の「障害者」として扱われ続けることは、障害のある人本人が本来持ち合わせている生活上の問題を解決する能力をそいでいく結果となってしまう。

「私ね、こういう生活になってからのほうが自分の気持ちをよく出すようになったんです。以前は、『こういうことができません』とか、『こういうことが何々』とか自分で自分のことをいろいろ頼む、生活面では衣服とかそういうことは頼めても、自分に対して『こういうことができないんで、こういうことやってください』っていうのはなかなか言えなかったです」

　この言葉のように、実際に施設の生活から抜け出し、自分の生活を自分の力で切り盛りしていくことによって、それまでの施設生活の中で必要とされていなかったために埋もれていた自分自身の力に気づいていったのである。
　これから先、よりA施設から離れた街中での生活を希望している人もいた。ヘルパーとの距離感の取り方に悩んだり、自らの体の機能の低下に不安を抱えながらも、明確な意図をもって自らの「これから」をイメージしていた。

5. 身体障害者療護施設B

　身体障害者療護施設B（以下、B施設）は1970年代中盤に開設され、定員は60名である。療護施設としては比較的初期にできたものであり、利用者とスタッフは共に開所まもなく入所あるいは就職した人たちが多い。

B施設は人口900万人を超える大都市の郊外に位置し、近隣は病院や大学なども建ち並ぶ閑静な住宅街である。最寄りの駅まではバスで数分で来ることができる場所であり、交通の便はさほど悪くない。買い物できるスーパーやレストランなども近くにある。施設の敷地は広く、雑木林が広がる裏庭とよく手入れされた中庭が居室棟のすぐ横に広がっており、車椅子で移動することが可能な利用者は自由に散策している。開設から30年近くたっているものの、建物自体は改装工事を行ったため、外観および建物内部ともにそれほど古さを感じさせない。入り口を入るとすぐに受付と職員が使う事務室があり、その隣には職員と利用者が共に利用する会議室がある。ここでは利用者が構成する自治会の会議やサークル活動などが行われている。

　事務所の前を通り過ぎると廊下に沿って利用者の居室が並び、向かい側には共用の食堂と浴室、ランドリー、トイレ、スタッフの部屋などが配置されている。2階にも同じような配列で居室とスタッフの部屋があり、その他にホールと日中活動をするためのスペースが配置されている。

　居室はほとんどが個室であるが、2人部屋が二つと3人部屋が一つある。開所当初は複数名で一つの居室を利用していたが、園内の利用者でつくる自治会が個室化の要求を出したため、8年前にほとんどすべての居室を個室化する工事を行い、完了させた。もっとも多い居室タイプで床面積は14平方メートル以上あり、法律で定められている一人あたりの床面積を大きく上回っている。それぞれの居室の中には、個人で持ち込んだ家具や装飾品が置いてあったり、好きなポスターが貼ってあったりと、自由に物を持ち込んでいる様子であった。

　　(1)　利用者の施設入所の経緯

　B施設への入所の経緯については、ほぼA施設と同様の回答が見られた。すなわち、以下の二つの語りのように、①同居する家族の介護負担が限界に達しており、その負担を軽減するために施設入所を選択したとするもの、②

地域サービス資源が不十分であるために在宅での生活を続けることができず、施設へ入所したとするものである。

　「両親見てて疲れちゃってるのは目に見えてますから、もう父も当時75くらいですから。母も70超えてましたから。もうこうのんびりしてらんねぇなぁと思ってたときに父が倒れたもんですからね。まぁそんな余計なこと考えないで、ただ部屋待ちをする態勢をつくっていましたね」
　「色々考えたんだけど、その時は、自立もちょっと考えた。でも、あの当時は自立するとヘルパーも自分で探さなきゃいけない。で、なおかつ、ヘルパーさんも時間区切りで、2時間しかできない心配が」

　在宅で生活し、両親などの家族が介護を行っている場合、家族が高齢になればなるほど身体的な負担が重くなり、それに伴って心理的な負担や将来への不安感も増大してくる。また、施設に入る前に、家を出て自立生活をするという選択肢も考えた人もいるが、ヘルパーの確保およびコーディネートを自分で行わなければならないこと、ヘルパー派遣の絶対的な時間数が足りないこと、の2点が主な原因となってあきらめなければならなかったことが語られている。これらの回答からは、A施設と同様に、施設での生活に対して積極的な希望をもって入所した人はほとんどおらず、他の選択肢のない決定としての施設入所であったことがうかがえる。

（2）施設での基本的な生活の状況
　起床時間については、利用者と職員双方から、一律の起床時間は設けられておらず「基本的に自由」であり、何時に起きるかは個々の利用者と職員との話し合いによって決められることとなっている、との答えが聞かれた。しかしながら、同時に「起床は7時。熱があるときは寝ていられるけど、ないときは起きなきゃいけない」と答える利用者もおり、もう少し寝ていたいと

きでも起床しなければならないという、何らかの強制力を感じている利用者も少なくない状況がうかがわれた。起床介護を行う職員の数が4名と限られていること、食堂での朝食の時間が8時と決められていることから、そこに間に合わせるために実質的に毎日の起床時間が固定してしまっていると考えられる。

就寝時間については起床時間に比べ、比較的実質的な自由が確保されていることが確認された。「夜更かしはしてる。朝の3時まで。テレビ見たりしている」という人がいるかと思えば、体力的な問題もあり、中高年の利用者を中心に、そもそも夜遅くまで起きていたいという希望がないという声もあった。居室は基本的に個室であるため、生活時間の組み立てはある程度自由にできている様子であった。

食事は8時、12時、17時である。多くの利用者は1階中央に位置する食堂に集まり、職員や利用者同士で会話をしながら食事をしている。6人掛けのテーブルが食堂内に何台か配置されており、自由に席を選ぶことができるが、入所の期間が長い利用者が多いこともあり座る位置はほぼ固定している様子であった。食事の介護を必要とする利用者には、ほぼ利用者2人に対して職員1人の比率で介護を行っていた。

必ずしも食堂で食事を食べなくてもかまわず、介護を必要としない利用者のなかには居室に食事を届けてもらい、一人でテレビを見ながら食べているという人もいた。また、ある利用者は、施設で出される食事以外のものを食べたいときには、近隣のスーパーへ買い物に行き、お刺身など自分の好きなものを買ってきて居室で食べたり、出前を取ることもよくあると話していた。お金の管理を自分でしている人も多いため、食べ物の持ち込みなどについてはまったくの自由であることがわかった。しかし、当然のことではあるが、出前や持ち込みなどによって自分の好きなものを選んで食べるということは毎回のことではなく、基本的には全員施設で提供される食事をとっている。

食事の内容については不満の声はほとんどなく、「おいしい」という評価

が大多数であった。筆者自身も調査の初日に夕食を一緒にとらせていただいたが、食堂に隣接している厨房で作られた食事は品数も多く、それぞれが陶製の器に盛られ、温かいものは温かく、冷たいものは冷たく供されており、おいしく感じた。また、1回の食事に2種類のメニューが用意されており、そのなかから自分の好きなほうを選択することができるシステムになっており、利用者には好評であった。

　しかし、食堂の中は常にざわついており、その雰囲気は決して落ち着いたものではなかった。介護をするために職員が常に動いており、また、まだ食べている人がいても、終わった人の分から職員が片付けを始めてしまうためである。利用者からもこの食事をしている時間の「せわしなさ」については指摘する声があった。

　（食事をゆっくり食べられますかという質問に対して）「せかされる。食べた気がしない」

　つまり、食事を介護する職員や厨房で働く職員の勤務時間の問題から、食事が一定の時間内に終わらないと早く食べるようせかされる、というのである。
　トイレと入浴についても質問を行っているが、食事や起床介護についての質問から得られた上のような「せわしなさ」を訴える答えと同様に、職員の人手不足が原因と思われる問題が随所に見られた。
　入浴についても、十分な職員数を確保できる日中に週2回行うという現状であった。利用者の中には自分自身の体力的な問題から毎日は無理であると自分自身で判断して、現在の回数で十分であると答える人も若干いた。しかし、下記の言葉のように、毎日入りたいと強く希望する人のほうが圧倒的に多かった。

「［入浴は］本当はもっと入りたい。気持ち悪くてたまらない」
「私ね、本当のこというとね、お風呂は毎日。だって夏場とか本当に……」

　さらに問題が深刻であったのはトイレの場面である。やはりトイレの介護を必要とする場面で待たされるということであった。職員は常に歩き回っており、近くにいないこともあるので、トイレに行きたくなった場合はナースコールをすることになる。しかし、すぐに来るとは限らず、待たされることも多いという。

「［ナースコールで］すぐ来ますね。まぁ五分か長くても15分。それくらいだったら待てる。やはり、呼吸を一拍おいてからやるんですよ」
「［介護が来るまでの時間を］待てる。待てないときは待てないから来てって言いに行くもん。だから、これは私個人だけど、言える人と言えない人の差だよね。言える人はそうやって言えるけど、待てない人はそれでストレスたまるわな。絶対たまると思うよ。私は言っちゃうからそこの部分ではたまらないけど。言えない人はたまると思うよ」

　インタビューの回答者は、自分だったら基本的に待つことができると答えていたが、中には待つことが難しい人もいること、さらに自分の意思を表現することの難しい利用者に皺寄せが行っているのではないか、大変なストレスなのではないかと懸念していた。実際に、今回のインタビュー調査においては、調査の概要を事前に説明した上で自らの意思で調査への協力を申し出てくれた利用者のみに聞き取りを実施したのであるが、事前に意思を確認することのできなかった利用者がどのような施設生活を送っているのかについては具体的な調査が及ばなかった。しかしながら、利用者の「言えない人」についての上記のような言葉や、職員の「訴えの強い人に介護が偏りがち」という言葉からは、施設での生活が重度の障害のある人にさまざまな形での

「我慢」を強いる構造になっていることがうかがわれる。

同時に、「我慢」を強いられているのは障害の重い人だけではない。施設の中では比較的介護を必要としない人であっても、同様にある種の「我慢」を強いられている。すなわち、常に施設の他の入所者のことを気にしていなければならず、自分の都合で介護を頼むことができないという点である。

　「［職員を］やはり一人独占しては悪いかなと。そうなる人がいるけど……。入院しないために施設入所したんですけど。そうはいきません。やはり無理があります。……やれることは自分で。あやしいことはやります。だから無理を……ストレスたまるんですよね。これはまずいなと」

介護を受けるために施設に入所したのにもかかわらず、施設であるがゆえに介護を思うように受けられないという逆説的な状況が生じていることがわかる。

（3）　日中活動・外出・余暇

Ｂ施設の場合、利用者の高齢化・障害の重度化にともなう介護量の増加、さらに職員数の削減による利用者への生活の影響がもっとも顕著に現れた部分の一つが外出の機会の減少であった。現在、電動車椅子を利用したり、自分で周囲の大学などにボランティアの募集をするなどして介助者を確保できる利用者については、実質的に外出に関する制限はなく、周辺のスーパーや娯楽施設に行きたいときに行くことができている。しかし外出の際に介護を必要とする利用者については、外出の機会が年に2回から3回と非常に限られたものになってしまっている。

　「今まで居住者が交渉してきたことも具体的にできなくなってきた。一番は何しろ外出ですよね。どうしても障害の進行というのは加齢に伴って

拍車がかかってどんどんどんどん重くなっていきますから。ＡＤＬの介護領域が増えていくわけじゃないですか。で、その辺はきちんと保障しなくちゃいけない。ところが職員数は減っている。だとすればどこを減らすか。まずは外出とかそういうところですよね。とっても通院のつきそいの件数も多くなりましたし」

日中活動および余暇の支援についても同様に、最低限のＡＤＬ部分での介護に追われ、十分な援助ができてない様子が下記の職員の言葉からうかがわれる。

「やっぱり、最低のＡＤＬは保障するけども、それ以上のことはなかなか……あの、難しいというか、だから結構作業とかもできる方が、何もしないでいるというか。……そういう昼間の過ごし方がもったいないなぁ、と思うことはありますね」

(4)「ゆとり」のある生活から、細分化され「管理的」な介護の体制へ
利用者からは、職員の人手が足りないこと、ＡＤＬ部分での援助に集中せざるを得ず、ゆっくり話をすることができないことについて強い不満の声が聞かれた。多くの利用者は相談というようなかしこまったものだけではなく、職員と日常的な事柄についての他愛もないおしゃべりをすることを望んでいる。つまり、「人間らしい」関係性に基づく生活が基本にあり、その中の一部として介護されることが位置づけられているような生活を望んでいた。しかし実際には、起床から就寝まで休むことなく続く介護の合間に辛うじて言葉を交わすことが可能になっているという「非人間的」な関係性がうかがわれるのである。

「お茶飲みに行こう、話しに行こうって。受けてくれてるんですよ。勤

務の状況のなかで、行けないもんですから。休みだとか、夜勤明けだとかで行こうって話をせざるを得ない。そうすると、他にも仕事もってますから、3カ月、4カ月後になっちゃう。1年、2年後になっちゃうってこともあって、そのなかで私はそう思うよね。別にここの職員がそういう気持ちが無いわけじゃなくって、職員自体の余裕がない」

このような「介護の中に辛うじて生活がある」とでも表現することができるような職員との関係性は、施設発足当初からこうであったわけではなかった。療護施設利用者の高齢化、障害の重度化、そして医療的ケアの増加などによって生まれたものだとして、療護施設のもつ構造的な問題を指摘する声が職員からは聞かれた。

B施設で20年以上働いているベテランの職員の話によると、B施設は開設当初、食事と入浴の時間だけ大まかに決まっているという、日課や決まりごとの少ない、今と比べると「ゆとり」のある状態で始まったのだという。

「とっても、ある意味施設的でないゆとりがありましたよね。これはあくまで施設ってものに対するイメージなのかもしれませんけども。あまり管理的でないっていうか。集団生活ということもあるんで確かに起きる時間、寝る時間あるいは食事をする時間あとは入浴の回数、大体それは園のマニュアルに則って決められてくるんですけれども。それ以外のところでは個別性がかなり重要視されてきていたんではないかなという気はしますけどね」

職員から当時のB施設での生活の様子を聞いていると、現在とは異なり、比較的個人の自由な要求に対応することが可能な生活であったことがうかがわれる。当時の決まりごとの少なかった生活を「施設的でない」「管理的でない」生活であり、個別性を重視したものであったと表現している。

「施設的」でない当時の生活の様子を示す例としてこの職員が挙げたのが、「約束なしで行われる外出」である。

　「全然約束もしないで40分、50分くらい、食事の前に車椅子乗って隣町まで行ったりとかそんなこともしてましたし。夕飯を食べ終わると5、6人くらい連れ立って、いきなり寝かすんではなくてね、ちょっと涼しい風に当ってから上に上がってきて寝るとかね。そういうゆとりがありましたよね。私が就職した頃、20年前っていうのはね」

　「約束なしでの40分、50分の外出」という一見なんでもない出来事が当時の「管理的でない」生活の象徴的な例として語られているのは、現在の介護体制のもとではそうした「ふと思い立って」施設の外に出かけることが、いかにイレギュラーで、難しいものになってしまっているかを示している。
　代わりに比重が重くなりつつあるのが、起床、就寝、入浴、トイレといった日常生活動作の部分での介護である。これを職員たちは「定時介護」と呼ぶ。利用者それぞれの介護を必要とする度合いが現在と比べて低かったときには、この「定時介護」の部分についても、施設に入居する前の生活パターンを考慮し、本人との話し合いによって決めるという形式であった。しかし現在では、施設開設当時は30代、40代であった利用者の多くも高齢化が進み、それと共に障害も重度化したために、職員の介護量が増えつつある。それにもかかわらず、開設された当時に比べて職員配置の人数は減っていく一方であるため、徐々に利用者の希望にそって起床や就寝といった定時介護の時間設定をすることが難しくなりつつあるという。限られた職員の人数のなかで定時介護をやりくりしていく工夫は、職員からは「パズル合わせ」のようであると表現されていた。すなわち、職員の動きに無駄の出ないように業務分担をあらかじめ細かくスケジュール化することによって、業務量の増加に対処したのである。

「ランダムな部分を随分なくしていって、かなり業務分担を緻密にしていったんですね。つまり、朝来てから退勤するまでできるだけ無駄のないように業務分担表に組み込むと。業務分担表に書かれてることはきちんとやるようにする」

「ランダム」な部分とは、あらかじめ担当する業務を設定せず、それぞれの職員がその場の状況に応じて臨機応変に利用者の要求に応えていくことを前提とした時間のことである。このような部分が多ければ多いほど、例えば事前の予定に入っていない「約束なしでの外出」のような要求にも対応することが可能になる。しかしながら、介護量の増加に対応するために行った「業務分担を緻密化」、すなわち、個々の職員の動きをシステマティックに管理することによって、あらかじめ予定に入れられていないランダムな要求に対応することが困難になる。

　「以前に比べて、例えばあなたのお風呂に入る時間は何曜と何曜日の何時から何時までですよとか、あるいは起きる時間は午前何時から何時までですよとかいう話をせざるをえない状況になってきているので、生活のリズムというか流れが画一的というか、きちんきちんとせざるをえない状況があるので、それが管理というのであれば管理的でしょうね」

(5) これから希望する生活形態と地域生活への移行のための支援の現状について

利用者に今後希望する生活の形態を尋ねたところ、半分以上が地域での自立生活を望んでいる、もしくは興味があると答えていた。しかし、そのような希望を持ちながらも、それぞれの特殊なニーズに合った支援が受けられるかどうかを懸念しているケースがほとんどであった。特に不安の声が大

きかったのは、気道切開をしており定期的に痰の吸引をする必要のある人や、経管栄養で食事を摂取している人など、特別な医療的ケアや配慮を必要とする人たちである。一人暮らしをした場合にこれらのケアが十分に受けられるのかどうかを心配し、「無理ではないか」とあきらめてしまっている人もいた。

　「気道切開の問題とかがあるから、一人暮らしはしてみたいと思ってるんだけどできない。健康面での心配がありやはりできないと思う」
　「[一人暮らしについて] やはり……家に緊急装置つけてあったんですよ。だけど間に合わないんですよね。やはり30分はかかるんですね。速くても15分。遅かったら30分。ちょっと過ぎてます、救急車が来るの」

　医療的なケアを受けなければならないという自分自身の事情から、地域での自立生活はあきらめてしまった人の中には、療護施設内での個室生活を「園内自立」という言葉で呼び、一種の自立生活ではないか、と自分自身を納得させている人もいた。
　このような利用者の地域生活への移行という希望に対して、B施設の基本的な姿勢は「園として地域移行への支援をするということはない」というものであり、具体的な移行支援はほとんど行われていなかった。B施設から地域での自立生活に移行した人も過去30年間で10名いたが、そのようなケースでは、その利用者本人が地域の自立生活センターと連絡を取り合い、自立生活へ移行したケースか、地域移行に積極的な姿勢をもつ職員が個人的に地域の自立生活センター等と連携を取り合い、移行を手助けしていったというケースであった。つまり、利用者自身がもつ知識や情報、あるいは利用者が相談する職員個人の知識や情報、ネットワークによって自立生活が可能になる場合と、アドバイスや支援を得られず、自立生活を送るための道筋をまったくイメージできない場合とに分かれているのである。

大部分の職員については、地域での生活の様子やその方法を利用者に伝えていくべきだと漠然と感じてはいた。

　「外のすばらしさ、規制のない生活のすばらしさ、そういうのをどう『教える』って言い方は語弊があるんですけども、情報を提供していくっていうのは、まだあんまり、組織的にはまだやってないものですから。そういうところをもっと強化していく必要があるのかな、っていうふうには思っていますけどね」

　しかし、地域生活への移行に何が必要かという具体的なイメージについてはあいまいな答えしか返ってこないケースが目立った。

6. 考察

　A施設、B施設という二つの身体障害者療護施設における生活の様子、利用者と職員との相互行為のありかた、そして障害当事者が今後望んでいる生活の形態について、施設利用者とそれを支援する側の職員双方の視点からこれまで見てきた。二つの療護施設はそれぞれ設立母体や立地などの成り立ちや、地域移行に対する支援のあり方等の面で、異なる点が多いものの、共通点も多く見出された。二つの施設の比較から見えてくるものを考察し、その上で今後療護施設から地域生活への移行のために必要な支援について考えてみたい。

（1）選択肢のない選択としての「施設入所」

　療護施設への入所の要因については、二つの施設の入所者からほぼ同様の答えが聞かれた。すなわち、①同居する家族の介護負担を取り除くために施設に入所せざるを得なかった、②地域サービスが十分になく、地域での生活を続けることができなかった、という2点である。調査では、「施設への

入所を決めたのは誰か」という質問も同時にしており、「自分で決めた」という回答も返ってきていた。しかしそこでの「自己決定」は、そうしなければ介護している家族と共倒れになってしまう状況を見越しての止むを得ない「自己決定」であるということが聞き取りの結果から明らかになった。

　　(2)「入所施設」という構造自体がもつ限界
　二つの施設の職員からはいずれも大人数で集団生活をしていく上での介助の質の向上の限界が語られた。A施設の職員からは、起床介助の際に、「もうこういう集団生活している以上はどうしても避けられないことというか……やっぱり起こしに行って、『もうちょっと寝ていたいからもうちょっと後で』って言われると『あ、そうですか』って言ってまた違う人のところに行って、『もうちょっと』って言えない人から起こすっていう感じになっちゃいます、どうしてもやっぱりね」というようなことがあると語られた。この職員の「言えない人」という言葉、すなわち重度の障害のある人の起床介助についての説明からもわかるように、日常生活の支援において、特に重度の障害のある人が何を望んでいるのかを聞き取るためには、時間をかけてきめ細やかにコミュニケーションしていくことが必要不可欠であるが、実際に大人数で集団生活をし、少人数でそれを介護するという現在の入所施設の職員配置の状況では、それを日々実践していくことは難しいことがわかる。結果的に、利用者の選択や決定という理念からは程遠い援助がなされている現状がわかる。
　また、B施設の職員からは、介護量の増加に対応するために行わざるを得なかった介護業務のシステム化が利用者の生活を画一的なスケジュールによって管理するという介護の体制を生むこととなったことが語られた。施設開設当時の「約束しないで外出」することが可能な体制が「施設的でない」「個別的」なものであるとしたら、現在の利用者の生活に対する「管理」が基本になる介護のスタイルは、非常に「施設的」で「全体的」なものになる

だろう。

　事前に綿密にスケジュール化されたシステマティックな動きは、介護領域における組織の官僚制化であり、またゴフマンが概念化した「全制的施設（total institution）」[3]への変容であるとも言える。当該施設が開設されてからの約30年の変容を見ていくと、まさに全体性の論理によって個別的な生活の実現が妨げられていくプロセスであったといって過言ではない。「寝起きする時間、食事をする時間、トイレに入る時間、ほとんど決まってくるとなると、どこで自分らしさを発揮したらいいのかなっていう気はしますよね」というこの職員の言葉がよく示しているように、全体性の論理によって「自分らしさ」「その人らしさ」が徹底的に排除されていく。この生活のシステム化によって、利用者は「個人として扱われていない」という感覚を常に持ち、自尊心を大きく傷つけられるだろう。そしてこのような経験は利用者に対して抑圧的に働くだけではなく、そのシステムの中で働かざるを得ない職員にとっても、常にジレンマを感じる辛い経験をもたらしているのである。

（3）トップダウンでなければ地域移行は進みにくい

　二つの施設は地域生活支援への取り組みという点では対照的であった。A施設では、法人の決定によって管理者レベルで地域生活支援が推奨されるというトップダウン方式での取り組みであり、実際に利用者の半数を数年で地域へ移行させるという計画をもっていた。職員もまた、自らの勤務時間以外を使って熱心に地域移行についての勉強会を利用者と行い、利用者が地域生活について具体的なイメージをもつのを手助けしていた。また、隣接した福祉ホームにすでに療護施設から移った人がいることも、ロールモデルとして機能していると考えられる。そして福祉ホームに移った利用者の声を聞くと、療護施設の中で団体生活を送っているときに比べ、自分自身で生活を管理できること、静かでくつろげることに関して、移ってよかったという声が聞かれ、確実に生活の質が向上していることがうかがわれる。

結果として、不安を持ちながらも積極的に地域での生活を希望する利用者たちがいた。
　B施設ではこれとは対照的に、特定の職員が個人的に地域生活への移行を支援しているほかは、施設としての地域生活への移行の取り組みはなされていなかった。利用者は、地域での暮らしを希望している人も多かったにもかかわらず、具体的なアドバイスや情報、体験の機会を得ることができず、医療面などでの不安のみが大きく募り、なかばあきらめているような状態であった。この「あきらめ」は職員の間にも共有されていた。「医療的なケアがある人は自立生活は無理」という言葉が多くの職員から聞かれた。また、地域での生活支援のためにどこにどのような資源があるのかについても、よく知らないと答える職員も多かった。

(4) エンパワメントの視点に基づく地域生活支援

　二つの施設の比較によって得られた結果から、今後の取り組みを考えてみたい。まずは、利用者のエンパワメントに基づく支援に基本的な視点を切り替えるべきである。エンパワメントとは、その人の有するハンディキャップやマイナス面に着目して援助するのではなく、長所、力、強さに着目して援助する支援をさす。利用者が自分のもつ能力や可能性、強さに気づき、自分に自信を持ち、自分の希望を積極的に主張し、それに対して主体的に取り組んでいくことができるようになることを目指す。現在地域生活への移行にあたって最も大きな壁になっているのは、障害当事者および職員双方による、地域で生活をしていく能力についての過小評価である。A施設における福祉ホームへの移行者が語っていたように、大規模の施設の中では使う必要がなかったために秘められていた自らを自らで管理していく力が、地域生活への移行によって引き出されることもある。
　また、地域移行する際にもっとも重要視されなければならないのは、本人の希望に基づく援助、すなわち「主体性」に基づく援助であるに違いないが、

その際にこの現在施設の外での生活を望んでいない利用者に対しても、グループホームや一人暮らしなど、地域での生活体験の機会が保障されるべきである。経験したことがないものに関して、選択・判断をすることは難しい。特に、「自分から施設に入った」と話す利用者については、それまでの生活との比較で現在の生活について不満はないとしていることも考えられる。他での生活がどのようなものであるのか、実際に経験しなければ、「主体的に」自分が住むところを決めることはできない。

　以上のことを総合的に考えるならば、最も求められるのは、すでに地域の中で生活をしている障害のある人を利用者および職員のロール・モデルとしていくことができるようなシステムづくりである。療護施設は、外出の機会が少ないことも重なり、内部だけで完結してしまいがちな構造をもっている。地域の自立生活センターから自立生活プログラムを実施することのできる講師を招いて療護施設内で講習会を開くなどしていけば、より明確な形で職員も利用者も、「ここでないもう一つの生活」を具体的にイメージでき、実践していけるのではないだろうか。

（麦倉泰子）

注
1) 『厚生省五十年史』p.1206
2) 『社会福祉施設』（小笠原・福島・小国、1999）p.189
3) ゴフマンが定義した「全制的施設」の四つの特徴とは以下である。①生活のあらゆる局面が同一の場所で、同一の決定機関のもとで行われる、②入所者の日課が大きな集団の中で行われる、③日課のすべての局面がタイトにスケジュール化されている、④さまざまな強制的な日課はすべて施設の公的な目標を満たすための合理的な計画にまとめられる（Goffman, 1961: 6）。

参考文献
小笠原祐次・福島一雄・小国英夫編著（1999）『社会福祉施設』有斐閣。
春日キスヨ（2001）『介護問題の社会学』岩波書店。
北野誠一・大谷哲・西岡務編著（2003）『障害者ケアマネジメント——実践事例集』

中央法規。
計見一雄(1979)『インステュテューショナリズムを超えて』星和書店。
冨安芳和・小塩充護(1983)「精神遅滞者居住施設におけるケアのパターンに関する研究」『発達障害研究』5 (1): 48-59.
土屋葉(2002)『障害者親・家族を生きる』勁草書房。
中西正司(2001)「自立生活センターの誕生」全国自立生活センター協議会編『自立生活運動と障害文化——当事者からの福祉論』現代書館。
樋口恵子(2001)「日本の自立生活運動史」全国自立生活センター協議会編『自立生活運動と障害文化——当事者からの福祉論』現代書館。
ヒューマンケア協会(1998)『障害当事者が提案する地域ケアシステム——英国コミュニティ・ケアへの当事者の挑戦』。
ヒューマンケア協会(1997)『自立生活プログラムマニュアル』改訂版。
山崎敬一(1994)『美貌の陥穽——セクシュアリティーのエスノメソドロジー』ハーベスト社。
山田富秋(1991)「精神病院のエスノグラフィー」山田富秋・好井裕明『排除と差別のエスノメソドロジー』新曜社。
山田富秋(2000)『日常性批判——シュッツ・フーコー・ガーフィンケル』せりか書房。
Bradley and Knoll. (1995). Shifting Paradigms in Services for People with Developmental Disabilities, in *The Community Revolution in Rehabilitation Services*, Andover Press.
Geertz,Clifford. (1973). *The Intepretation of Culture*, 3-30.New York:Basic Books(吉田禎吾他訳(1987)『文化の解釈学』岩波書店。)
Goffman, Erving. (1961). *Asylums*. Garden City,N.J:Doubleday(石黒毅訳(1984)『アサイラム——施設被収容者の日常世界』誠信書房。)
Goffman, Erving. (1963). *Stigma*. Pretice-Hall Inc.(石黒毅訳(2001)『スティグマの社会学』せりか書房。)
Michael Lipsky. (1980) *Street-Level Bureaucracy*, The Russell Sage Foundation(田尾雅夫訳(1986)『行政サービスのディレンマ——ストリート・レベルの官僚制』木鐸社。)
Shaw,Linda.L., (1991). Stigma and the Moral Careers of Ex-mental Patients Living in Board and Care, in *Journal of Contemporary Ethnography* October: 285-305.
Silverman,David. (1993). *Interpreting Qualitative Data*, Sage Pubilications.
Strauss, Anselm and Corbin, Juliet. (1990). *Basics of Qualitative Research: Grounded Theory Procedures and Techniques*, Sage Publications(南裕子監訳(1999)『質的研究の基礎——グラウンデッド・セオリーの技法と手順』医学書院。)

第3節　個別地域移行支援プログラム——施設職員のためのマニュアル

はじめに

　近年、社会福祉の領域における基礎構造改革があり、2002年12月に発表された「新障害者基本計画」及び「重点施策実施5カ年計画」（新障害者プラン）には「入所施設は真に必要なものに限定する」と明記され、地域移行に関わる研究が重要になってきている。

　知的障害者（以下、当事者と略記）の地域移行にかかわる調査研究は、欧米では数多くなされてきたが、主に移行後の適応行動や社会参加に焦点が当てられており、地域移行プロセスにおける調査研究は極めて少ないのが現状である。数少ない研究のうち、スウェーデン・イギリス・ドイツと日本の移行プロセスを研究した質的調査によれば、当事者が「事前に十分な情報（例えば、移行時期、移行先、移行先の環境、共同入居者のこと、移行後の生活のイメージ、働く場や日中活動へのイメージなどがもてるようなもの）を提供され、今後の生活や人生を見通すことのできるような働きかけは当初どの国でもなされておらず」、その結果、移行に際して彼らに混乱が生じていることが報告されている（河東田、2003：154-155）。同時に、移行先の状況に関する情報提供や移行先の訪問、さらには移行の有無に関する選択の機会の提供によって、当事者が移行期症候群[1]（relocation syndrome）を体験せずに移行に成功した事例が報告されている（Weinstok, et. al., 1979）。

　当事者が地域生活に関する具体的なイメージをもちながら、安心して移行することを可能にするためには、地域移行プロセスにおいて当事者に自己決定の機会を十分に提供しうる具体的方策が求められる。本研究では、知的障害者援護施設A（以下、A施設）における参与観察及び当事者・職員・親族への面接調査結果に基づいて、地域移行プロセスにおいて当事者による自己決定の機会を施設職員が十分に提供するための個別地域移行支援プログラムの①原理・原則、②内容、③実施条件を明らかにした。

1. 研究の方法

地域移行プロセスにおける自己決定に影響を与えている環境要因を具体的に導き出すために、探索的手法である質的調査法を採用した。

調査結果の分析においては、まず、アベリィ（Abery, et. al., 2003）の定義を基礎にして、自己決定の機会を「当事者が施設から地域の住居への移行に関わる事柄、すなわち移行の有無、移行時期、移行先、移行先の住宅環境、共同入居者、支援者、引越しに必要な家具などを、①自ら決めることが重要であると考え、②決めたいと考えている場合に、③決められる機会」とした。移行プロセスは「寮から自立訓練ホームへの移行プロセス、自立訓練ホームからグループホームなどの住居への移行プロセス」とした。

次にロフランドら（Lofland, et. al., =1995：260）の質的分析方法を参考にしながら、調査結果を分析した。この方法では、「初期コーディング」とはデータの中で定義・発見できるものを探し求める過程であり、「焦点化されたコーディング」とは生産性と有用性の低いコードを排除し少数の選別されたコードに焦点を合わせ、選別されたコード内部のカテゴリーを精緻化する過程である。「初期コーディング」の過程では、分析テーマ[2]を設定した。すなわち、「移行プロセスにおいて当事者の自己決定の機会に影響を与える環境要因とは何か」である。「焦点化されたコーディング」の過程では、分析テーマに関連する要素をコード化の基準とし、逐語化された回答から一つずつ抽出し、抽出したすべての要素は共通する内容ごとにコードを付して分類し、分類したコードを一段階上のカテゴリーに分類した。なお、コード化の際には分析方法の信頼性・妥当性を確保し、多様な解釈を導き出すために、他の調査員と議論を重ねながらコード化の作業をした。

以下、分類したカテゴリーに即して分析した考察の要約を示したい。

2. 研究結果の要約

地域移行プロセスにおいて当事者の自己決定の機会に影響を与えている環境要因として、五つのカテゴリーを明らかにした。このカテゴリー間の関係は図1のようになった。

　第一に、地域移行支援プログラムの実施状況が当事者の自己決定の機会に影響を与えることが示された。具体的には、①地域生活のイメージづくりが十分に実施されているかどうか、②移行の有無・私物の購入・移行先・移行時期・共同入居者・支援者などの具体的な希望に対応した支援が実施されているかどうか、③当事者が地域移行プロセスに関する事柄を自己決定するまでに十分な時間が提供されているかどうか、④事業者がどのような移行プロセスを形成しているか、が影響を与えると考えられた。

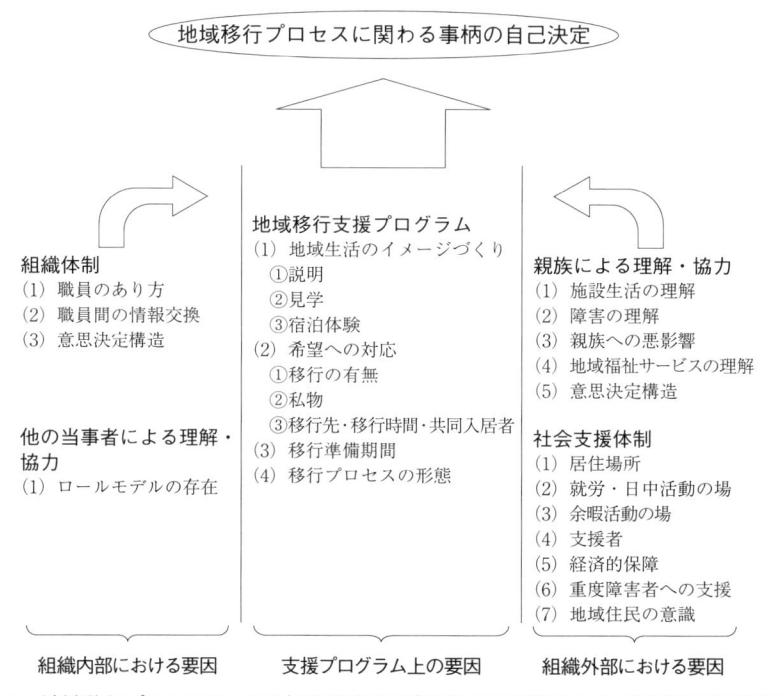

図1　地域移行プロセスにおける知的障害者の自己決定に影響を与える環境要因の関係図

第二に、組織体制上の要因が地域移行支援プログラムの実施状況に影響を与えると考えられた。具体的には、①職員が地域生活に関してどのような意識・知識をもち、当事者にどのような態度で関わっているか、②職員間で十分な情報交換がなされているかどうか、③移行に関わる意思決定構造が当事者や当事者のことを良く知る職員の意向を十分に反映しているかどうか、が影響を与えると考えられた。

　第三に、組織体制上の要因だけではなく、ロールモデルの存在が、地域移行支援プログラムの実施状況に影響を与えることが示された。具体的には、共同入居者が地域生活に関して話し、彼らが移行すること自体が、地域生活のイメージづくりや希望の明確化に貢献していた。

　第四に、親族の協力の有無によって、移行支援プログラムの実施状況が左右されることが示された。具体的には、親族が①施設生活への安心、②当事者の障害程度に関する不安、③親族の生活への悪影響に関する不安、④地域福祉サービスへの不安、⑤非民主的な意思決定プロセスへの不満を抱いているために移行の取り組みに反対する場合には、当事者の希望に対応した支援が困難になると考えられた。

　第五に、社会支援体制の状況が地域移行支援プログラムの実施状況に影響を与えることが示された。具体的には、①居住場所が十分に整備されているかどうか、②日中活動・就労の場が十分に整備されているかどうか、③余暇活動の場が十分に整備されているかどうか、④支援者の質・量が十分に確保されているかどうか、⑤当事者の経済的保障は十分に整備されているかどうか、⑥重度障害者の支援体制が十分に整備されているかどうか、⑦地域社会の意識はどのようなものかということが、親族による移行への理解・協力、地域移行支援プログラムの実施状況に影響を与えると考えられた。

3. 個別地域移行支援プログラム：施設職員のためのマニュアル

　次に、研究結果の要約を基礎にし、個別地域移行支援プログラムの（1）

原理・原則、(2) 内容、(3) 実施条件を示したい。

(1) 原理・原則

施設職員は、個別地域移行支援プログラムを実施するうえで、以下の原理・原則を基礎としなければならない。

①個別地域移行支援プログラムは当事者が主体（主役）となり、当事者一人ひとりに応じて作成され、実行されなければならない。

個別地域移行支援プログラムの内容は、当事者が主体となって地域移行プロセスを進めるために、施設職員が配慮すべき基本事項を列挙したが、それらをすべて作成・実行しなければならないわけではない。あくまでも当事者一人ひとりに応じた独自の支援プログラムを作成・実行しなければならない。

②地域移行プロセスに関わるすべての事柄に関して、当事者が自己決定する機会を提供するように最大限の努力をしなければならない。

地域移行プロセスでは、施設職員は当事者の自己決定を支える脇役に徹しなければならない。長期間施設生活をした当事者は自ら物事を決めることに躊躇したり、戸惑いを感じたりしかねない。その時、「嫌なことは嫌だと言える」「したいことをしたいと言える」「決めたいことを決められる」と当事者に伝え、彼らが自信や勇気をもてるようにしなければならない。当事者にわかりやすく情報を伝え、彼らが望む決定ができるように支援しなければならない。

③当事者に心理的負担を与えず、彼らが安心して地域移行できるように最大限の努力をしなければならない。

施設生活から地域生活への移行は長期間施設生活をした当事者にとっては、大きな環境の変化であり、心理的ストレスが伴う。個別地域移行支援プログラムを作成・実行する際には、当事者が望むペースで慎重に対応しなければならない。当事者の意向や感情に配慮せず、組織の都合で地域移行プロセスを進めてはならない。

④当事者の親族の意向に配慮しつつも、当事者の自己決定が実現されるように最大限の努力をしなければならない。

地域移行プロセスにおける当事者の想いや願いを実現させ、地域移行後の生活をスムーズに進めるために、親族の理解・協力を得なければならない。

　(2) 内容

　施設職員は、個別地域移行支援プログラムの原理・原則に基づき、以下のような支援が求められる。すなわち、①地域生活のイメージづくり、②希望への対応、③十分な移行準備期間の設定である（図2参照）。

　①地域生活のイメージづくり
　　(ⅰ)説明
　　　a. 説明者：誰が説明するか
・当事者が心から信頼し、気持ちを許せる施設職員が説明する。
・地域生活の経験がある当事者が説明する。

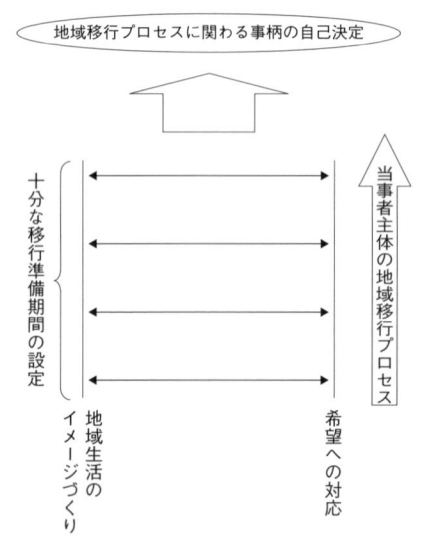

図2　個別地域移行支援プログラムの内容

施設職員よりも地域生活している当事者のほうが地域生活のメリットやデメリットに関して、自らの体験を交じえながら話すことができる。説明を聞く当事者も質問をしやすいと考えられる。
　　　b. 説明方法：どのように説明するか
・当事者のコミュニケーション能力・特徴に応じて、分かりやすい言葉、絵カードや映像などを使用して具体的に説明する。
　日常的な関わりのなかで、どのようなコミュニケーション手段であれば当事者が最も理解しやすいかを絶えず探求しなければならない。
・個別に説明する。
　集団説明会だけでなく、個々の当事者にゆっくりと丁寧に説明する。
　　　c. 説明内容：何を説明するか
・グループホーム、アパートなど地域生活の居住形態の差異を分かりやすく説明する。
　施設職員は当事者に、施設生活と地域生活及び地域の住居がどのような点で異なるかを説明しなければならない。例えば、地域であれば個室をもて自由な生活を送れることや、グループホームに移行すれば、支援する人が施設職員から世話人に変わることなどを説明しなければならない。
・一般就労及び福祉的就労の様々な形態を分かりやすく説明する。
　地域生活のイメージづくりとしての取り組みでは、居住場所だけではなく、就労・日中活動の場の説明・見学・体験も重要である。例えば地域社会では、喫茶店やリサイクルショップなどの小規模作業所で働く機会もあることを伝える。
・様々な余暇／社会活動を分かりやすく説明する。
　例えば、図書館・映画館・劇場・博物館・地域のサークル・セルフアドボカシー団体といった社会資源や社会活動について分かりやすく説明する。
・地域生活のメリットとデメリットを分かりやすく説明する。

例えば、地域は施設よりも自由に生活できるが、どの程度経済的負担が増えるか、どのような危険があり、どのように自らの安全を守るべきかを分かりやすく説明する。
・地域で生活する権利、自己決定権やノーマライゼーションの原理など地域福祉に関する理念・原理・権利について分かりやすく説明する。
　事例を使用し、ロールプレイをしながら、当事者が理解しやすい言葉で人権やノーマライゼーションの原理について説明する。
　　　d. 説明場所：どこで説明するか
・当事者との日常的関わりのなかで地域移行に関する事柄を説明する。
　例えば、普段の日常会話に地域生活に関する話題を取り入れながら、当事者が地域生活に関心をもてるようにする。
・当事者がリラックスして話を聞ける環境で説明する。
　年次ミーティングなど形式的な場で説明する際には、お菓子やお茶を供し、当事者が信頼する施設職員・友人をミーティングに参加させるなど、当事者が話を聞きやすい環境をつくる。
・見学・体験した場所など、当事者が地域生活のイメージをもてるような場所で説明する。
　　　(ii)見学
　長期間施設で生活した当事者は単に説明を聞いただけでは、地域生活がどのようなものか、自分はどのような居住場所で生活したいかを理解することが難しい。当事者が見学や体験を通して、具体的に地域生活をイメージできるように支援しなければならない。
　　　a. 案内者：誰が案内するか
・当事者が心から信頼し、気持ちを許せる施設職員が案内する。
・地域生活をしたことのある他の当事者が案内する。
　　　b. 見学場所：どこを見学するか
・様々な事業所が運営するグループホーム、アパートなどを見学する機会を提

供する。
・一般就労の場や様々な事業所が運営する日中活動の場を見学する機会を提供する。
・図書館・映画館・劇場・博物館・地域のサークル・セルフアドボカシー団体など様々な余暇／社会活動の場を見学する機会を提供する。
　　　c．見学方法：どのように見学するか
・見学する前に、見学場所がどのようなところかを分かりやすく説明する。
・当事者が関心のある事柄を見学できるようにする。
　例えば居住場所であれば、部屋の大きさ・快適さや家のきまりなどのチェックリストを作り、当事者がそれを見てチェックしながら見学できるようにする。
・見学先の居住場所周辺の地域資源を見学する機会を提供する。
・見学先の居住場所／日中／余暇／社会活動の場にいる他の当事者と地域生活に関して話す機会を提供する。
・見学先の居住場所／日中／余暇／社会活動の場で働く世話人／施設職員と地域生活に関して話す機会を提供する。
・見学後に感想や意見を尋ね、本人がどのような印象や希望をもったかを把握する。
　　(ⅲ)体験
　　　a．体験場所：どこで体験するか
・様々な事業所が運営するグループホーム、アパートなどで宿泊体験する機会を提供する。
・様々な一般就労・日中活動の場を実習体験する機会を提供する。
・様々な余暇／社会活動の場を体験する機会を提供する。
　　　b．体験方法：どのように体験するか
・体験前に、体験先がどのようなところかを説明する。
・体験前に、当事者が体験したい事柄を尋ね、確認する。

・体験先では当事者が関心のある事柄を理解できるように、体験先の当事者あるいは世話人・施設職員が情報を丁寧に説明する。

　例えば、居住場所であれば、宿泊先で生活する人たちのこと、部屋の大きさや家のきまりなどを宿泊先の施設職員・世話人は丁寧に伝える。その際に、移行先の希望に関するチェックリストを作り、当事者がそれを見てチェックしながら体験できるようにする。

・体験先周辺の地域資源を利用する機会を提供する。

　例えば、スーパーでの買い物や交通機関の利用の機会を提供する。

・体験先で生活し、働いている他の当事者と地域生活に関して話し合う機会を提供する。

・体験後に感想や意見を尋ね、本人の印象や希望を把握する。

　　②希望への対応
　　(i)希望の内容：どのような希望に対応するか
　　a. 移行の有無

・他の居住場所に移行したいかどうかをすべての当事者に尋ね、障害程度に関わらずその希望が実現されるように支援する。

　移行を拒絶した当事者がいても、なぜ拒絶したかを当事者に丁寧に尋ね、地域生活のイメージづくりを十分に実施しながら再び移行の有無を尋ねる。

　　b. 私物

・当事者が現在の居住場所で使用している家具などを移行先に持っていけるようにする。

・新しく家具などの私物を購入する場合には、当事者と一緒に買い物に行き、彼らが選べるようにする。

　　c. 移行先

・グループホーム、アパートなどの移行先の希望を尋ね、その希望が実現されるように支援する。

　親族との同居を希望しても、その希望が実現されるように最大限の努力を

する。ただし、その際には、親族に過剰な負担を与えないように、ホームヘルプ・サービスやレスパイト・サービスを利用できるようにする。
・移行先の居住環境に関する希望を尋ね、その希望が実現されるように支援する。
　例えば、静かな環境、駅や職場に近い場所などの希望を実現するために支援する。

　　　　d．共同入居者
・当事者が共同入居者を選べるように支援する。
・同棲・結婚生活を希望する場合は、その希望が実現されるように支援する。

　　　　e．支援者
・移行先のサービス提供事業者や支援者を選べるように支援する。

　　　　f．日中活動・就労
・仕事内容や日中活動・就労の場を選べるように支援する。

　　　　g．余暇／社会活動
・余暇／社会活動の内容や場所を選べるように支援する。

　　　　h．将来の目標や夢
・長期的な将来の目標や夢を尋ね、それらが実現するように支援する。
　例えば、将来結婚して子どもを育てたいという希望があれば、結婚・子育て支援を実現する。

　(ⅱ)希望への対応方法：どのように希望に対応するか
　　　　a．日常的関わりのなかで
・当事者に日常的に関わるときや居住場所／日中／余暇／社会活動の場を見学するときなどに、当事者の希望を尋ねる。
・居住場所／日中／余暇／社会活動の場で体験している際に地域移行の希望を尋ねる。

　　　　b．フォーマル・ミーティングのなかで
・年次ミーティングなどの際に当事者の希望を尋ねる。
・当事者主体の支援計画作成のためのミーティングを実施する。

例えば北米で注目されている当事者主体の支援計画法（Person-centered planning）を使用する。
・親族を含めた三者面談の際に、地域移行に関する希望を尋ねる。
　　　ｃ．当事者の希望を実現するために
・地域移行に関する希望を実現するために、当事者と共に組織内の意思決定機関に積極的に働きかける。
・地域移行に関する希望を尋ねた後、その希望を実現する上で必要な社会資源を新たに開発するために、当事者と共に行政に積極的に働きかける。
　　　③十分な移行準備期間の設定
・十分な時間をかけて地域移行に関して説明する。
・当事者が望むときに／望む時間だけ／望む数の居住・日中・余暇・社会活動の場を見学・体験する機会を提供する。
・実際に引越すまでの期間は当事者の望むだけの時間を設ける。移行は焦らず、当事者の希望するペースで実施しなければならない。
・図２で示したように、地域生活のイメージづくりと希望への対応を繰り返しながら、移行プロセスに関わる自己決定支援は時間をかけて実施する。

　例えば、施設生活で20年間生活した当事者Ａ氏の支援を考えてみよう。Ａ氏に、地域生活する当事者が地域生活に関して説明し（地域生活のイメージづくり）、Ａ氏がグループホームに行ってみたいと施設職員に伝えたとする。施設職員はＡ氏の希望に対応するために（希望への対応）、Ａ氏を見学に連れて行った（地域生活のイメージづくり）。しかし、Ａ氏はスーパーや駅に近いグループホームがいいという希望をもったとする。そこで、Ａ氏を他のグループホームに連れて行き見学をしてもらい（地域生活のイメージづくり）、最終的にＡ氏はそのグループホームへの引越しを決めた（希望に対応した支援）。この例のように、実際には、地域生活のイメージづくりと希望への対応を状況に合わせて柔軟に実施することが重要である。
　　　④当事者主体の地域移行プロセスの構築

・当事者が希望する居住場所への移行が可能な地域移行プロセスを構築する。

　例えば、本調査結果では、施設から直接、グループホームやアパートに移行するケースは全くなかったが、当事者が希望すれば自立訓練ホームや通勤寮を経ることなく、直接グループホームやアパートに移行できる仕組みを創出しなければならない。

・当事者が希望する事業所の居住場所への移行を可能にする。
・地域移行の決定プロセスでは、当事者の自立能力（生活／経済自立能力）を基準にしてはならず、彼らの希望に配慮しなければならない。

　本調査結果では、次の移行先を決める際にステップアップ方式と呼ばれる方法が採用されており、アパートで自立生活をするまでに通勤寮・自立訓練ホーム・グループホームなどの段階を経なければならない状況にあった。当事者の社会適応能力よりも希望を優先し、その希望を実現しうる支援体制を創出しなければならない。

・当事者が地域の住居に移行する前に、施設敷地内外での自立訓練ホームにおける生活訓練を過剰に重視してはならない。
・当事者が長期間、安心して生活できる居住場所に移行しうる仕組みを創出しなければならない。

　本調査結果では、居住場所を何度も引越しをさせられる状況が見出された。このような引越しは当事者に心理的負担を与えるので、長期間安心して生活できる居住場所への移行を可能にしなければならない。

（3）実施条件

　施設職員が個別地域移行支援プログラムを実施するためには、図3で示したように、様々な支援環境を整備しなければならない。すなわち、①組織体制の改革、②他の当事者による協力体制の構築、③親族による協力体制の構築、④社会支援体制の構築である。①と②は組織内部上の条件であり、③と④は組織外部上の条件である。

①組織体制の改革
（ⅰ）施設職員の知識・態度・関わり方の向上

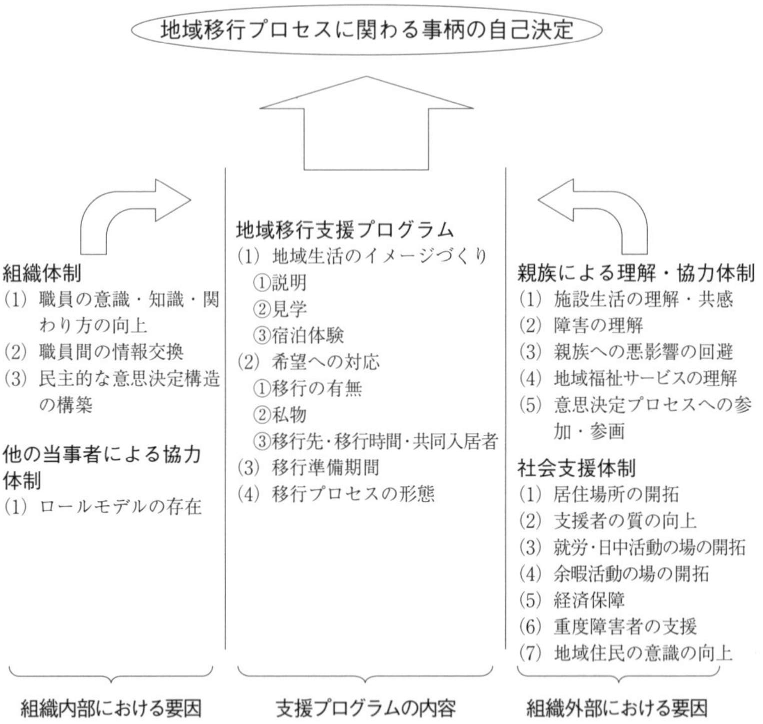

```
                    ┌─────────────────────────────┐
                    │ 地域移行プロセスに関わる事柄の自己決定 │
                    └─────────────────────────────┘
                                   ↑
           ↱                                         ↰
```

地域移行支援プログラム
(1) 地域生活のイメージづくり
　①説明
　②見学
　③宿泊体験
(2) 希望への対応
　①移行の有無
　②私物
　③移行先・移行時間・共同入居者
(3) 移行準備期間
(4) 移行プロセスの形態

組織体制
(1) 職員の意識・知識・関わり方の向上
(2) 職員間の情報交換
(3) 民主的な意思決定構造の構築

他の当事者による協力体制
(1) ロールモデルの存在

親族による理解・協力体制
(1) 施設生活の理解・共感
(2) 障害の理解
(3) 親族への悪影響の回避
(4) 地域福祉サービスの理解
(5) 意思決定プロセスへの参加・参画

社会支援体制
(1) 居住場所の開拓
(2) 支援者の質の向上
(3) 就労・日中活動の場の開拓
(4) 余暇活動の場の開拓
(5) 経済保障
(6) 重度障害者の支援
(7) 地域住民の意識の向上

組織内部における要因　　支援プログラムの内容　　組織外部における要因

図3　個別地域移行支援プログラムの内容とその条件

・施設職員が地域生活に関する意識・知識・情報を獲得するための機会を提供しなければならない。

　例えば、先進的な取り組みを実施する事業所の地域生活支援の様子を見学・体験することを通して、個々の施設職員が地域生活支援のあり方を十分に理解する。

・健常者として多言・早口・難解になり易く、福祉専門家として専門家主義（専門家のみが当事者をよく理解していると思い込むこと）や「福祉的配慮」（当

事者のために最善の取り組みをしていると思い込み、保護的関わり方をすること）によって当事者の判断を誘導する傾向があることを施設職員は常に自覚し、自己批判しなければならない。

　このために、施設職員の当事者への態度や関わり方を向上させるための支援者研修を実施する。例えば、先進的取り組みを実施している諸団体の関係者を招き、学習会や研修会を実施することが求められる。

・施設職員の関わり方を客観的に評価するために、アドボカシー団体や施設福祉サービスを利用する当事者自身が評価するシステムを構築しなければならない。

　　　(ⅱ)情報交換

・支援のあり方が施設職員によって異なることで当事者を混乱させないために、個々の施設職員の多様な関わり方を維持しつつ、施設職員間で絶えず情報交換しなければならない。

　　　(ⅲ)民主的な意思決定構造の構築

・当事者や当事者を良く知る施設職員の意見が反映される意思決定プロセスを構築しなければならない。例えば、苦情処理の仕組みの構築、施設内自治会の強化、理事会・評議会への当事者の参加・参画などの取り組みによって、当事者の希望が最も反映される組織構造を創出しなければならない。

　　②当事者による協力体制の構築

　　　(ⅰ)当事者間の情報交換

・施設内自治会やセルフ・ヘルプ・グループを組織化することによって、地域移行したり、見学・生活体験したりした当事者と、地域生活に関するイメージをもてない当事者が交流し、移行の取り組みの意義や問題・課題について話し合う。

　　③親族による協力体制の構築

　　　(ⅰ)施設生活の理解・共感

・当事者が施設でどのように生活し、どのような苦労・苦悩を抱えているかを

親族に体験してもらう。
　例えば、施設で生活体験をしたり、当事者や施設職員と十分に話し合う機会を提供したりすることが考えられる。
　　　(ⅱ)障害の理解
・支援環境が整備されれば、どんなに障害が重くとも地域生活が可能であることを親族に理解してもらう。
　例えば、先進的な取り組みを実施する事業所の取り組みを見学する機会を提供する。
　　　(ⅲ)親族への悪影響の回避
・親族に介護負担を求めることなく、親亡き後も責任をもって当事者を支援することを十分に保障しなければならない。
　　　(ⅳ)地域福祉サービスの理解
・親族に地域福祉サービスの理念と実態を理解してもらう。
　例えば、ノーマライゼーションに関する学習会を実施したり、グループホームやアパートの様子を見学してもらったり、グループホームやアパートに移行した人の親族に彼らの経験を話してもらったりすることが求められる。
　　　(ⅴ)親族の意思決定プロセスへの参加・参画
・移行の計画から実行まで、親族に十分に情報を提供し、彼らにも意思決定プロセスに参加・参画してもらう。
　　　④社会支援体制の構築
　障害者福祉サービスを施設福祉サービスではなく地域福祉サービスを中心としたものに変革するためには、施設福祉偏重の予算構造から地域福祉中心の予算構造に変革させ、当事者の地域生活を支える社会資源を早急に整備しなければならない。
　　　(ⅰ)居住場所の開拓
・行政や他の事業所と協力しながら、グループホーム、アパートなどの居住場所を十分開拓しなければならない。

(ii)支援者の質の向上
・当事者の自己決定を尊重できる支援者を養成するだけでなく、医療ニーズや行動障害に対応することが可能な世話人・職員を養成しなければならない。
・ホームヘルプ制度を充実させるなどして、当事者に個別に対応できる仕組みを創出しなければならない。
　　　(iii)就労・日中活動の場の開拓
・行政や他の事業所に働きかけながら、様々な就労・日中活動の場を開拓しなければならない。
　　　(iv)余暇／社会活動の場の開拓
・行政、他の事業所や地域住民に働きかけながら、様々な余暇／社会活動の場を開拓しなければならない。
　その際、地域のサークルへの参加など一般住民との交流が可能な余暇／社会活動の場を増やすことが重要である。
　　　(v)経済保障
・行政に働きかけることによって、当事者が安心して地域生活できる経済保障の仕組みを構築しなければならない。
　例えば、重度の障害があり、一般就労が困難な当事者の地域生活を支えるために、所得保障制度や家賃補助制度あるいは公営住宅への優先入居などの居宅支援事業を実施する。
　　　(vi)重度障害者の支援体制の構築
・どんなに重い行動上の障害、医療ニーズがあっても、地域生活を可能にする仕組みを構築しなければならない。
　本調査結果では、施設職員から医療ニーズや行動障害がある人には施設は必要だという回答が出された。日本の地域移行を先駆的に実施する他施設でも、多くの職員は同様の意見をもっているのが現状である。障害の重さによって、施設生活の継続が正当化される現状を変革しなければならない。障害の程度に関わらず、誰もが地域生活を送れるように、地域生活が困難に

なっても、新たな居住場所を施設ではなく地域社会で探し出せるような仕組みを構築しなければならない。

(vii)地域住民の意識の向上

・地域住民を対象とした教育活動を実施しなければならない。

　地域住民が当事者を単に消費者としてだけでなく、人間として受容できる人間観・社会観をもてるような、様々な取り組みが求められる。

・地域社会の資源を利用しながら、インフォーマル・サポートのネットワークを構築しなければならない。

　当事者が生活面だけでなく、人間関係や余暇・社会活動を充実させるために、彼らが地域住民と関わる機会を増やし、インフォーマルな支援ネットワークを質的にも量的にも充実させる。

　　おわりに

　以上、調査結果に基づいて、地域移行プロセスにおいて当事者による自己決定の機会を施設職員が十分に提供するための個別地域移行支援プログラムの（1）原理・原則、（2）内容、（3）実施条件を明らかにした。

　原理・原則は、①地域移行支援プログラムを当事者一人ひとりに応じて作成・実行し、②地域移行プロセスに関わるすべての事柄に関して当事者が自己決定する機会を提供し、③当事者に心理的負担を与えず彼らが安心して地域移行できるように支援し、④当事者の親族の意向に配慮しなければならない、ということである。

　内容としてはまず、地域生活のイメージづくり、すなわち当事者への説明（①説明する人、②説明方法、③説明内容、④説明場所）、見学の機会の提供（①案内する人、②見学場所、③見学方法）、体験の機会の提供（①体験の場所、②体験の方法）が十分になされなければならない。次に、希望への対応、すなわち当事者の具体的な希望への対応（①移行の有無、②私物、③移行先、④共同入居者、⑤支援者、⑥将来の目標・夢）、希望への対応方法（①日常

的な関わりでの対応、②フォーマル・ミーティングでの対応）が十分になされなければならない。さらに、十分な移行準備期間を設けなければならない。最後に、当事者主体の地域移行プロセスが構築されなければならない。

　実施条件としてはまず、組織体制のあり方を改革しなければならない。すなわち、①施設職員の知識・態度・関わり方の向上、②施設職員間の情報交換、③民主的な意思決定構造の構築のための方策が求められる。次に、他の当事者による協力体制を構築しなければならない。すなわち、地域移行した当事者と施設生活する当事者による情報交換が求められる。さらに、親族による協力体制を構築しなければならない。すなわち、親族の①施設生活の理解・共感、②障害の理解、③悪影響の回避、④地域福祉サービスの理解、⑤意思決定プロセスへの参加・参画のための方策が求められる。最後に、社会支援体制が十分に整備されなければならない。すなわち、①居住場所の開拓、②支援者の質の向上、③就労・日中活動の場の開拓、④余暇／社会活動の場の開拓、⑤経済保障、⑥重度障害者の支援体制の構築、⑦地域住民の意識の向上のための方策が求められる。

　当マニュアルは支援の際に必要な一定の方向性を示したものであり、具体的な支援内容を示したものではない。施設職員はマニュアルで示された方向性を意識しながら、支援の場において各当事者に応じて柔軟に対応しなければならない。このために、当事者が100名いれば、100の個別地域移行支援プログラムが作成され実行されることは当然である。また、当マニュアルは研究者間で議論をしてまとめたものである。マニュアルに記された支援内容が当事者の望むものかどうかを検証する作業が求められる。例えば、セルフアドボカシー団体のメンバーや地域移行を経験した当事者と議論しながら、検証作業をすることが重要であろう。さらに、当マニュアルは施設職員用であるが、当事者用のマニュアルを作成することが求められる。　　　（鈴木　良）

注
1) 移行の際に生じる葛藤や不安、行動上の問題などを意味する。これは、移行期外傷（transfer trauma）と呼ばれたり、移行期ショック（transition shock）とも呼ばれたりしている（Coffman, et. al., 1980）。
2) 木下（2003：131-137）は、研究テーマを絞り込むために、データ収集後にデータ分析を始めるなかで分析テーマを最終的に設定・確定することが重要だと指摘する。

参考文献

河東田博（2003）『知的障害者の入所施設から地域の住まいへの移行に関する研究』平成12年度～14年度科学研究費補助金研究成果報告書。

木下康仁（2003）『グランデッド・セオリー・アプローチの実践』弘文堂。

Abery, B., and Stancliffe, R.(2003). A Tripartite-Ecological Theory of Self-Determination, Wehmeyer, M.L., Abery, B., Mithaug, D.E., Stancliffe, R.J. Eds. Theory in Self-Determination: Foundations for Educational Practice, Charles C Thomas Publisher, LTD, 43-78.

Coffman, T.L. and Harris, Jr. M.C., (1980). Transition Shock and Adjustment of Mentally Retarded Persons, Mental Retardation, 3-7.

Lofland, J. and Lofland, L., (1995). Analyzing social setting.（新藤雄三・宝月誠訳（1997）『社会状況の分析 —— 質的観察と分析の方法』恒星社厚生閣。）

Weinstock, A., Wulkan, O., and Colon, C.J., et al., (1979). Stress inoculation and interinstitutional transfer of mentally retarded individuals, American Journal of Mental Deficiency, 83, 385-390.

第6章　障害者の地域移行と権利擁護
——アメリカとスウェーデンの事例をもとに——

竹端　寛

はじめに

　本章の目的は、アメリカとスウェーデンにおける障害者の地域移行の課題を権利擁護の側面から検討し、そこから出てきたいくつかの論点で、日本の地域移行における権利擁護上の課題を整理することである。

　第1節では地域移行と権利擁護の関係を整理した後、第2節でアメリカ、第3節でスウェーデンにおける地域移行の実情と課題を報告する。その後、第4節では2国の事例を権利擁護の二つの側面で整理し、そこから抽出された四つの論点をもとに、第5節では日本の地域移行政策と権利擁護の実情と課題を整理していく。

第1節　地域移行と権利擁護

　障害者の地域自立生活支援に詳しい北野誠一は、権利擁護を「権利に関わる法的・政治的な諸問題に関して、個人や仲間がエンパワメントする（支援を活かして、自分で選んだ、自分らしく生きる力を高める）ことを支援する一定の方法や手続きに基づく活動」（北野、2002a：20）と定義している。その上で、さまざまな人権侵害に対する権利擁護として、「権利救済」と「権利形成・獲得」という二種類の戦略を挙げている。前者は「その権利を規定する法が存在し、その法の現在の運用や解釈等を活用することによって、その権利を一定擁護することが可能である場合に行う」（北野、2002a：22）権利擁護戦略であり、後者は「その権利を規定する法が未整備あるいは不十分で、

現行法及びその現在の運用や解釈では権利を擁護することが困難な場合に行う」（北野、2002a：23）権利擁護戦略である、と規定している。

　また秋元美世は権利擁護を次の三つの側面から整理している。第一が、具体的に発生した権利侵害や財産権侵害から、知的障害者や認知症高齢者などの判断能力の十分でない者の権利を救済・保護する活動の側面（事後救済）である。第二は、権利侵害が起きないように法的な予防措置を行い、当然受けられるべき福祉サービスを受けられるように援助する側面（事前予防）である。そして、第三に、セルフアドボカシー[1]のように、利用者が自己決定していく力を身につけていくのを援助する活動の側面である。その上で、日本では基本的に第一と第二の側面の活動が中心であり、第三の活動を今後どう展開させていくか、がきわめて重要である、と整理している（秋元、2004:28）

　この両者の整理を見ると、「権利救済」戦略と具体的に発生した権利侵害に対する「事後救済」的側面が、また「権利形成・獲得」戦略と権利侵害が起きないように法的な「事前予防」的側面が、大枠で一致しているといえる。

　さて、本章は障害者の地域移行と権利擁護について論じるものである。私たちの研究班では地域移行を、単に入所施設・病院から地域の住まいに物理的に移行することと捉えてはいない。障害のある人（当事者）をグループではなく個々の生活主体者として尊重・尊敬していく視点をもった支援を地域で展開していくことが、地域移行において必須であると考えている。そのためには、地域移行時にこれまで障害者が奪われていた生活主体者としての様々な権利が「救済」されるとともに、今後、権利侵害が起きないような生活主体者としての障害者の「権利形成・獲得」に向けた取り組みが求められているといえよう。

　だが、地域移行が政策展開され始めて日が浅いわが国において、この政策を権利擁護の視点に基づいて分析・検討される試みはあまりなされていない。日本でも「真に必要な入所に限る」「脱施設宣言」「7万2千人の社会的入院

患者の退院促進」などのスローガンが掲げられ、自立支援法では数値目標も掲げられるようになった。そんな今、病院や入所施設からの地域移行をわが国より率先して進めている諸外国の実例から、その権利擁護上の課題について検討することは、今後の我が国の法制度の整備や制度・施策的展開を進めていく上で大変重要な課題である、といえるだろう。そこで本章では、地域移行に関する権利擁護上の課題を主に法律と制度的側面から考察するために、アメリカやスウェーデンの例を「権利救済」と「権利形成・獲得」の観点から分析することとする。

　アメリカは、障害をもつアメリカ人法（Americans with Disability Act: ADA）の下、不必要な入所施設・病院への長期在所（院）を「ＡＤＡ法違反だ」とするオルムステッド裁判の判決が下された。この判決に基づいて、地域移行と地域自立生活支援の促進が各地で加速している。ただ、一口にアメリカといっても各州で法律や政策実践の内容がかなり違うため、本章では筆者が現地調査を行ったカリフォルニア州における障害者の地域移行と権利擁護の問題に焦点を当てる。

　一方スウェーデンでは、障害者の権利は「一定の機能的な障害のある人々に対する援助とサービスに関する法律」（LSS）という法制度の下で大きく保障され、障害のない人と障害のある人が同等の暮らしができるよう、様々な地域サービスが展開されている。ただ、そのスウェーデンにおいても、余暇・文化活動の面では、サービス保障の義務があるか、あるいは行政裁量の余地の範囲内か、で議論が分かれている。この点は竹端（2004）をもとに考察したい。

　これらの2国の実情と課題を整理した後、日本で地域移行を進める上で、権利擁護の観点から、「権利救済」「権利形成・獲得」戦略に関連したどのような問題点があるか、を明らかにする。

第2節　裁判と監視で勝ち取るアメリカ

1．ADAという差別禁止法

　アメリカでは黒人解放運動が1960年代に公民権法として結実するなかで、「機会の平等」を保障する動きが高まっていった。1970年代にはこの考えが女性解放運動や障害者運動のなかでも芽生えるようになり、自立生活（Independent Living）運動へと導かれていくことになる。この障害者運動に呼応する形で、1973年には連邦機関や連邦からの補助金を受けているすべての機関で「障害がある」という理由のみに基づく差別を禁止したリハビリテーション法504条が成立する。そして、この差別禁止の考えを民間企業にも拡大させたのが1990年の障害をもつアメリカ人法（ADA）である。

　この法律は障害を「主たる生活活動を著しく制限する身体的・精神的機能障害」ととらえた上で、障害を理由にした差別を包括的に禁止し、法的な強制力ももつ法律として画期的なものである。このADAの特徴は、①雇用、②公共サービスや公共交通機関、③ホテルやレストランなど不特定多数の市民が利用する建築物、④聴覚障害者や視覚障害者などの電気通信（コミュニケーション）機器の4分野での差別禁止規定を設けている点である。これらの具体的な差別禁止規定と共に、差別の発生時の行政の施行責任や罰則規定なども明確にしており、機会平等の理念を社会全体に浸透させた法律とも言われている。この法律によって、アメリカでは経済的自立や身体能力の自立については支援を受けながら、「自己決定」の自立を勝ち取り、地域で自分らしく暮らしていくための法的基盤が整備されたといえる。

　また、この法律はオーストラリアやイギリスなど世界40カ国以上で制定された機会均等法（差別禁止法）や1993年の国連総会で採択された「障害者の機会均等化に関する基準規則」、2006年12月に国連総会で採択された「障害者の権利条約」に大きな影響を与えていった。

2. 地域移行を監視する権利擁護機関

　アメリカの障害者が、自分自身の権利を侵されていると感じたとき、あるいは自ら受ける支援への不満や疑問を抱いたとき、現状ではどういうサポートが受けられるのだろうか。こういった問題に対して一番頼りになるのが、各州に設置が義務づけられた公的権利保護・擁護機関（Protection and Advocacy：以下、P＆Aと略）である。

　このP＆Aは「発達障害者支援及び権利法」（PADD）、「精神障害者権利保護・擁護法」（PAIMI）、「個人の権利保護・擁護法」（PAIR）などの連邦法や、支援技術や就労、投票等における障害者の権利保護・擁護に関する各種連邦法プログラムに基づいている。主に知的障害者や精神障害者に対するアドボカシーを行っている。

　カリフォルニア州のP＆Aは、Protection and Advocacy, Incorporated（以下、PAIと略）というNPO団体が担っている。このPAIの本部は州都サクラメントにあり、オークランドとロサンジェルス、サンディエゴにそれぞれ支部がある。2004年度では年間予算が1,682万ドル（内1,600万ドルは政府からの補助・委託）であり、40人以上の弁護士、サービス利用者権利擁護官や入院患者権利擁護官、セルフアドボカシー支援者や事務スタッフなど計200人以上のスタッフを抱える一大組織である。表1は2004年度の年間報告から、その概要を整理したものである。ここからは、PAIが障害者の様々な権利の保護・擁護のために、実に多彩な活動を展開していることがわかる（PAI, 2005）。

　特にこのカリフォルニア州のPAIは、障害者の入所施設からの地域移行する権利を擁護するための取り組みを積極的に繰り広げている（竹端、2006a：2006b）。その際の大きな根拠となるのが、オルムステッド判決である。

表1　ＰＡＩの2004年度活動概要（抜粋）

児童・青年部門	サービスを受けるための支援を受けた人…6283人
	特別教育の権利に関しての情報提供を受けた人…2774人
精神障害者のピア・セルフアドボカシー部門	ピア・アドボカシーの集まりに参加した人…4752人
	活動したセルフアドボカシープロジェクト…12グループ
扶助金部門	扶助金を獲得するために相談を受けた人…2507人
	扶助金に関するトレーニングの成果があった人…441人
調査部門	隔離拘束による死亡や深刻な傷害の報告数…4件
入院患者の権利擁護部門	支援を受けた州立病院患者…2256人
	対応した州立病院患者の苦情…6316件
地域サービス利用者の権利擁護部門	支援を受けた利用者…8272人
	トレーニングを通じて自身の権利について学んだ人…161210人
住宅部門	住宅問題に関して支援を受けた人…1066人
	居住の権利に関してトレーニングを受けた人…158人
施設での権利保護部門	施設における自身の権利を強化する支援を受けた人…7814人
後見人部門	後見人に関する支援を受けた人…325人
雇用部門	雇用の権利に関してのトレーニングを受けた人…86人
選挙部門	投票権や投票の大切さについてトレーニングを受けた人…600人
立法・公的政策部門	PAIスタッフが再調査した障害者関連の法案…1220本
出版部門	新規作成、改訂、情報追加した出版物…42冊
	出版物の発行総部数…56582冊
裁判部門	取り組んだ主な裁判…8件
	裁判の恩恵を受ける可能性のある人…147800人

3．オルムステッド判決のもたらした二つの結果

　1999年、連邦最高裁判所は、不必要な施設入所をＡＤＡ法違反とした、地域移行に重要な判決が下された。それが、オルムステッド判決である。この判決については、北野（2000）の解説が詳しい。

　「この裁判は、知的障害と精神障害を併せもつ障害者（L.C.）が、地域生活が可能であり、障害当事者もそれを求めているのに、障害当事者を不当に収容しつづけているとして、アトランタのジョージア州立病院を、ＡＤＡ違反で訴えたものである。連邦最高裁の判決は、『もっとも統合された環境（the most integrated setting）で、障害当事者が利用するプログラムを

提供しなければならない』としたＡＤＡの施行規則（28CFR　§35. 130d）に基づいて、『精神障害のない人は、そのような犠牲を払う必要がないのに、精神障害のある人は、必要な治療を受けるという理由で、合理的配慮によって十分に楽しむことのできる地域生活への参加を諦めねばならない』。『不必要な施設入所は、親・家族との関係、社会との関係、労働関係、さらなる教育、豊かな文化的楽しみといった日常生活の諸活動から障害者を切り離してしまうがゆえに、それは障害者に対する差別とみなされる』と述べている。

　ここで問題となるのは、『不必要な施設入所とは何か』である。最高裁は、『地域生活が可能で、そこから利益を得ることができる人でかつ、障害当事者が地域生活に反対しない人に対する施設入所』が『不必要な施設入所』であり、ＡＤＡ上の差別であると述べている。

　（中略）

　この判決のなかで、脱施設化を進める人たちが特に注目しているのが次の部分である。『たとえば、もし、州が資格を有する障害者がより制限の少ない環境（less restrictive　settings）に移行するにあたって、包括的で効果的な実行計画を示し、その実行計画が州の施設の定数を満たそうとする試みに縛られることなく、施設から地域で生活する人が、合理的なペースで地域に移行する待機リストを示すことができれば、それはＡＤＡによるところの合理的な配慮の基準を満たしているものと見なされる。……そのような状況においては、裁判所は裁判に訴えた者がいるからといって、その者を地域移行計画でより優先順位の高い者と取り替えることを保障することはできないであろう』

　訴訟の国アメリカにおいて、この勝訴によって各州で裁判に訴える障害者が現れる可能性が高いために、州はこぞってこの『包括的で効果的な地域へ移行する実行計画』に取りかかるものとみなされている。アメリカの運動団体がそこに目をつけるのも当然だといえよう」（北野、2000：51-52）

裁判から1年後に北野が分析した「この勝訴によって各州で裁判に訴える障害者が現れる可能性が高い」「州はこぞってこの『包括的で効果的な地域へ移行する実行計画』に取りかかるものとみなされている」という予想は、まさに現実のものとなった。

　前者に関しては、この判決に関連した不服が各州の機関に計627件寄せられたり、また、この判決と同様・あるいは類似した裁判が140件以上起こされていたりしている。後者に関しても、全米の半数の州では「包括的で効果的な地域へ移行する実行計画」であるオルムステッドプランと呼ばれる入所施設・精神病院からの地域移行プランを作成している（Kitchener, et. al., 2005）。そしてカリフォルニア州においては、この「障害者の裁判」と州の「実行計画」の両方に、先述の権利擁護機関が深く関わっているのだ。

4. 裁判と州立計画作成へのPAIの関与

　2004年、オルムステッド判決に沿った判決として大きな注目を集めたカリフォルニア州のデイビス裁判が決着した。この裁判ではラグーナホンダ病院に住む10人の入院患者が、地域で暮らす権利を求め、2000年に州立裁判所に裁判を起こしたのだ。このラグーナホンダ病院は1,200床からなる市立病院で、重度障害者や高齢者の療養病棟として使われていた。ここでは介助やリハビリが不十分であり、患者の放置や虐待など様々な事件がある、と連邦司法省からもたびたび指摘されていた（U.S. Department of Justice, 1998）。また、サンフランシスコ市も同病院に住んでいる人々に対して十分な地域移行計画を示していなかった。

　判決のなかでサンフランシスコ市に対して、この病院に住んでいる患者や将来住む可能性のある人々への、地域での支援やサービスを受ける選択を認めるアセスメントや退院支援計画を開発することが命じられた。この判決を受けて同市はすぐに原告患者たちに対して新たな移行計画を作成し、退院

後も継続的な支援を行うこととなった（The Bazelon Center for Mental Health Law, 2004）。

　この裁判は10人の原告患者をいくつかの権利擁護機関が支援して争われたが、主任弁護人はＰＡＩに所属する弁護士だった。筆者らのインタビューによると、その裁判の際には先述のオルムステッド裁判の結果が活用され、またこのデイビス裁判の結果はカリフォルニア州の地域移行に大きな役割を果たした、という。これはカリフォルニア州におけるオルムステッドプランの実施状況をみてもわかる。

　州の「実行計画」に関してカリフォルニア州では、2003年に、オルムステッド裁判の結果を受けて州独自の「包括的で効果的な地域へ移行する実行計画」であるカリフォルニア・オルムステッドプランを発表した。この計画は、「オルムステッドプランを求めるカリフォルニア人の連合体」（ＣＯＣＯ）のアドボカシー活動の結果であるところが大きい。このＣＯＣＯは、99年のオルムステッド判決以後も何の動きも見せないカリフォルニア州政府に対して、ＰＡＩやいくつかの権利擁護団体が中心となって結成されたアドボカシー団体であり、彼らの3年間にわたる粘り強い活動によって、ようやく州の計画が作成されたのだ（Coalition of Californians for Olmstead, 2004）。

　この州の計画においては、アグニューズ知的障害者入所施設の閉鎖や、年収100万ドル以上の人に所得税をもう1％追加徴収し、精神障害者への地域ケアや住宅確保への特定財源とした精神保健サービス法（ＭＨＳＡ）の制定（Scheffler and Adams, 2005）、知的障害者の地域支援センターにおける自律的サービスの実施、などが実際に展開されている。

　つまりここからは、差別禁止法であるＡＤＡやそれに基づくオルムステッド判決を権利擁護機関が最大限に活用し、一方で障害者の地域で暮らす権利を裁判で勝ち取る運動を展開し、他方では州がつくる「包括的で効果的な地域へ移行する実行計画」作成への関与を続けていることがみてとれた。この両側面の実施によって、カリフォルニアでは権利擁護団体が、障害者の地域

移行を進める上で大きな役割を果たしている、とまとめることができるだろう。

5. アメリカの地域移行と権利擁護——その課題

では、そんなアメリカにおいて、地域移行後の障害者の権利擁護に関してどのような課題が残されているのだろうか。その一端が、2004年の夏に行われた「障害のある人への施策を人権に焦点をあてた日米NGOの交流討論ミーティング」[2]というセミナーにおいて、展開されていた。以下ではそこで出た課題を紹介したい。

アメリカ連邦政府法務省人権局障害人権課チーフのジョン・L・ウォダッチ（John L. Wodatch）氏はＡＤＡを、公民権運動の流れの延長線上で「パラダイムシフト」と位置づけた上で、慈善（charity）の対象としての福祉法から、差別禁止を謳った公民権法への変化である、と語った。その一方、最高裁のオルムステッド裁判で不適切な施設収容を禁じる判決は出ているものの、地域生活のための財源（funding）と住宅（housing）が決定的に不足しているために脱施設は難しい、という実情を語った。

またある障害当事者はナーシングホームの実情について、次のように語っていた。

「ナーシングホームにおける虐待はひどい。栄養失調や放置などが甚だしくみられている。親・家族もその実態を把握している。ナーシングホームの目的は障害者の保護だが、障害者の多くがナーシングホームに入れられていて、そのような扱いを受けている」

さらに、世界精神医療ユーザー・サバイバーネットワークの代表者の一人であるティナ・ミンコビッツ（Tina Minkowitz）氏は、ナーシングホームを出て地域でのサポート住宅で暮らしている障害者の実情に関して、次のように話した。

「障害は貧困と密接な関係をもってアメリカでは存在している。生活保護、社会保障という障害に関する受給を受けていても、自分自身でアパートを借りて暮らすことはできない。ほとんどの人にとって、精神病をもっていることは、もしくは精神病の施設で様々な介入を受けたら、ほとんど他の選択肢がなく、サポート住宅に入るか、隔離されるか、施設に入るしかない。そして、サポート住宅においても、障害者への虐待は実際に起こっている。

オルムステッドの最高裁判決は障害のある活動家にとって、隔離から脱却するために、重要な判決と捉えられている。だが、オルムステッドの判決にもこのような文言が入っている。『不必要な施設収容が差別』。この判決文のなかで『不必要』が重要。州政府の専門家が、『ある人の施設収容は必要』と判断すれば、入所決定をすることができる」

つまりADAやオルムステッド裁判の結果、地域移行を促進する「オルムステッドプラン」が多くの州で作られ始めたが、未だに多くの州で「地域生活のための財源と住宅」が不足しており、またオルムステッド判決に関しても「施設収容は必要」と専門家が認めたら地域移行は阻害されるおそれがある……こういった課題が残されているといえよう。

第3節　ノーマライゼーションを保障するスウェーデン

1. スウェーデンにおける地域移行

ヨーロッパにおける障害者ケアについての比較調査を行った論文によれば、スウェーデン、デンマーク、ノルウェーの3カ国の障害者入所施設の数はゼロである（European Coalition for Community Living, 2003）。スウェーデンにおいては、1997年11月1日に施行された「特別病院・入所施設解体法」の第1条では、知的障害者のケアを目的とする特殊隔離病院は1997年12月31日までに、

知的障害者のケアを目的とする入所施設は1999年12月31日までに解体されなければならない、と規定されている（二文字、2002）。筆者が調査に訪れたイエテボリ市でも最後までスティシュー地区に入所施設が残っていたが、ここも2003年には完全に解体され、現在グループホームとして地域に点在している。つまり、地域移行は実態としても完了したといえよう。

そんなスウェーデンにおいても、法律が障害者の地域移行と権利擁護に関連して果たした役割が大きい。だが、その実情をみてみると、アメリカとはかなり違う形での役割であるといえる。

そこで以下では、ＬＳＳという法律が障害者の地域生活の権利保障にどう役立っているのかを整理した後、地域移行後のスウェーデンの障害者の権利擁護において最大の問題となっている「余暇や文化活動の支援」問題をみてみたい。

2. ＬＳＳにおける障害者の権利保障

1994年1月1日から施行された「一定の機能的な障害のある人々に対する援助とサービスに関する法律」（ＬＳＳ）は、「精神発達遅滞者等特別援護法」を母体として成立した法律である。この法律は、障害者を含むすべての社会サービスを必要とする市民のための包括的法律である「社会サービス法」と、医療分野での包括的法律である「保健医療ケア法」の補足法として制定された。〔なお本文中で用いるＬＳＳの条文については、すべて河東田（1996）に基づいている〕。

この法律の特徴は、ＬＳＳ第9条第1項に記載された「特別な援助とサービス」については、国や自治体に援助する責務を明記していることだ。

1. 重度で恒久的な機能障害のある人々の諸問題や生活条件に関して特別な知識を必要とする際の助言や人的援助
2. パーソナルアシスタントによる援助、または、同様の援助を受けるため

に必要、適性な経費で、アシスタンス補助法によりアシスタンス補助費が給付されない部分への経済的援助

3. ガイドヘルプサービス
4. コンタクトパーソンによる援助
5. 家庭におけるレスパイトサービス
6. 家庭外におけるショートステイ
7. 12歳以上の学童を対象とした放課後や休暇中の家庭外における短期学童保育
8. 両親と住む家以外での居住を必要とする児童・青少年を対象としたファミリーホーム（養育家庭）や特別サービス住宅での居住
9. 成人用特別サービス住宅または成人用にその他の特別な対応がしてある住居
10. 就労可能な年齢にある人々で、職業をもたずに学業にもついていない人々のための日中活動

この10のサービスのうち、一つめの「相談と助言」については県が、残りの2〜10の具体的援助とサービスについては市が、責任を分担して担当することとなる（LSS第2条）。LSSの特徴としては、当事者にとっては強力な「権利」法、行政にとっては強力な「義務」法として機能していることが挙げられる（河東田、2002）。

3. LSS第9条第1項の「威力」

先述のLSS第9条第1項に基づいて、障害者の生活はかなりの程度、保障されている。例えば住宅供給の実際としては、LSSに基づき、市自治体は独自のグループホームをつくったり、あるいは集合住宅の中の一部を借り上げてグループホーム形式にしたりなどしている。そのほかにも、障害者が普通のアパートで暮らす場合には家賃補助などを行っている。この住宅支援政策によって、多くの知的障害者は地域のアパートでの自立生活が営めてい

る。だが、筆者が調査したイエテボリ市では全市的に障害者に限らず住宅供給難状態が続いており、障害者向けの住宅を特別に用意することや、ましてやグループホームを建設するのは、かなり厳しい状態である。そのため、筆者が聞きとりをしたある地区の行政担当者の一人は、住宅供給の問題について、このような具体例を教えてくれた。

「住居の支給決定に関しては、決定してから3カ月以内に支給ができないことが明らかな場合、支給拒否決定をする。それは市からも言われている。そして、障害者自身が裁判所に不服申請をするのを助けることもある。裁判所はたいていの場合、障害者側の主張を認め、サービス支給をしない場合には罰金を科す、という判決を下す。その場合、最終決定権を握っている政治家は罰金を払いたくないが故に、住宅支給についての優先順位を上げる。回りくどいやり方だが、政治家を納得させて住宅供給を実現するためには、こういう方法を採ることもある」

LSS第27条で定められた上訴権を用いてLSS第9条第1項の履行を求める裁判を起こした場合、裁判所は障害者側の主張を認める確率が高い。その場合、行政側は3カ月以内に対応しなければ、最高で50万クローナ（日本円で約900万円）の罰金を払わなければならない、というルールがあり、これが現場でのサービス提供に実際に活かされているのだ。

このLSS第9条第1項の権利性の高さ（自治体にとっては拘束力の強さ）のお陰で、そのほかにも第9条第1項10に定められた「日中活動」の保障に関しても、81％もの知的障害者が何らかのデイ活動に参加している、という。またLSS第9条第1項の2で定められた、「パーソナルアシスタント」（機能障害者自身が雇用主となって、納得できる介助者に、自分のニーズに合った時間で自分にあったサービスを提供してもらえるサービス）を利用する人は、1万人（人口の0.1％……日本の人口換算で約14万人分）を超えるという。

このように、障害者への住居提供や日中活動、パーソナルアシスタントなどを法的義務として保障することは、どんなに重い障害がある人でも地域移行ができるという施設解体の政策的裏付けの役割を果たしている。また、ＬＳＳ第９条第１項で定められたサービスが提供されない場合、上訴すれば障害者が勝てるという面で、障害者の権利擁護にこのＬＳＳという法律は大きく役立っている。

4. 余暇や文化活動についての課題
（1）保障すべきことと「してあげたいこと」

　ＬＳＳ第９条第１項は、主に障害者の生存権を守るためのサービス提供を国や自治体に義務づけたサービス項目である。一方、余暇と文化活動支援に関しては、スウェーデン国内でも大きな争点となっている。筆者が聞き取りを行ったイエテボリ市の障害者部門の行政側責任者は、余暇と文化活動に関して、次のように述べた。

　「余暇や文化活動の支援は『義務』になってくるか、『してあげたい』とすることなのか、が問題になってきます。市自治体の『義務』としては、すぐれた住宅を提供する、デイ活動を提供する、その人たちの身体的日常ケアをする、これらのことは義務ですから、どうしても最優先で力を入れざるを得ません。そして、その次の問題、文化と余暇的活動の問題は、変えたいと思っても、お金が足りない場合どこを削るか、というとここを削ることになってしまいます。それが今、財政的に苦しいから、どうしてもこの部分にふんだんにお金を出すことができないのが実情です」

　この発言からわかるのは、文化と余暇的活動の支援は、「義務」ではなく、「してあげたい」と思ってやっている、裁量的な部分というとらえ方である。ＬＳＳ第９条第１項に書かれている 10 の具体的サービスについては、「義

務」としてとり組むが、そこに書かれていない余暇活動や文化活動の支援については、予算とのかねあいで削減せざるをえないケースも出てくる、というのだ。

　ただ、実はこの解釈は微妙である。というのもＬＳＳ第９条第３項には次のように明記されている。「青少年用特別サービス住宅や成人用特別サービス住宅という具体策には、余暇活動や文化活動も含まれている」という文言があるからだ。そこで、この解釈を巡って、実際に裁判が行われている。それはイエテボリ市の障害当事者組織「グルンデン」のメンバーが、オーストラリアで開かれた当事者組織の国際会議に出かける際にパーソナルアシスタントを求めたが、支給決定に携わる市の査定員によって支給を拒否され、裁判で争った、という出来事である。

　(2) 異なる見解

この件について、先述の市行政責任者は次のように答えている。

　「二人のグルンデンの活動家がいて、年に２回、海外への会議に行くことになりました。そして、そのうちの一人はパーソナルアシスタントはＯＫになり、もう一人の人はパーソナルアシスタントがＯＫにならなかった。二人とも同じ仕事をして、同じ障害者であったにもかかわらず。

　でも、その場合、一言でその人の住んでいる区の担当官の差別的対応だ、とは言えない。一人の人の生活全体を見たとき、オーストラリアの会議に行くことがこの人の人生全体の中でどれほど重要か？　例えば、他に何もない、ということであれば、この人にとってパーソナルアシスタントを付けてオーストラリアに行くことは、人生の中で重要な意味のあることだ。ところが一方、もう一人の人は、オーストラリアに行くこと以外にも、たくさんの会議などにも出かけている。そうすると、この会議に行くことの重要性、というのが落ちてくる。そういうふうにして判断するので、その

人の普通の生活状況、どういう生活をしているか、どういう生き方をしているか、を相対的に見ていくのであって、ＬＳＳも社会サービス法も自分が希望したらパッとサービスが通る法律ではない。そうではなくて、査定をされるわけです。何が妥当であるかを査定する場合、その人の生活全体、ネットワークとか何ができるとか、そういった生活全体を見て、査定していきます」

これに対してグルンデン支援者アンデシュ・ベリストロームは次のように反論している。

「ＬＳＳそれ自体は、確かにいいものである。しかし、あくまでも字面であって、実際の運用となると話は別。ＬＳＳを適用する際には行政の査定員がその運用に関して判断を行うが、それがなかなか当事者のニーズとそぐわない場合もある。そして不服の場合は裁判所に持ち込めるが、この裁判所の判断も大半が政府側の味方をする。たとえば、グルンデンでは国際会議に当事者が出かける。これはふつうの人が国際会議に出かけるのと同じように出かける。もちろん査定員や裁判所の代表が出かけるのと同じように。でも、査定員や裁判所の人々は、知的障害のある当事者に役割（function）がある、と思っていない。だがグルンデンの当事者には役割がきちんとある。それが理解されていない。そして、グルンデンの当事者が会議に出かける際には、支援者が同行する必要があるので、二人分の旅費が必要とされる。でもその費用が捻出されない。そこで裁判所に訴えても、査定員側の肩をもつ場合が多い。だから、グルンデンの当事者は、ＬＳＳの運用者に対して大変不満を抱いている。そして、もっと実体の伴った法律がほしい、と訴えているのだ」

(3) 仕事か余暇活動か

先述の市担当責任者は次のようにも語っている。

「デイセンターがしていることの中には、私たちが趣味の活動として夜や週末にしていることを昼間しているのがたくさんある、と思います。例えば、ドラマとか音楽とか水泳とか。そういうところでの活動は、昼間に行われてはいるけれど、まったく文化とか余暇的活動が行われていないわけではない、と認識しています」

　これは、裏を返せば、デイセンターで行われていることは、「文化・余暇的活動」であり、仕事の側面が低いということでもある。つまり、グルンデンのメンバーがオーストラリアの国際会議に出席する際も、グルンデン側は、その会議出席が「仕事」であり、ふつうの人が国際会議に「仕事」で出かけるのと同じように、彼らの「仕事」を「仕事」として認めて、それに必要な支援をすることは行政の義務である、という主張である。一方、市側は、知的障害者の国際会議出席をあくまで文化活動の一種ととらえ、「この人の人生全体の中で会議出席がどれほど重要か？」が査定される。障害者の国際会議への出席について、「仕事」として必要不可欠なので「義務」ととらえるか、「文化活動」なので「重要性」や「その文化の中でのノーマルな水準」にあわせてする「してあげること」と位置づけるか。これは知的障害者のデイ活動の捉え方や「就労」観にも関わる根元的問題である。

　しかし、ここで強調しておきたいのは、これらの上述問題は、社会参加への個別支援（Social Needs）に関わる問題である、ということである。トイレ介助や食事介助、あるいは住宅供給やデイ活動といった平準化しやすく、客観的で合理的基準をつくりやすい普遍的な支援（Basic Human Needs）に関しては、日本のようなコンピュータ判定ではなく、査定員と当事者、関係者間での話し合いで支給量を決定するスウェーデンにおいても、当事者と市当

局の間での見解の相違も少ない。だが、一人ひとりのニーズに合わせた個別支援で、しかもそれが「仕事」か「文化活動」か、の解釈に開きのある場合、これらの支援には数値で表せるような客観的な基準がなく、あくまでもその人・組織・社会の中で相対的に「ノーマル」と判断されて決められている、という現実である。そして、この部分の解釈や価値判断に開きがある場合、ＬＳＳという強い権利法が存在するスウェーデン社会においても、地域移行後の当事者の権利擁護の側面における問題が残っている、と整理できよう。

第4節　権利擁護の二つの戦略

これまでアメリカとスウェーデンにおける障害者の地域移行や地域自立生活支援と権利擁護の関わりを概観してきた。ここでは、先述の整理に基づき、①地域移行や地域自立生活支援に関して具体的な権利侵害からどのように救済・保護が行われているか（権利救済戦略）、②地域移行や地域自立生活支援に関する権利侵害が起きないような予防や適切なサービスとの結びつきはどうか（権利形成・獲得戦略）、を2国の事例に基づき検討する。

1. 権利救済戦略

この権利救済に関して、アメリカでは不必要な施設入所はＡＤＡ違反であるという最高裁判決が出た「オルムステッド裁判」、スウェーデンでは住宅や余暇・文化活動に関する裁判、といった権利救済に関する裁判が挙げられる。この際、どちらもＡＤＡやＬＳＳという障害者の権利を擁護する法律と実態との乖離について裁判の争点となった。

アメリカでは不必要な入院・入所（日本で言う社会的入院・入所）がＡＤＡ違反であり、差別である、という判断がオルムステッド判決として下された。そのため各州ではこのオルムステッド判決に基づいて裁判に訴える障害者が多数現れた。また各州は裁判対策もかねて、先述のオルムステッド判決の留

意事項に飛びつくことになる。

　「もし、州が資格を有する障害者がより制限の少ない環境（less restrictive settings）に移行するにあたって、包括的で効果的な実行計画を示し、その実行計画が州の施設の定数を満たそうとする試みに縛られることなく、施設から地域で生活する人が、合理的なペースで地域に移行する待機リストを示すことができれば、それはＡＤＡによるところの合理的な配慮の基準を満たしているものと見なされる」

　ここで指摘された「包括的で効果的な地域へ移行する実行計画」が、連邦の半数以上の州で作られることとなり、カリフォルニア州でもカリフォルニア・オルムステッドプランが作られることになった。そして、裁判にもオルムステッドプラン作成にも、権利擁護機関（ＰＡＩ）が大きな役割を果たしていた。
　また、カリフォルニア州で発達障害（developmental disability）のある人は、障害当事者自立生活支援計画（ＩＰＰ）に規定されたサービスのエンタイトルメント（サービス受給権）を有するということが既に1985年に州の裁判で下されている（北野、2002b:185）。その一方、精神障害者に関してはこのような受給権もなく、精神病院やナーシングホームでの社会的入院・入所か、ホームレスや刑務所で"暮らす"精神障害者が多かった。だが、カリフォルニア・オルムステッドプラン作成後、精神障害者への住宅提供を含めた地域自立生活支援システムをつくり出すための精神保健サービス法（MHSA）の制定など、権利救済の裁判が地域移行や地域自立生活支援を促進するための実体的な権利擁護機能を果たしている、とまとめることができる。
　一方スウェーデンにおいても、住宅保障と余暇・文化活動の保障に際して不服のある場合、ＬＳＳ第27条で定められた上訴権を用いて裁判を起こす。この際、住宅や日中活動などＬＳＳ第９条第１項が定めた「特別な援助

とサービス」の履行を求めた訴訟では、これらのサービス履行は障害者の権利（行政にとっては義務）とみなされているため、裁判所は障害者側の主張を認める確率が高い。その場合、行政側は３カ月以内に対応しなければ、最高で50万クローナの罰金を払わなければならない、というルールがあり、これが障害者への優先的住宅提供を実質的に担保するルールとして機能しているのである。だが、同じく裁判で権利救済を求める場合でも、住宅のように実質的な救済が担保されないケースがある。それが、余暇・文化活動に関するケースである。

　先に見たとおり、知的障害の当事者が国際会議に出かける際、支援者をパーソナルアシスタントとして雇って連れて行きたいとしたが、市の査定員に支給決定を却下されたため、裁判で争われた。その場合、当事者の訴えが却下されるケースが多いという。その際障害者や支援者の側は、「査定員や裁判所の代表が国際会議に出かけるのと同じように、当事者代表も国際会議に仕事として出かける。だが査定員や裁判所は、知的障害のある当事者にそうした仕事としての役割があると思っていない」と批判している。他方その件について市の担当責任者は、余暇や文化活動は住宅などのように市の提供義務があるわけではなく、「してあげたい」ことであるから、「お金が足りない場合、どこを削るか、というとここを削ることになってしまいます」と述べている。

　このように、普遍的な支援（Basic Human Needs）に関しては、事後救済の面でも障害者の権利は保障されるが、社会参加への個別支援（Social Need）に関しての権利は、サービス受給権がどこまでか、ということで当事者と市、裁判所の見解が分かれており、後述の権利形成・獲得戦略につながる問題となってくる。

2．権利形成・獲得戦略

　権利救済の項で確認したように、アメリカとスウェーデンの両国で、障害

者の地域移行や地域自立生活支援における権利侵害に対して、ＡＤＡとＬＳＳという法律が大きな役割を果たしていることがわかった。ただ、この二つの法律を比較した際、その性質や内容に違いがあることも、権利形成・獲得戦略に関連して指摘しておく必要がある。ここでは主に、①機会平等と②財源の側面から考えてみたい。

　関川芳孝は障害者に対する機会平等を、「障害を理由とする偏見や憶測に基づいて障害者が社会的活動から排除されたり、利益の享受を妨げられたりすることのないよう、違法な差別を禁止し、障害者にあらゆる社会活動へ参加する機会を権利として保障しようとするもの」(関川、2003：93)としている。アメリカのＡＤＡは、まさに障害者の機会が不当に奪われたり制約されることのないよう、法律として差別を禁止するという性質をもっている。ただ「機会平等の保障には、障害という特別なニーズに配慮することにより、積極的に平等な機会をつくりだす取り組みが求められる。等しい機会を保障するとは、形式上は結果として障害を持たない者と異なる取り扱いをすることも認められなければならない」(関川、2003：108-109)が、ＡＤＡはそこまで規定していない。不必要な施設入所はＡＤＡ法違反であり差別であるというオルムステッド裁判が下され、その延長線上で、「等しい機会を保障」するためのオルムステッドプランが各州で作られつつあるが、全州で実現したわけでもなく、また取り組みにもばらつきがある。

　一方スウェーデンでは、ＬＳＳや裁判判決で住宅提供を義務としているため、市自治体は障害者への住宅支給を、時には一般の人よりも「優先順位を上げ」て行っている。これは明らかに「障害のない者と異なる取り扱い」を通じて、「積極的に平等な機会をつくりだす取り組み」を行うということである。「特別病院・入所施設解体法」が期限を定めた施設解体法であり、その法律に従って施設を出て地域に移行する人のための住宅提供も権利として保障している。そのために、「積極的に平等な機会をつくりだす取り組み」もシステムとして保障している。地域移行と権利擁護に関していうならば、

この「期限付きで地域移行を推し進める法律」と「地域で住宅や日中活動などを保障する法律」は、スウェーデンでは実体化されているが、差別禁止法に基づくアメリカの仕組みでは、この「積極的な機会平等」の保障の面では、まだ問題が残っているといえよう。

また、地域で暮らす権利の擁護と財源問題に関して、北野（2002b：186）は「サービス受給権があっても、サービス実施側の州や自治体には予算上の制約による免責が存在する。（中略）予算上の制約による免責についても、障害者のサービス受給権との関係でどこまでの責務が行政にあるのか問題となる」と指摘している。

オルムステッド裁判の結果は、「不必要な施設入所は差別である」とは認めたものの、地域移行を促進するための住宅提供を定めたものではない。つまり、ＡＤＡは、障害者の地域での住宅獲得というサービス受給権を、行政の責務との兼ね合いで認めているわけではなく、事実上行政には免責が存在するといってよい。現に前述の連邦政府法務省人権局担当者が語ったように、「地域生活のための財源と住宅」が決定的に不足しているために脱施設は難しいのが実情である。この財源と住宅がＡＤＡに規定されているわけではない、という点がアメリカの中で大きな課題とされている。

一方、スウェーデンでは一歩先に進んだ問題が残されている。先に見たとおり、住宅提供や日中活動といった市町村に義務規定があるサービス（普遍的な支援：Basic Human Needs）のための財源は、一般の人よりも「優先順位を上げ」てでも確保されている。筆者が実際に査定員に聞き取り調査をした際にも、ＬＳＳ第9条の2－10に決められたサービスについては、「原則予算を理由にサービスを断ることは、査定員レベルではない」「サービスが必要であれば、予算を気にせず支給決定をする」「上司からの予算の圧力に屈しない」という返答を何度も聞いた。つまり住宅供給に関しては、行政の予算上の免責は許されていないのだ。

だが、この九つのサービスの中に入るかどうかの判断の難しい社会参加

に関する個別支援（Social Need）に関しては、査定者によってサービス査定に差があった。それは市担当責任者の「余暇や文化活動の支援は『義務』になってくるか、『してあげたい』とすることなのか、が問題になってきます」という発言や裁判所の決定にも反映されている。つまり、個別支援に関するサービス受給権については、実態として自治体の予算上の免責がスウェーデンにおいてもある部分、認められていると整理できるだろう。

　ここからは「積極的な機会平等」と「予算上の免責」の二つの問題が、地域移行にまつわる障害者の権利形成・獲得戦略上の観点から浮かび上がった問題点として指摘できるだろう。

第5節　日本の地域移行政策と権利擁護

　これまで見てきたとおり、アメリカやスウェーデンの実例から、地域移行を進める上で欠かすことのできない権利擁護上の課題として、①サービス受給権の問題、②普遍的支援と個別支援、③積極的な平等保障、④地域移行や地域自立生活支援における予算上の免責問題、の4点が浮かび上がった。この節では、日本における地域移行と権利擁護に関して、これらの4点を元に、分析した上で、今後の日本における地域移行を促進するための権利擁護上の課題を整理したい。（なお、障害者自立支援法やそのサービス内容等に関しては、本稿執筆の2007年9月末現在の情報を元に記述する。）

1. サービスの受給権

　障害があっても施設ではなく地域で暮らす権利は、本来、どんなに重い障害者にもあるはずである。では、障害者が地域で暮らすためのサービス受給権に関して、わが国の現状はどうなっているであろうか。

　2002年に最終年度を迎えた「障害者プラン」を受け、2002年12月「障害者基本計画」が閣議決定された。この障害者基本計画の中で、「施設等から地域生活への移行の推進」と「施設の在り方の見直し」が謳われ、「入所施設

は、地域の実情を踏まえて、真に必要なものに限定する」との文言が入れられた。また、2006年4月にスタートした障害者自立支援法の第5章「障害福祉計画」（第87条～91条）の中では、国が定めた基本指針に基づき、各市町村が地域生活や一般就労への移行を進める観点から、数値目標と、この目標を達成するために必要なサービス見込量の設定を行うこととなっている。

そこで、数値目標の具体的内容を、2006年2月9日に開催された第30回社会保障審議会障害者部会に出された資料の中から見てみると、「平成23年度末までに、現在の入所施設の入所者の1割以上が地域生活に移行することをめざす」「平成24年度までに、精神科病院の入院患者のうち『受け入れ条件が整えば退院可能な精神障害者』（「退院可能精神障害者」という。平成14年患者調査で約7万人）の解消をめざす」となっている。現在の施設入所者は同資料によれば15万人（うち知的障害者10万人、身体障害者5万人）であるので、この内の1割にあたる1万5千人の地域移行を目指す、という。ちなみに同資料では3障害併せて6万人の障害者の地域移行が掲げられている[3]。

ただ、この部分で着目すべきは、なぜ身体障害者施設や知的障害者施設で暮らす15万人の中の1割しか、そして34万人の精神病院入院患者のうちの7万人しか、地域移行の数値目標に入れられていないか、という点にある。先述のようにスウェーデンでは知的障害者や身体障害者の入所施設はゼロである。ということは、日本でも手厚い支援が地域で行われれば、15万人分の地域移行が不可能である、とはいえなくなってくる。また、精神病院に関しても、筆者の調査ではスウェーデンの精神科病床数は日本の人口換算で7万床分であり、イギリスでも日本の人口換算で6万床分しかない（武井、2004）。ということは日本の34万床の現実と比較すると、厚労省の示す7万人の「退院可能精神障害者」以外にも、極論すれば20万人（現在の34万－地域移行者7万－他国の病床数の日本換算7万）分の病床が、社会的入院患者の病床である、とも言える。つまり、3障害合わせて30万人以上の「社会的入院・入所」者のうち、なぜその5分の1の6万人分の地域移行しか明記されていないのか、

という点が、障害者のサービス受給権に関係して、大きな問題となってくる。

　この問題を考える際に参考になるのが、アメリカのオルムステッド裁判の問題点について精神障害当事者のティナ・ミンコビッツ（Tina Minkowitz）氏が語った「不必要な施設収容が差別」に関する発言である。

　　「この判決文の中で『不必要』が重要。州政府の専門家が、『ある人の施設収容は必要』と判断すれば、入所決定をすることができる」

　わが国の「障害者基本計画」においても、施設入所は「真に必要なものに限定する」とされているが、これらの「不必要」や「必要」を決めるのは、ミンコビッツが指摘するように「政府の専門家」である。アメリカやスウェーデンと比較した際、本来ならもっと多くの「社会的入院・入所」者にも地域移行や地域自立生活のサービス受給権が認められるべきだが、そもそもその地域資源をつくり出す「障害福祉計画」策定の時点で、それらの人々のサービス受給権は「後回し」にされている、とはいえないだろうか。このように、「不必要」「真に必要」を誰が判断し、どういう判断根拠に基づいて数値目標を作成しているのか、が施設ではなく地域で障害者が暮らすためのサービス受給権を考える際、大きな課題となってくる。

2．普遍的支援と個別支援

　また地域移行後の権利擁護上の課題の二点目として、「普遍的支援」と「個別支援」の問題が挙げられる。

　「普遍的支援」の中で先に例を挙げた地域での住宅の問題を例に挙げると、わが国でも地域移行に関して、住宅供給問題も、先に挙げた自立支援法の中では課題になっている。だが、先に挙げた第30回社会保障審議会障害者部会の資料においては、「施設入所・入院から地域生活への移行に向けた取り組みを支援するため、入所施設等が定員を削減しグループホームへの転換等に

併せて建て替えを行う場合、精神科病院が病床を転換して退院促進支援のための施設を設置する場合などについて、重点的に施設整備への助成を行う」としている。また、同資料の中にある「入所施設・病院の敷地内における地域移行型ホームの設置について（案）」によれば、居住サービスが不足する地域では、既存の入所施設や病院の定員を減少させた上で、その建物を「地域移行型ホーム」として改修し、入所施設・病院から一定の独立性を確保すれば、原則2年という期間を定めるものの、施設・病棟転換型の敷地内住居の設置を認める方針を掲げている。さらに自立支援法が施行された2006年には、病棟転換型の敷地内住居を拡大解釈した形での「退院支援施設」構想が突如示され、何の実際的議論もないまま、2007年4月には施策として実施された（後述）。

　アメリカでは「不必要な施設入所は人権侵害」という認識は、オルムステッド判決以後一般的なものとなったが、「地域生活のための財源と住宅」が不足しており、これが地域移行の阻害要因になっている。一方スウェーデンでは、一般の人よりも「優先順位を上げ」てでも公共住宅の障害者入居枠を確保することで、地域移行を促進している。これらのことを考慮に入れると、日本では、病院・入所施設を転換した形での、あるいはその敷地内での「地域移行」もやむなし、というのは、住宅問題の解決策としては実に玉虫色的な手法である。財源と住宅を「施設内（敷地内）」で解決するのが果たして「地域移行」といえるのか、この点は権利擁護の観点からも大きな問題である。

　また個別支援に関しても、グループホームの「ミニ施設化」の問題が指摘されている。入所施設からの地域移行と、移行先のグループホームでの実態調査を行った研究（杉田他、2004）は次のように述べている。

　「障害当事者の調査結果から、自立、グループホーム内に『きまりがある』と回答した人が大半であった。職員の調査結果からは、地域生活支援

の課題の焦点は『いかに管理するか』になっていることがわかる。また障害当事者の希望よりも親・家族の希望に焦点をあてた支援がなされていたり、障害当事者の失敗を回避する保護的なかかわりがみられ、管理・保護的な施設職員の体質が全く変わっていないことがうかがわれる。さらに自立の人の大半は日中活動が保障されていない現状に、早急に取り組む必要がある。それにもかかわらず、職員の中にそのような問題意識をもっている人はだれもいなかった。つまり現在の地域生活は、入所施設に比べて規模が小さくなり、地域の中に生活の場所は存在するものの、そこで行われているケアは入所施設と同じ集団管理・保護的処遇の色彩が強いものであり、それは入所施設の縮小版、つまり『ミニ施設化』状態であり、これでは地域生活とは言い難い」(杉田他、2004：118-119)

スウェーデンでは、81％もの知的障害者が何らかのデイ活動に参加している。また個別支援として大切な「パーソナルアシスタント」を利用する人は、1万人(人口の0.1％＝日本の人口換算で約14万人)を超える。これらは両方とも、ＬＳＳの中で行政の「義務」規定として定められているものである。一方、自立支援法においては居住サービスと日中活動が分離され、希望する障害者に適切な日中活動サービスを保障することが障害福祉計画の中で謳われているが、それが義務規定となったわけではない。また個別支援に関しても、保障は明確ではない。さらには、住まいの場に関して、住居1カ所当たりの利用者数の上限を原則を10人としながらも、「サービスが不足する地域において、特に必要があるとして都道府県知事が個別に認める場合、30人まで可能(10人までを一つとする生活単位を三つまで可能)」としている。これが認められれば「集団管理・保護的処遇」はそのまま温存される可能性もある。このままでは、グループホームはその規模の面でも、そしてケアの質の面でも「ミニ施設化」される可能性が充分にあるのである。

3. 積極的な平等保障

(1) 敷地内施設への賛否

2005年12月5日に開かれた第29回社会保障審議会障害者部会資料3-1の中には「グループホーム等の規模・立地について」と題された資料がある。そのなかでは、「グループホームの規模や病院等の敷地内にグループホームを設置することについては、関係者の間に様々な議論がある」とした上で、「慎重に検討すべきとの意見」（慎重・反対派）と「必要性があるとの意見」（賛成・推進派）を次のように整理している[4]。

	慎重に検討すべきとの意見	必要性があるとの意見
規模	1カ所で20人程度のミニ施設のようなものは、入所・入院と変わることはなく認めてはいけないのではないか。	利用者が、既存の社会資源を活用しながら安価に住宅の利用するためには、大規模であっても社宅等をグループホームとして活用できるようにすべきではないか。
立地	入所施設や病院の敷地内のグループホーム等は、入所・入院と変わることはなく、認めるべきではないのではないか。	現実に、既存住宅の利用を図ることが困難ななかで、建物を新築したりすることはやむを得ず、この場合に自らの敷地を利用することを否定できないのではないか。

前項の整理から明らかなように、病院や入所施設の敷地内に地域移行型ホームを認めることは、慎重・反対派が指摘するように、「入所・入院と変わることはなく」、規模が多少小さくなっただけの「ミニ施設のようなもの」である。にもかかわらず、なぜその必要性が指摘され、「地域移行型ホーム」として厚労省が認めようとしているのか。それは、賛成・推進派が述べている「既存の社会資源を活用しながら安価に住宅の利用するため」と「現実に、既存住宅の利用を図ることが困難」なため、と読み取れる。そして、賛成・推進派の意見としては、第29回社会保障審議会障害者部会の長尾委員（日本精神科病院協会）が同日の審議会に委員提出資料として出した「障害者自立

支援法における居住施設についての見解」[5]と、同じく委員である小坂委員（日本知的障害者福祉協会）が委員提出資料として出した「グループホーム・ケアホームの設置の特例について（要望）」[5]が挙げられる。

　前者の長尾委員の意見書には、居住施設の規模について「数人単位の少人数規模が望ましいものであるが」「利用者に他の居住場所を確保することは現実的に困難」「新たな資本投下ではなく、既存の社会資源を有効活用することによって、居住支援を拡げることが現実的に必要」としている。また、立地場所については、「これまで精神障害者の社会復帰施設等の設置については、社会的偏見がなお強く、地域住民からの反対運動が多く、病院の近くや敷地内に作らざるを得なかったことがある。今後も自治体が主体的に啓発し、反対運動にも対応して自ら居住施設を設置することを行わなければ、敷地内での新たな建築や既設建物の転換がされざるを得ない」としている。

　また後者の小坂委員の意見書の中では、居住施設の規模について「地域生活移行に向けた現実的対応として、地域にある既存の通勤寮、アパートや社員寮などの社会資源を活用する」ことが必要であるとしている。また、立地場所については、「地域生活を推進するうえでの基盤整備や財政的支援体制は、一部の地方自治体を除き、脆弱であり、国のそれらに対する支援体制も不十分である。一方では、地域住民の理解に多くの労力を要する現状もあり、これらを踏まえた実効性のある地域生活移行に向けた現実的な対応が肝要と考える」としている。

　これらをまとめると、敷地内 施設賛成・推進派の主張は、地域の「反対運動」「社会的偏見」や行政による「基盤整備や財政的支援体制」の「脆弱」さという「現実」をそのままにして、「実効性のある地域生活移行」を考えるのであれば、「利用者に他の居住場所を確保することは現実的に困難」なので、「既存の社会資源を有効活用」する「現実的な対応が肝要」であり、「新たな資本投下」もなくて"安上がりだ"、ということになる。

　ただこれらの入所施設・精神病院経営者側の意見に基づいた国の「地域移

行型ホーム」設置計画については、「積極的な平等保障」の観点から、いくつかの疑問点がある。一つは、施設・病院経営者が指摘している地域の「反対運動」「社会的偏見」や行政による「基盤整備や財政的支援体制」の「脆弱」さという「現実」について、その「現実」に対する国の責任や対応をうやむやにしたまま事を進めようとしている点である。

　先に整理した障害者に対する機会平等とは、「障害を理由とする偏見や憶測に基づいて障害者が社会的活動から排除されたり、利益の享受を妨げられたりすることのないよう、違法な差別を禁止し、障害者にあらゆる社会活動へ参加する機会を権利として保障しようとするもの」(関川、2003：93) であった。国は「偏見や憶測に基づい」た障害者の「排除」がないよう、「あらゆる社会活動へ参加する機会を権利として保障」するための施策をとらねばならないのだが、それは入所施設・精神病院経営者側のいうように、これまでも「自治体が主体的に」関わってこなかったのだ。

　本来ならこういった「現実」を反省し、事態打開のために、「基盤整備や財政的支援体制」を充実させ、「反対運動」「社会的偏見」に対しても「自治体が主体的に啓発」すればよいのだが、では実際に国が何をどうしようとしているか。先述のとおり、国は「障害福祉計画」という「カリフォルニア・オルムステッドプラン」に似た地域移行計画を作っているが、まず数値目標が大変低い値であり、しかも病院・施設経営者が見抜くように、国や自治体が「自ら居住施設を設置する」意図や財源がないため、これまで行政の代わりに「居住施設」機能を提供してきた入所施設や精神病院側のいう「現実的な対応」に従わざるを得ない。

　つまりこれは、「障害という特別なニーズに配慮することにより、積極的に平等な機会をつくりだす取り組み」(関川、2003：108-109) とは逆行しており、また一般の人よりも「優先順位を上げ」てでも公共住宅の障害者入居枠を確保するスウェーデンの実情ともかけ離れている。このようなわが国の姿勢は障害者への平等保障に関して「消極的」と言わざるを得ない部分がある。

この「消極的」姿勢が最も明確な形で現れたのが、次にみる退院支援施設である。

(2) 退院支援施設問題

2006年5月11日に開かれた「全国障害福祉計画担当者会議」で、「資料3 精神障害者の退院支援と障害福祉計画」という資料が出された。この資料には、「入院から地域生活への段階的な移行形態として選択できるよう、地域移行型ホームや、精神病棟の転換による退院支援施設の仕組みを導入」と書かれている。

地域移行型ホームについては、先述のように社会保障審議会においてもその賛否が議論されてきた。だが自立支援法施行後直後に示されたこの退院支援施設については、社会保障審議会等の公的な場で何の議論もされていなかったにもかかわらず、突然、しかもかなり具体的な基準が示された。

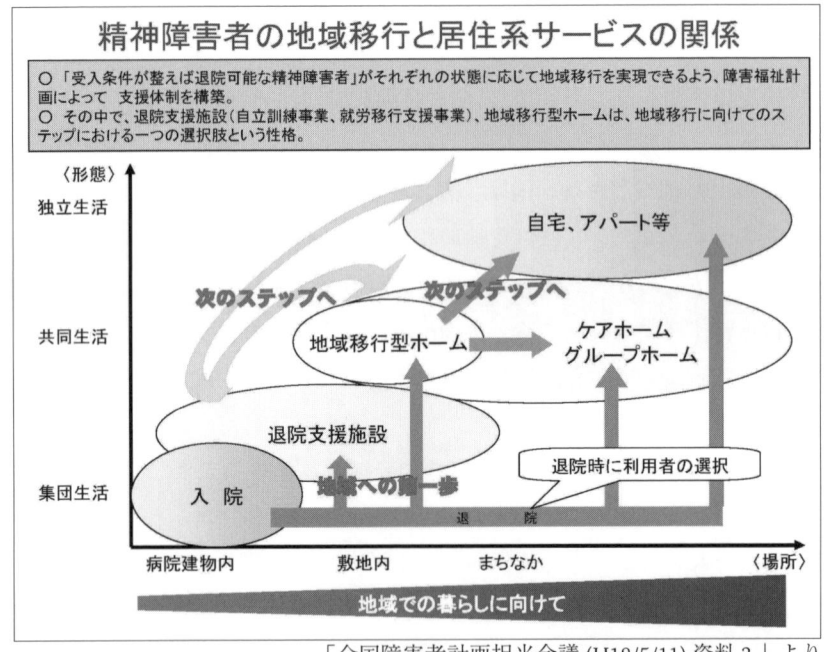

精神障害者の地域移行と居住系サービスの関係

○ 「受入条件が整えば退院可能な精神障害者」がそれぞれの状態に応じて地域移行を実現できるよう、障害福祉計画によって 支援体制を構築。
○ その中で、退院支援施設(自立訓練事業、就労移行支援事業)、地域移行型ホームは、地域移行に向けてのステップにおける一つの選択肢という性格。

〈形態〉
独立生活 — 自宅、アパート等
共同生活 — 地域移行型ホーム / ケアホーム グループホーム
集団生活 — 入院 / 退院支援施設

次のステップへ
地域への第一歩
退院時に利用者の選択
退院

〈場所〉
病院建物内 敷地内 まちなか

地域での暮らしに向けて

「全国障害者計画担当会議(H18/5/11)資料3」より

この図によると、退院支援施設とは、病院敷地内にあり、地域移行型ホームや自宅・アパート等に移行するための「地域への第一歩」として、「退院時に利用者の選択」によって、入ることが決められる場所、と位置づけられている。そしてこの退院支援施設は障害者自立支援法の中の「自立訓練事業、就労移行支援事業」という枠組みの中で定義されている。詳細については、次の表が提示された。

	地域移行型ホーム	精神障害者退院支援施設	
		病棟設備を転用する場合	外で設置する場合
法律位置付け	共同生活援助、共同生活介護	自立訓練（生活訓練）、就労移行支援の加算事項	
定員規模	○事業の最低定員:4人以上 ○1住居当たり20人（知事の個別承認で30人）まで（既存建物の活用に限定）	20人以上60人以下	20人から30人程度
居室	○原則として個室 ○1人当たり床面積：7.43㎡以上	○1室当たり4人以下 ○1人当たり床面積：6㎡以上	○原則として個室 ○1人当たり床面積：8㎡以上
設備	居間又は食堂、台所、洗面設備、便所	食堂、浴室、洗面設備、便所等	
人員配置	【共同生活援助の場合】 ○世話人　　　10:1以上 【共同生活介護の場合】 ○世話人　　　6:1以上 ○生活支援員 （区分3）9:1以上（区分4）6:1以上 （区分5）4:1以上（区分6）2.5:1以上 【共通事項】 ○サービス管理責任者　30:1以上	【生活訓練の場合】 ○生活支援員　　6:1以上 【就労移行支援の場合】 ○職業指導員・生活支援員　6:1以上 ○就労支援員　　15:1以上 【共通事項】 ○サービス管理責任者　1人 ○夜間の生活支援員　1人以上	
報酬基準 （日単位）	○共同生活援助：171単位 ○共同生活介護（区分2）210単位 　　　　　　　（区分3）273単位 　　　　　　　（区分4）300単位 　　　　　　　（区分5）353単位 　　　　　　　（区分6）444単位	＜定員40人以下の場合＞ ○生活訓練　：639単位　→　1月（22日）分　14,058単位 ○就労移行支援：736単位　→　1月（22日）分　16,192単位 ○精神障害者退院支援施設加算 〈宿直体制〉115単位　→　1月（30日）分　3,450単位 〈夜勤体制〉180単位　→　1月（30日）分　5,400単位	
備考	○原則2年の利用期間 ○外部の日中活動サービス等を利用	○2年乃至3年の標準利用期間 ○精神病棟転換によって設置（病棟設備の転用又は病棟建物外での設置）	

地域移行型ホーム・退院支援施設のあらまし（案）

「全国障害者計画担当会議(H18/5/11) 資料3」より

　この退院支援施設の基準やその内容は、地域移行型ホームと比較するなかで、その独自性が見えてくる。特に「病棟設備を転用する場合」には、地域移行型ホームと比較して、以下の点が特徴的である。
・少人数ではなく、定員規模は20人以上60人以下という入所施設なみの定員数の多さ
・原則個室、ではなく、4人部屋でもよい

第6章　障害者の地域移行と権利擁護　273

・原則2年、ではなく、2年乃至3年の標準利用期間

　現行の精神科病院の療養病床は、4人部屋以下がほとんどであり、1病棟の病床数の平均は50床なので、上記の基準を適用すれば、最低限の改築で退院支援施設に変えることができる。利用期間を「原則2年」とせずに「標準利用期間2年乃至3年」とすることは、「標準からはずれる事もある」ことを認める、つまり居住期間に制限を加えない、という基準とも読み取れる。一方、今までの精神科の病棟と違うのは、スタッフの配置を、医師や看護スタッフ中心から、生活支援員（これは介護スタッフで充当できる）に変える点くらいである。

　この退院支援施設に関連して厚労省担当者は、「いきなりすべての市町村が地域に受け皿を作ることは難しい。施設の利用は希望者に限っている」と述べていた[6]。だが先の図や諸研究と対比させて考えると、退院支援施設は権利擁護上の観点からも、大きな問題点を孕んでいる。以下その問題点を3点論じていく。

　まず、地域移行のステップとして「院内」での「訓練」が本当に必要なのか、という点である。精神科リハビリテーション分野における最新の研究成果からは、「まず実際に地域のアパートや事業所に行って、そこでの生活や就労に必要な技術を、専門家の援助を受けながら学ぶほうが、保護的な環境での訓練よりも、より実現適応が良い」（香田、2004）という結果が出ている。病院敷地内という「保護的な環境での訓練」よりは、支援を受けながらも、まずその外に出てしまうことのほうが「より実現適応が良い」のである。これに反証する厚生労働科学研究等のエビデンスも全くないなかで、この施策をすることに科学的根拠があるのかどうかが疑わしい。「いきなりすべての市町村が地域に受け皿を作ることは難しい」、というのはこの点に対して何の説明も与えてくれない。

　次に、病院敷地内の「元病棟」という特殊な空間での「地域移行」で、当事者の権利擁護がどれほど守れるか、という点である。筆者は別の論考

で精神病院内での権利侵害の構造的問題を大阪の実情を元に論じた（竹端、2007b）。そこで明らかになったのは、行政監査も厳しく、精神医療審査会への患者からの訴えの件数も日本有数で、かつ精神医療オンブズマン制度などの入院患者の声を拾う仕組みもできている、「権利擁護の先進地」の大阪であっても、多くの権利侵害を訴える声が民間権利擁護団体に寄せられている、況や他の自治体をや、という実情である。病棟から施設に看板を付け替えても、そこが権利侵害の行われてきた場と同じ敷地内・経営母体であれば、権利侵害の結果、自己主張や訴える力を失い、想いや願いを諦めてしまった当事者が、どれほど自発的にその想いを口にすることができるだろうか。

　さらに、この退院支援施設は、標準利用期間が2年ないし3年とされているが、結局「終の棲家」になるのではないか、という点である。2006年8月19日の読売新聞記事[7]によれば、病棟転換の工事に1件1億円ほどの補助金が予定されているという。その一方、退院支援施設の「次のステップ」と目される、居住サポート事業や退院促進支援事業、グループホームの新設といった、そこから出て行くための支援は、地域生活支援事業として各都道府県・市町村にお任せになっており、その予算規模も低い。退院支援施設を「出た」後の住まいの場や地域生活支援体制、その移行期の支援などに予算が重点化されずに、このような敷地内施設にのみ重点的に予算がつけられたらどうなるか。厚労省担当者は「施設の利用は希望者に限っている」というが、利用者が既に長期間の入院で地域生活移行を諦めて低い希望しかもっていなければ、医師の薦めに従って唯々諾々と退院支援施設に移り、そこを安住の地にするのではないか。あるいは権利抑圧的状況に長らくいた人が、果たして「そこに一生住むのは嫌です」と権力を保持する側に言えるだろうか。また、財政力の弱い自治体の中には、グループホームの新設など国庫補助が付かない事業より、退院支援施設という国庫補助の付く事業を「地域移行」策として優先させる自治体も出てくる可能性はないだろうか。

　このように、地域移行型ホームよりもさらに根深い問題を孕み、「積極的

な平等保障」からもほど遠い退院支援施設が、しかも社会保障審議会等の公開の場で全く議論されることなく立案され、2007年4月には既に第一号の施設が運営を始めているのである。

4. 予算上の免責問題

なぜ国がこれほどまでに入所施設や精神病院、またそれに類する敷地内施設に依存した対応をとり続けるのか。それはまさに「予算上の免責問題」そのものである。

「サービス受給権があっても、サービス実施側の州や自治体には予算上の制約による免責が存在する。（中略）予算上の制約による免責についても、障害者のサービス受給権との関係でどこまでの責務が行政にあるのか問題となる」（北野、2002 b：186）。

北野が指摘するとおり、障害者の住居や日中活動、居宅生活に関しての責務を、本来なら国が負うべきなのであるが、この自立支援法に至る改革は、もとはといえば国の「予算上の制約」から端を発していた。支援費が始まった初年度の2003年11月28日に開かれた第3回社会保障審議会障害者部会では、支援費の居宅部分が初年度から100億円以上の予算超過になる見通しが提示された折、当時の高原障害福祉課長は「ある意味でうれしい誤算」と述べていた。だがそれから半年経たないうちに、厚労省はある方針転換を行う[8]。

「これだけサービスが伸びている、言葉が悪いのですが、サービスの伸びをコントロールしにくい分野について、義務的経費というのは、極端な言い方をすれば、どんなにお金が伸びても国が借金をしてでもそこを払っていきます、という仕組みでございますので、いまのままの形で義務的経費というように支援費が移る、特に在宅系の支援費のお金が移るというこ

とは、財政当局が認めるということはありえないと思います。逆に、義務的経費にしていくためには、非常にきちんと供給のコントロールがきく予測のつく制度に変えていく、ということが必要になろうかと思います。」
（2004年3月2日 第5回社会保障審議会障害者部会での村木企画課長の発言）

　支援費において、「どんなにお金が伸びても国が借金をしてでもそこを払って」いく「義務的経費」は主に入所施設のための財源であり、障害者の地域生活を支える居宅支援の部分は、予算超過すると払えなくなる（つまり予算上の制約による免責のある）「裁量的経費」とされていた。自立支援法ではこの部分を根本的に変えて財源の安定化を図ることが、そのメリットの一つとして謳われていたが、実際には、現状の入所施設における支援に該当する「訓練等給付」とホームヘルプなど介護保険のサービスと重なる「介護給付」は個別給付として「義務的経費」化されるものの、相談支援事業やガイドヘルプ、作業所、精神障害者地域生活支援センターといった就労に結びつかない「居場所」などは、地域生活支援事業として、各市町村に「一括交付金」の形で渡される。これは「義務的経費」でないばかりか、将来的に各地域に障害者のための特定財源ではなく一般財源化として税源移譲されるおそれのあるものである。つまり障害者のために使う、という縛りもないお金になる可能性もあるのだ。
　「きちんと供給のコントロールがきく予測のつく制度に変えていく」ことができないと、「在宅系の支援費のお金が移るということ」を「財政当局が認めるということはありえない」。厚労省の担当者がいうこのような予算上の制約の中で、これまで述べてきた3障害合わせて6〜8万人という実態からみたら低い地域移行目標の設定や、これまで行政の代わりに「居住施設」機能を提供してきた入所施設や精神病院側の言う「現実的な対応」への応諾、その具体的な形としての退院支援施設という施策の実施、などの事態が展開されていくのである。

またサービス受給権に関して北野は「日本の介護保険や医療保険のように、一定の条件の下でサービス受給権は保障されたとしても、サービスを提供する義務が保険者にはないために、サービスを発見できない場合が存在する」(北野、2002ｂ：191) と述べている。障害者自立支援法も「サービスを提供する義務」のある市町村が、「予算上の制約」に基づき、「サービスを発見できない」あるいは「発見しても無視する」といった事実上の免責措置を、特に障害者の声が起きない自治体では起こす可能性が充分にある。また、障害者や家族の声が上がっても、グループホームの新設等に都道府県が単独で補助を出しているか否かで、既に地域格差が出始めている。

5. 今後の課題

　これまで見てきたとおり、我が国における障害者の地域移行を考える際、下記の四つの権利擁護上の問題点が浮かび上がってきた。

①施設入所が「不必要」「真に必要」を判断するのが障害当事者でなく専門家であることによる「サービス受給権の制約」がある。

②地域移行における普遍的支援である住宅については入所施設や精神病院の「施設内（敷地内）」住宅を認める方向で動いており、またそれらの住宅では個別支援と逆行する集団一括処遇である「ミニ施設化」が各地で展開する可能性が高い。

③「施設内」住宅や「ミニ施設化」が生まれる背景には、行政による「基盤整備や財政的支援体制」の「脆弱」さという「現実」は変えずに、地域移行「後」も入所施設・精神病院という「既存の社会資源を有効活用」しようという点で、平等保障に消極的な国の姿勢があり、これは退院支援施設という形で一部現実化している。

④財政上の危機から生まれた障害者自立支援法においては、「予算上の制約」に基づき、地域移行や地域自立生活支援に関する「サービスを発見できない」あるいは「発見しても無視する」といった事実上の免責事態をとる自

治体が既に出始めている。

　これら四つの問題点が出てきた背景としては、精神科病院の9割が民間病院であるため政策転換ができにくかったこと、地域社会資源の開発が遅れて退所・退院後の「受け皿」が不足していたこと、施設か在宅（親・家族介護）かの二者択一を迫られた親・家族が「親亡き後」のことを考えて「一生お世話になれる」施設・病院入所を望んだこと……などの理由がこれまで何度も指摘されてきた。これらは半ば福祉業界では「常識」となっている事実である。関係者の多くが「わかっている」事実なのに、なぜ事態が改善されなかったのか。それは、障害者への国の関与・姿勢があまりにも消極的であり、民間任せであったからだ。少なくとも、障害者の地域移行や地域自立生活が「権利」として保障されていない、という実情がある。これは、自立支援法の「目的」を記載した第一条にも明確に現れている。

　「この法律は、（中略）障害者及び障害児がその有する能力及び適性に応じ、自立した日常生活又は社会生活を営むことができるよう、必要な障害福祉サービスに係る給付その他の支援を行い、もって障害者及び障害児の福祉の増進を図るとともに、障害の有無にかかわらず国民が相互に人格と個性を尊重し安心して暮らすことのできる地域社会の実現に寄与することを目的とする」

この中で「その有する能力及び適性に応じ」という表記について、障害当事者の側からは「障害児の分離教育を進める際に使われてきた表現です。では障害者自立支援法は、地域から隔離を目指しているのでしょうか。本来ならばこの障害者自立支援法で、障害者が地域で生きる権利を保障すべきなのです」といった訴えがなされている[9]。またその人がどんな「能力及び適性」を「有する」のか、を判断し、それに「応じ」た「支援を行」うのは専門家であり、この点でも障害当事者が地域で暮らす「サービス受給権」が制約さ

れていると言える。

　こういった「サービス受給権」が明確に保障されない状態では、「普遍的支援」であれ「個別支援」であれ、「積極的な平等保障」は望むことができず、また国や自治体による「予算上の免責」も許されてしまう。これは、障害者が入所施設ではなく地域で自分らしく暮らす権利（サービス受給権）をもっている、ということを明記した法律がない故に出てくる問題である。一方、アメリカのＡＤＡやスウェーデンのＬＳＳは地域で障害者が暮らすことを権利として保障する法律であり、一定のサービス受給権も付与している法律である、ということは、これまでに見てきたとおりである。

　アメリカやスウェーデンだけでなく、40カ国以上で障害者への差別を禁止し、権利を保障する法律が制定されている。また、2006年12月には障害者への差別を禁じ、社会参加の促進を謳う人権条約である「障害者の権利条約」が国連総会で採択され、2007年9月28日には日本政府も署名した。わが国においても、条約批准後は何らかの障害者への差別を禁じ、権利を保障する法律の制定が必要となってくる。また、千葉県などでは国に先行して、障害者差別をなくすための条例が成立した（野沢、2007）。そんな中にあって、障害者の地域移行や地域自立生活支援を進めていく際には、予算上の免責を認めず、普遍的支援と個別支援に関しては積極的な平等保障ができるよう、障害者の「サービス受給権」を保障する法律がまず必要とされている。この法律が障害者の「権利形成・獲得」の核となれば、裁判によって現に施設入所・入院を強いられている多くの障害者の「権利救済」につながる可能性が高い。日本における障害者の地域移行を考える際、権利擁護上の課題点を超える突破口が、障害者の権利を保障する「権利形成・獲得」「権利救済」戦略の内容を盛り込んだ、「障害者差別禁止法」の国内レベルでの制定である、と言えるだろう。

おわりに

　筆者は2004年夏、障害者の権利条約制定に向けた議論が進むニューヨークの国連本部議事場の現場で、議論の一端を傍聴したことがある。その際、世界各国の代表がその内容について議論しているだけでなく、障害者団体の世界組織代表が、各国代表と同じように発言権を認められていた。その際、障害者団体の代表は、必ず次の合い言葉を最初に述べてから、議論を始めていた。

　「Nothing about us without us.（私たち抜きで私たちのことは何も決めるな）」

　障害者の地域移行を考える際、まずは当事者の意見や希望に基づいた政策であるべきだ。これは当然の前提である。だが、これまで見てきたとおり、わが国における地域移行の局面では、このごく当然であるはずのことができてない、つまり権利侵害状態が続いてきた。一方アメリカやスウェーデンの例からは、ＡＤＡやＬＳＳという障害者の権利を保障する法律が実体的に機能しており、それが本人の意向に基づく地域移行の実現に大きな役割を果たしている、ということも明らかになってきた。

　今後、本章の整理のなかで明らかになった問題点を超えるためにも、障害当事者のサービス受給権を保障する、ＡＤＡやＬＳＳの日本版とも言える差別禁止法が求められる。また、その法律が作られる過程では、自立支援法制定時にはほとんど考慮されなかった障害当事者の声に、国が真摯に耳を傾けることが求められている。障害当事者が参画して障害当事者のことを決めるなかで、これまで述べてきた地域移行における権利擁護上の課題の解決への第一歩が始まる、そう筆者は期待している。

注

1) 秋元の整理する権利擁護の第三の側面であるセルフアドボカシーも大変重要な要素であるが、本報告では主に法律や制度問題から地域移行と権利擁護について考察するため、秋元の分類の第一「権利救済」と第二「事前予防」の側面に限定して議論することとする。なお、地域移行とセルフアドボカシーについては、竹端（2007a）でも論じている。
2) このセミナーは、2004 年 8 月、国連障害者権利条約の第 4 回特別委員会の時期に合わせて、ニューヨークの国連本部の近くで開かれた。日本のＮＧＯ団体「ＬＡＤＤ　障害をもつ人の権利」が主催し、ＤＰＩ日本会議や日本障害者リハビリテーション協会はじめ日本の様々な障害ＮＧＯ、そしてＰＩＬＣＯＰ（フィラデルフィア公益法律事務所）や Equip for Equality を始めとしたアメリカの権利擁護組織、障害ＮＧＯなどが参加・協力して行われたものである。
3) 第 30 回社会保障審議会障害者部会資料 2-1「障害福祉サービスの基盤整備について」P12
(http://www.wam.go.jp/wamappl/bb11GS20.nsf/0/d17b0181e18668a549257111002b9ccf/$FILE/siryou2,3_all.pdf, 2006.2.28)
4) 第 29 回社会保障審議会障害者部会　資料 3-1「新しい事業体型について」P21
(http://www.wam.go.jp/wamappl/bb11GS20.nsf/0/ff371f45ecf6ed03492570d0000d22f1/$FILE/3-1_2.pdf, 2006.2.28)
5) 第 29 回社会保障審議会障害者部会 小板・長尾各委員の提出資料。
(http://www.j-hp.net/pdf/05/syahosin-syougaisya-051205-3.pdf, 2006.2.28)
6) 2006 年 8 月 23 日付毎日新聞。
7) 2006 年 8 月 19 日付読売新聞。[解説] 精神科病院に「退院支援施設」。
(http://www.yomiuri.co.jp/iryou/news/iryou_news/20060819ik02.htm, 2007.9.30)
8) この方針転換に関する分析の詳細は竹端（2005）を参照。
9) 「障害者の地域生活確立の実現を求める全国大行動」実行委員会 2005「障害者自立支援法論点整理表（5/15 版）」による。
(http://www.j-il.jp/jil.files/daikoudou/siryou/ronten.html, 2006.2.28)

参考文献

秋元美世（2004）「権利擁護における支援と自律」『社会政策研究』4,26-50.
河東田博、（1996）「ノーマライゼーション理念の法的具体化をめざしたスウェーデン

のＬＳＳ」『四国学院論集』91, 199-214.
河東田博、(2002)「ＬＳＳ」佐藤久夫・北野誠一・三田優子編『障害者と地域生活』中央法規出版 30-31.
北野誠一、(2000)「アメリカにおける重度障害者が地域で暮らす権利──ＡＤＡに基づく裁判例の検討」『ノーマライゼーション　障害者の福祉』20 (226), 48-53.
北野誠一、(2002a)「権利擁護」佐藤久夫・北野誠一・三田優子編著『福祉キーワードシリーズ　障害者と地域生活』中央法規、20-23.
北野誠一、(2002b)「社会サービスの権利」河野正輝・関川芳孝編『講座　障害をもつ人の人権1　権利保障のシステム』有斐閣、182-195.
香田真希子、(2004)「社会的入院者の退院支援にＡＣＴモデルから活用できること」『ＯＴジャーナル』38（12), 1097-1101.
野沢和弘、(2007)『条例のある街──障害のある人もない人も暮らしやすい時代に』ぶどう社。
関川芳孝、(2003)「障害者をめぐる機会平等の理念と実践」定藤丈弘・佐藤久夫・北野誠一編『現代の障害者福祉［改訂版］』有斐閣、85-111.
杉田穏子・竹端寛・朝田千恵、(2004)「知的障害者における地域生活支援システムに関する実態と課題」厚生労働科学研究『障害者障害当事者支援の在り方と地域生活支援システムに関する研究』班　平成15年度総括研究報告書、112-122.
竹端寛、(2004)「スウェーデンではノーマライゼーションがどこまで浸透したか？」平成15年度厚生労働科学研究障害保健福祉総合研究推進事業日障害当事者研究者派遣報告書（http://www.dinf.ne.jp/doc/japanese/resource/other/takebata.html, 2006.2.28）
竹端寛、(2005)「日本における精神保健福祉政策形成過程の現状と課題─『グランドデザイン案』形成過程分析を基に─」『立教社会福祉研究』24, 13-22
竹端寛、(2006a)「カリフォルニア州における精神障害者への権利擁護の実状（上）」『季刊福祉労働』110 号、142-147.
竹端寛、(2006b)「カリフォルニア州における精神障害者への権利擁護の実状（下）──情報公開で隔離・拘束が減った！」『季刊福祉労働』111 号、157-162.
竹端寛、(2007a)「『交流会』の意義とその検証」『長野県西駒郷の地域移行評価・検証に関する研究事業報告書』
竹端寛、(2007b)「『入院者の声』による捉え直し──精神科医療と権利擁護」横須賀俊司・松岡克尚編著『支援の障害学に向けて』現代書館、70-100.
武井満、(2004)「触法精神障害者の現状と司法精神障害者対策」保健医療科学 53 (1), 36-44.
二文字理明、(2002)「障害者──ノーマライゼーション思想の成熟」二文字理明・伊

藤正純編著『スウェーデンにみる個性重視社会』桜井書店、103-122.
The Bazelon Center for Mental Health Law. (2004). *California Settlement Takes First Step Toward Olmstead Compliance* (http://www.bazelon.org/newsroom/archive/2004/1-5-04davis_settlement.htm, 2006.2.28)
Coalition of Californians for Olmstead. (2004). *What Is Happening in California to Implement Olmstead?* (http://www.pai-ca.org/coco/WhatsHappening.pdf, 2006.2.28)
European Coalition for Community Living. (2003). *Included in Society* (http://www.inclusion-europe.org/documents/1471.pdf, 2006.2.28)
Kitchener, Martin., Willmott, M., Alameida, M. and Harrington,C., (2005). *Home and Community-Based Services: Introduction to Olmstead Lawsuits and Olmstead Plans* UCSF National Center for Personal Assistance Services.
(http://www.pascenter.org/olmstead, 2006.2.28)
Protection & Advocacy, Inc. (2005). *Fiscal Year 2004 Annual Report.*
(http://www.pai-ca.org/NEWSLTRS/Issue90/ISSUE90AR.pdf, 2006.2.28)
Scheffer, Richard and Adams, N, (2005). "Millonaires And Mental Health: Proposition 63 In California", *Health Affairs*, Jan-Jun, W5-212-224.
U.S. Department of Justice Civil Rights Division. (1998). *Investigation of Laguna Honda Hospital (California).*
(http://www.usdoj.gov/crt/split/documents/laguna_honda_98_finding.pdf, 2006.2.28)

終章　日本での障害者の地域移行を促進させるための課題

河東田博・杉田穏子・孫良・朝田千恵
麦倉泰子・鈴木良・竹端寛・遠藤美貴
蜂谷俊隆・三宅亜津子・大多賀政昭
赤塚光子・浅井春夫

第1節　本研究で検討してきたこと

　本研究は、次の3点を明らかにするために、オーストラリア、ノルウェー、オランダといった福祉先進国の地域移行（脱施設化）・地域生活支援の取り組みとわが国の地域移行・地域生活支援の取り組みとを比較しながら、国際的な視点で研究がなされた。

(1) 障害当事者が入所施設を出てグループホーム等の地域の住まいに移行するための、地域移行政策や居住の場に関する制度のあり方および運営方法を明らかにする。
(2) 障害当事者が入所施設から地域へ移行する際に、混乱をきたさないようにするための移行方法と支援（特に個別支援プログラム）のあり方を明らかにする。
(3) 障害当事者が入所施設からグループホーム等の地域の住まいに移行した後に、地域に定着し、地域住民として生活していくために必要な地域生活支援システムを明らかにする。

　オーストラリア、ノルウェー、オランダにおける地域移行と地域生活支援に関する研究からは、各国における地域移行プロセスの課題点や地域生活支援の課題が浮かび上がってきた。また、わが国の知的障害者・身体障害者

の地域移行研究からは、入所施設の構造的問題や、他者（支援者）管理から自己（障害当事者）管理へのパラダイム変換期の支援の難しさ、あるいは職員の意識改革の問題などが整理された。さらに、海外の実践とわが国の実践とを比較してみると、法や制度政策だけでなく、その社会の価値観や人間観、イデオロギーなどが、地域移行プロセスに大きな影響を与えていることもわかってきた。

　なお、私たちの研究内容は、国や障害、制度の違いを超えて、次の四つの検討課題も論点として浮上してきた（図1参照）。

論点1： 移行時に求められる障害当事者支援と地域生活支援システムとはどのようなものか？
論点2： 入所施設はどういう構造的問題をもっているか？
論点3： 地域移行後の地域自立生活において
　　　3－1　グループホームや日中活動の場が「ミニ施設化」しないための条件は何か？
　　　3－2　地域移行後の障害当事者（支援者・制度・親・家族・地域）の課題はどのようなものか？
論点4： わが国における「入所施設必要論」「地域の反対運動」等、地域移行プロセスに、影響を与えている法律や制度・政策、社会的な価値観、人間観、イデオロギーはどのようなものか？

　これらの論点を具体的に分析するために、本書でこれまで示してきたデータを基に、入所施設、地域移行、地域自立生活の三つに分け、それぞれのミクロ、メゾ、マクロレベルでの問題点や課題を整理すると、次節のようになる。なお、次節の表1の中で（　）で示されている数字は、本書のどの章で明らかになった内容かを示すものである。例えば、(6)ならば本書第6章の記述を指す。

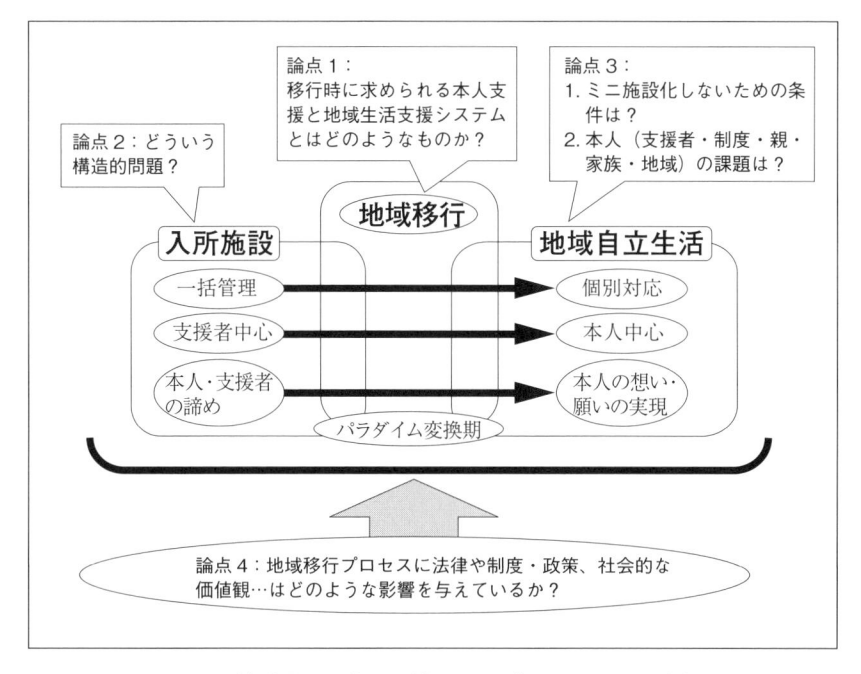

図1 検討課題の整理の結果浮かび上った四つの論点

第2節　地域移行に関する課題整理

1. 入所施設

(1) ミクロレベル

　現在地域移行を支援している職員からは、以前行っていた入所施設での集団・管理的な処遇の誤りに気づく職員もいた (5-1)。また、障害当事者からは入所施設内での規則に対する強い不満が語られていた (5-1)。そのほかにも、施設職員の人手が足りない現状では、ＡＤＬの支援に集中せざるを得ず、職員とゆっくり話をすることができないことに利用者から強い不満の声も聞かされていた (5-2)。さらには、オーストラリア調査からは、施設では安心感をもつことができず、自分を守るために攻撃・問題行動を起こしていた可

表1 本調査研究から明らかになった地域移行に関連する課題整理

	入所施設	地域移行	地域生活支援
マクロ	①施設への入所の理由として、家族介護の負担の限界や、貧困な地域資源を挙げる利用者がほとんどだった(5-2)。②社会復帰施設等の設置については、社会的偏見がなお強く、地域住民からの反対運動が多く、病院の近くや敷地内に作らざるを得なかったことがある(6)。	①施設入所が「不必要」「真に必要」を判断するのが障害当事者でなく専門家であることによる「サービス受給権の制約」がある(6)。②地域との関わりについては、問題行動を起こす人は施設に戻されたり、地域には本人への偏見も残っているものの、本人と関わりある入所施設のパート職員、家主、店の人には受け入れられている部分もある(5-1)。	①障害者自立支援法では、「予算上の制約」に基づき、地域移行や地域自立生活支援に関する事実上の免責事態を自治体がとる可能性がある(6)。②痰の吸引・経管栄養・精神疾患などの医療ニーズをもつ人の地域生活支援体制が不十分(2,5-2)。③偏見や臆測に基づいた障害者の「排除」がないよう、「あらゆる社会活動へ参加する機会を権利として保障」するための施策に国・自治体が主体的に関わってこなかった(6)。
メゾ	①施設内自治会に対する信頼や参加の度合い、利用者の中での位置づけが曖昧である(5-2)。②起床・就寝の時間の決まりは、利用者のためというよりも、職員の勤務上の都合であった。また、攻撃的な行動障害がある利用者に対しては、罰として隔離部屋に閉じ込めるなど非人間的な扱いをしていたこともあった(2)。	①トップダウン方式で実行され、利用者や家族は施設の解体・閉鎖の意思決定には十分参加できず、利用者や家族に対する説明も不十分だった(2)。②地域移行に関する情報を事前に入手する時間がなく、移行当初、個々の利用者にどのように対応すればよいか迷い、十分に対応しきれなかったケースが少なくなかった(2)。	①入所施設や精神病院の「施設内(敷地内)」住宅を認める方向で動いており、またそれらの住宅では個別支援と逆行する集団一括処遇である「ミニ施設化」が各地で展開する可能性が高い(6)。②グループホームにおいては、ある程度の自由度は認められながらも集団・管理的処遇がなされている場合もあった(5-1)。
ミクロ	①施設での集団・管理的な処遇の誤りに気づく職員もいた(5-1)。②本人からは規則に対する強い不満が語られる(5-1)。③職員の人手が足りず、ADL援助に集中せざるを得ず、ゆっくり話をすることができないことに利用者から強い不満の声(5-2)。④施設では安心感をもつことができず、自分を守るために攻撃・問題行動を起こしていた可能性がある(2)。	①移行者、移行時期、共同生活者、移行場所の決定は実質的には職員であった。多くの本人にとって地域移行は喜びだった一方、最初は不安だが後に地域のほうが良いと意識の変わる人もいた(5-1)。②新しい生活に慣れるのに時間がかかり、不安が強くなって、職員や同居者に暴力を振るうなどの問題行動を起こし始めた利用者もいた(2)。	①地域生活における日中活動に関して、選択肢が少なく、職員の器量と能力によって、利用者の日中活動のバリエーションが異なる(2)。②職員以外の友人・地域住民との関係を作るチャンスが少ない(2)。③ある程度の「他者管理」に対して、本人たちは不満と共にあきらめの気持ちをもっていた(5-1)。④アパート生活者は、グループホームの暮らしから抜け出した解放感が語られた(5-1)。

能性があることも指摘されていた (2)。

(2) メゾレベル

入所施設内に自治会があっても、信頼や参加の度合い、利用者の中での位置づけが曖昧であった (5-2)。また、起床・就寝の時間の決まりは、利用者

のためというよりも、職員の勤務上の都合であった。また、攻撃的な行動障害がある利用者に対しては、罰として隔離部屋に閉じ込めるなど非人間的な扱いをしていたこともあった (2)、という報告も見られた。

(3) マクロレベル

入所施設への入所の理由として、親・家族介護の負担の限界や、貧困な地域資源を挙げる利用者がほとんどであり (5-2)、自ら好んで、という答えはほとんどなかった。また、社会復帰施設等の設置については、社会的偏見がなお強く、地域住民からの反対運動が多く、病院の近くや敷地内につくらざるを得なかった (6)、という歴史的背景も見られた。

2. 地域移行

(1) ミクロレベル

調査の中からは、移行者、移行時期、共同生活者、移行場所の決定は実質的には職員であることがわかってきた。多くの障害当事者にとって地域移行は喜びだった。しかし、最初は不安だが後に地域のほうが良いと意識の変わる人もいた (5-1)。またこの不安に関しては、新しい生活に慣れるのに時間がかかり、不安が強くなって、職員や同居者に暴力を振るうなどの問題行動を起こし始めた利用者もいた (2)。

(2) メゾレベル

地域移行がトップダウン方式で実行されたオーストラリアやノルウェーでは、利用者や親・家族は施設の解体・閉鎖の意思決定には十分参加できず、利用者や親・家族に対する説明も不十分だったことが報告されている (2)。また、利用者に関する情報を事前に入手する時間がなく、移行当初、個々の利用者にどのように対応すればよいか迷い、十分に対応しきれなかったケースが少なからず見られた (2)。

(3) マクロレベル

　地域移行を進める上で、施設入所が「不必要」か「真に必要」かを専門家が判断することによって、そもそも地域移行そのものの対象から外されてしまう人も出てくるという意味で、「サービス受給権の制約」があることが明らかになった（6）。また、地域との関わりについては、問題行動を起こす人は施設に戻されたり、障害当事者と関わりある人（例えば、入所施設のパート職員、家主、店の人など）が地域にいることによって地域に溶け込んでいくなど、様々な人と人との関わり合いが見られていた（5-1）。

3. 地域生活支援
　(1) ミクロレベル

　地域移行を果たした後の地域生活において、日中活動での選択肢が少なく、職員の器量と能力によって、利用者の日中活動のバリエーションが異なっていることや、障害当事者が職員以外の友人・地域住民との関係をつくるチャンスが少ないことも明らかになった（2）。そして、地域移行後も続くある程度の「他者管理」に対して、障害当事者たちは不満とともにあきらめの気持ちをもっていた（5-1）。その一方、アパート生活者は、グループホームの暮らしから抜け出した解放感を語っていた（5-1）。

　(2) メゾレベル

　既に地域移行が進んでいる地域でも、グループホームにおいては、ある程度の自由度は認めながらも集団・管理的処遇がなされている場合もあった（5-1）。また、2006年4月から日本で施行された障害者自立支援法の中では、入所施設や精神病院の「施設内（敷地内）」に"地域移行ホーム"と名付けた施設内住宅を認める方向で動いている。またそれらの住宅では10～30人規模の定員が認められており、個別支援と逆行する集団一括処遇である「ミニ施設化」が各地で展開する可能性が高くなるのではないかと懸念された（6）。

(3) マクロレベル

障害者自立支援法では、「予算上の制約」に基づき、地域移行や地域自立生活支援に関する事実上の免責事態を自治体がとる可能性があり、地域生活支援のサービスが十分に供給されない可能性がある（6）。また、身体障害や知的障害だけでなく、痰の吸引・経管栄養・精神疾患などの医療ニーズを併せもつ人の地域生活支援体制が不十分（2）（5-2）であることも明らかになった。さらに、地域住民の「反対運動」などの背景には、偏見や憶測に基づいた障害者の「排除」がないよう、「あらゆる社会活動へ参加する機会を権利として保障」するための施策を国・自治体が十分に用意せず、疎かにしてきた（6）ことも挙げられる。

第3節　課題を乗り越えるための提案

上述の地域移行における様々な課題を乗り越えるためには、どのような方策が必要であろうか。以下では、その具体的提案を行うために、先の【入所施設・地域移行・地域生活支援】における【メゾ・ミクロ・マクロ】という九つの各項目に関して、本研究から浮かび上がった課題に対応させた課題解決のための提案を表2のように整理した。

1. 入所施設
（1）ミクロレベル

地域移行を進めるために、入所施設職員は地域移行への積極的関心をもって、障害当事者の想いや願いをじっくり聞き、必要な情報提供や支援をすることが大前提となってくる。また、地域移行を果たすまでの入所者への日常生活の質を向上させるためにも、日課や規則に縛られた集団処遇ではなく個別支援を充実させ、ハード面でも個室／プライバシーやバリアフリー環境を十分に保障することが求められている。

表2 地域移行に関する課題を乗り越えるための提案

	入所施設	地域移行	地域生活支援
マクロ	①行政が施設閉鎖のための期限をつけた具体的な数値目標及び計画を法制度に明記し、入所施設中心の予算構造から地域生活支援中心の予算構造へと転換し、②地域住民及び国民一般が、障害の有無・程度に関係なく本人を地域で住まう人として受け入れられる人間観・社会観をもてるよう、国や自治体が積極的な啓発活動をする。	①どんなに重い障害のある人であっても地域移行や地域自立生活に関する「サービス受給権」を保障し、②障害のある人が地域移行をするにあたって、反対運動が起きるような大規模施設ではなく、小規模な住まいや日中活動の場を各地につくっていく。	①行政は居住・日中活動・余暇活動の場や内容を質的にも量的にも十分に整備し、本人の生活を経済的に保障するための方策を実施し、医療ニーズや行動障害のある本人が安心して地域で生活することが可能な支援体制を整備し、②地域住民及び国民一般が障害者を「排除」することのないよう、差別禁止法（国）や差別禁止条例（自治体）を制定する。
メゾ	①施設内自治会を強化し、理事会や評議会が障害者本人が中心となって行われ、②施設の日課やスケジュールも職員中心のものから、本人中心のものに変えていく（意思決定構造における当事者中心主義）。	①地域行政プロセスに関わる事柄を決める場に障害当事者が参加・参画出来るような仕組みをつくり、②家族も地域移行に理解・協力できるように十分な説明を行い、③施設職員と移行先の職員あるいは世話人が円滑な地域移行を実現するために情報交換を充分に行う。	①地域生活者のSelf Advocacyの場（当事者会）を支援すると共に、②グループホームや日中活動の場が「ミニ施設化」しないように、障害のある人が利用する場所における意思決定構造を職員中心から本人中心の民主的な意思決定構造に変えていく。
ミクロ	①施設職員は地域移行への積極的関心をもって、本人の想いや願いをじっくり聞き、必要な情報提供や支援をするとともに、②日課や規則のない生活をつくり、③集団処遇ではなく個別支援を実施し、④個室／プライバシーやバリアフリー環境を十分に保障する。	①地域移行支援職員は、本人が地域生活のイメージをもてるように、十分に説明・見学・体験の機会を提供し、②本人の想いや願いが実現できる居住場所・仕事・共同入居者・サービス提供組織を探し、③移行期での本人の心理的負担を最小限にするために、移行準備期間や支援体制を十分にとる。	①本人の想いや願いが実現できるような日中活動や住居の選択肢を増やし、②友人や地域の人との関わりが増えるような支援を行い、③集団処遇ではなく個別支援を実施し、④個室／プライバシーやバリアフリー環境を十分に保障する。⑤また本人中心の支援ができるような支援者教育も行う。

(2) メゾレベル

地域で自分らしい暮らしをして行くためには、まず障害当事者が発言する機会を施設入所の間から、十分につけていくことが必要である。そのため、施設内自治会を強化し、理事会や評議会を障害当事者が中心となって行っていくことが大切になってくる。そして、施設の日課やスケジュールも職員中心のものから、障害当事者中心のものに変えていくことが必要となる。この

ように、施設生活であっても、意思決定構造における障害当事者中心主義を徹底させていくことが、地域移行の準備段階で求められている。

　(3) マクロレベル

　ミクロレベルやメゾレベルの現場レベルの対応ができても、国としての「施設閉鎖」「地域移行計画」策定という国家レベルの戦略が求められている。ノルウェーなどで見られたように、期限を設けた具体的な地域移行計画の数値目標及び計画を法制度に明記する必要がある。その際、自立支援法の障害福祉計画に示された5年間で1割、という地域移行計画が果たして諸外国の実践と比較したとき妥当なのか、低すぎることはないのかの検討も、障害当事者が参画した審議会等の場で議論される必要がある。また、地域移行計画を円滑に進めるためには、入所施設中心の予算構造から地域生活支援中心の予算構造への転換が必須であろう。そして、地域住民及び国民一般が、障害の有無・程度に関係なく障害当事者を地域で住まう人として受け入れる人間観・社会観がもてるよう、国や自治体が積極的な啓発活動をすることが必要となる。

　2. 地域移行
　(1) ミクロレベル

　地域移行に関わる職員は、障害当事者が地域生活のイメージをもてるように、十分に説明・見学・体験の機会を提供するとともに、障害当事者の想いや願いが実現できる居住場所・仕事・共同入居者・サービス提供組織を障害当事者と共に探し、なければ地域の諸機関と協働してつくり上げていくことが求められている。また、長年の施設入所でその場に慣れてしまっている障害当事者に対しては、移行期での不安や心理的負担を最小限にするために、移行準備期間や支援体制を十分にとることも必要となる。

(2) メゾレベル

　引越す直前になって障害当事者に引越しを告げるなどのことがないように、まずは地域移行プロセスに関わる事柄を決める場に障害当事者が参加・参画できるような仕組みをつくり、障害当事者が納得して地域に移行していくように支援することが大切である。また、地域移行に不安やとまどいを感じがちな障害者の親・家族に対しては、地域移行に理解や協力ができるように十分な説明を行うことも必要である。さらには、入所施設職員と移行先の職員あるいは世話人が緊密な情報交換を行うことによって、移行期の障害当事者の支援を円滑に行えるような支援体制の構築も求められている。

(3) マクロレベル

　ノルウェーやオーストラリアなどでは、強度行動障害や医療的ケアをともなう、重い障害のある人であっても地域移行を果たしていた。オランダやわが国においても、専門家が「この人は地域移行が無理だ」と勝手に決めつけることなく、地域移行や地域自立生活に関する「サービス受給権」を、どんなに重い障害のある人にも制度・政策的に保障することが求められている。また、地域住民の反対運動は、一定規模の障害者集団がいる、わかりやすい（目につく）大規模施設が多い。地域住民に対する普及啓発を自治体が行うことも大切だが、地域での拠点をつくる際には、自治体の支援を受けながら、地域の中でごくありふれた一軒家やアパートの一室など、小規模な住まいや日中活動の場を各地につくっていくことが必要であろう。

4. 地域生活支援

(1) ミクロレベル

　地域生活が集団一括管理的なものにならないためには、まずは障害当事者の想いや願いが実現できるような日中活動や住居の選択肢の数を増やすことが大切である。その上で、個別支援を充実させ、友人や地域の人との関わり

が増えるような支援を行い、個室／プライバシーやバリアフリー環境を十分に保障することが求められてくる。またこういった障害当事者中心の支援ができるよう、支援者への支援の在り方に関する現任者教育も必要となってくるであろう。

　(2) メゾレベル

　地域で暮らす障害当事者が、お互いの苦労や悩み、困っていることなどを分かち合い、自分たちで声を上げていくためのセルフアドボカシー（Self-advocacy）の場（当事者会）が各地で立ち上がっていくことが大切である。また、これらの会を行うために、求められる支援を積極的に行う必要がある。そして、グループホームや日中活動の場が「ミニ施設化」しないように、障害のある人が利用する場所における意思決定構造に関しては、職員が主導的になっている状況から、障害当事者が参加・参画する場で、障害当事者の意向に基づきながら決める、という民主的な意思決定構造に変えていくことが重要であろう。

　(3) マクロレベル

　国や自治体に求められることは、どんなに重い障害のある人でも地域で安心して生活ができるよう、居住・日中活動・余暇活動の場や内容を質的にも量的にも十分に整備することである。また、その際、生活を経済的に保障するための所得保障の向上も課題であろう。そして、医療ニーズや行動障害のある人であっても安心して地域で生活することが可能な支援体制の整備も喫緊の課題である。こういったサービス提供の充実と共に、地域住民及び国民一般が障害者を「排除」することのないよう、差別禁止法（国）や差別禁止条例（自治体）を制定する、ということも一方で求められている。

第 4 節　四つの結論

上述の整理を、先の四つの論点毎にまとめると、次のようになる。

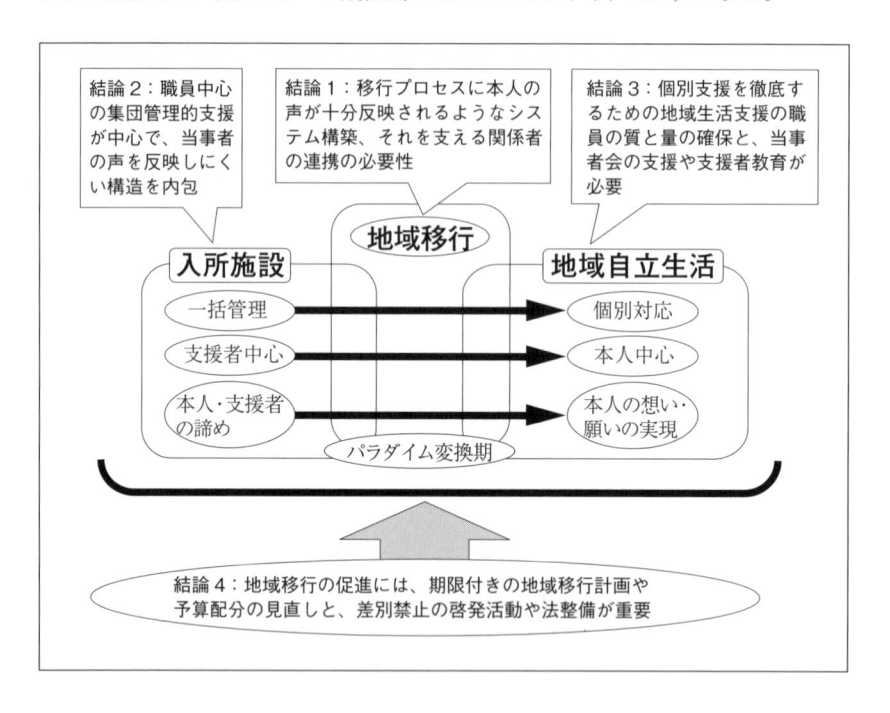

```
┌─────────────────────────────────────────────────────────────┐
│ 結論2：職員中心      結論1：移行プロセスに本人の    結論3：個別支援を徹底す │
│ の集団管理的支援      声が十分反映されるようなシス    るための地域生活支援の職│
│ が中心で、当事者      テム構築、それを支える関係者    員の質と量の確保と、当事│
│ の声を反映しにく      の連携の必要性                者会の支援や支援者教育が│
│ い構造を内包                                       必要                  │
│                          地域移行                                        │
│    入所施設                                 地域自立生活                 │
│      一括管理       ───────▶    個別対応                              │
│      支援者中心     ───────▶    本人中心                              │
│      本人・支援者   ───────▶    本人の想い・                          │
│      の諦め                      願いの実現                             │
│                     パラダイム変換期                                    │
│                                                                         │
│          ⬆                                                              │
│    結論4：地域移行の促進には、期限付きの地域移行計画や                   │
│    予算配分の見直しと、差別禁止の啓発活動や法整備が重要                 │
└─────────────────────────────────────────────────────────────┘
```

図2　本研究から導き出された四つの結論

結論1：地域移行時に求められるのは、障害当事者の想いや願いに基づいた移行となるよう、そのプロセスに障害当事者の声が十分反映されるようなシステム構築が必要である。また、障害当事者と親・家族、施設職員、移行先の職員が連携し、安心して地域移行できるような支援体制をつくる必要がある。

結論2：入所施設は障害当事者ではなく職員中心の集団管理的支援が中心で、入所者の声は反映されず、安心感ももてず、居住の場としては様々

な問題を構造的に内包している。
結論3：地域移行後の地域自立生活において
　3－1　グループホームや日中活動の場が「ミニ施設化」しないためには、障害当事者の想いや願いに基づいた個別支援が原則とならなければならない。そのため、地域生活支援職員の数を増やし、居住や日中活動の規模を小さくすることが求められる。
　3－2　地域移行後の課題として、障害当事者の集まりである当事者会の開催やその支援、また支援者への再教育などが求められている。
結論4：わが国における地域移行プロセスを促進させるためには、期限をつけたすべての入所施設者の地域移行計画の策定や、それを保障する地域生活支援の予算的な配分が求められる。また、地域住民や国民一般が障害者を施設でなく地域で暮らす人として受け入れられるように（価値観変容のためにも）、国や自治体が啓発活動を主体的に行うとともに、障害者差別禁止の法や条例も求められている。

おわりに

　わが国でも地域移行についてあたり前に論じられるようになり、地域移行の取り組みも見られるようになってきている。しかし、まだ受皿づくりが不十分ななかで、障害者自立支援法の介護保険制度との統合見送りや2006年4月からの利用料等の一部自己負担などは、地域移行のあり方にも影響を与え始めている。わが国の地域移行・脱施設化のモデルとも期待されていた宮城県船形コロニーの解体計画（2010年まで閉鎖）も撤回（2006年2月9日、毎日新聞）されることになった。多くの障害のある人たちが地域にある普通の住宅で暮らし、地域住民と関わりながら生活していくという夢は遠のいてしまったのであろうか。しかし、私たちの夢を形にする作業を止めるわけにはいかない。また、「再施設化」や「ミニ施設化」と呼ばれる地域における集団管理の問題や社会構造的問題にもチャレンジしていかなければならない。
　社会構造的問題は、弱い人たちを狙い、連鎖的に起こってくるからやっかいである。本研究でも明らかにされたが、まず始めに、障害当事者の想いや願いとは別のところで障害者が「望まない（親・家族の都合による）施設入所」や「選択肢のない選択としての施設入所」となって現れてくる。次に、入所施設では「入所施設自体がもつ構造的限界」に直面する。さらに、入所施設がバックアップ施設になることによって生じる問題がある。つまり、入所施設職員の感覚で地域生活支援を継続することの問題である。こうした連鎖が地域生活支援の「再施設化」や「ミニ施設化」をもたらしていくと考えられる。
　では、この社会構造的問題にどう対処していったらよいのであろうか。私たちは、まず第一に、徹底した「個別支援」と「エンパワメント教育」を求めた。これらは、障害当事者、支援者双方に求められるものだが、障害当事

者の想いや願いに基づいて社会支援が行われるようになるためには、私たち支援者、そして、社会のものの見方や価値観を変えることこそが求められている。

　第二に、思い切った脱施設化と地域生活支援と自己決定に基づく個別重視の法制化、障害者差別禁止法の制定などによる社会改革である。これらは、障害の有無に関わらず社会で共に生きていくために必要不可欠な対応策と思われる。こうした対応策が、いつか実を結ぶことを願いたい。

　さて、本研究プロジェクトでは2005年11月3日（木・祝）、東京・立教大学8号館1階〜3階を会場に、「みて、きいて、はなしあおう　元気の出る話：地域移行・本人支援・地域生活東京国際フォーラム」（参加者250人）を開催した。この国際フォーラムには、海外から9人招へいした。海外から招へいした9人の中に知的障害当事者が4人含まれていた。この4人は、スウェーデン・グルンデン協会理事のマーリン・アシュトレーさんとジェーン・ハルビさん、オランダ・LFBオンダリングシュタルク協会所長のウィリアム・ヴェステヴェルさん、地方事務所長のヴィレム・クワッケルさんである。

　スウェーデンやオランダでは、入所施設を解体しているか、その方向に向かっている。地域生活を送る上で必要な住まい・日中活動・余暇支援などの質も非常に高い。両国で質の高い社会政策を実現できるようになったのは、知的障害当事者の働きかけがとても大きかったからだといわれている。なかでもスウェーデンのグルンデン協会とオランダのLFBは、とても大きな役割を果たしてきた。この二つの団体は、知的障害当事者が理事会の理事となり、現場の要職も担っているというところに大きな特徴がある。スウェーデンのグルンデン協会は地方都市の一組織に過ぎないが、知的障害当事者が決定権をもつピープルファーストのような全国組織をつくることになり、代表と事務局を引き受けることになった。オランダのLFBはピープルファース

ト型全国自治組織で、国庫補助金や地方自治体からの補助金を受け、地方支部づくりに精を出している。各地方支部では、ピア・ソーシャルワーカーやピア・サポーターとして知的障害当事者が活躍をしている。この二つの団体が中心となって、ピープルファースト・ヨーロッパもつくろうとしている。

　二つの団体から招へいしたこの 4 人の知的障害当事者たちは、国際フォーラムで、日本の障害をもつ仲間に対して、知的障害当事者が自ら組織の理事や代表になり組織運営や政策決定に参加・参画をしていくことの大切さを強調した。支援者に対しては、知的障害当事者の力を信じ、まかせ、求められたときにだけ必要な支援をすることの大切さを強調していた。また、一緒に来日した 4 人の支援者たちは、心で考え、知的障害当事者と共通の価値観をつくっていくことの大切さを訴えていた。国際フォーラムで海外の招へい者たちから発せられたメッセージを本研究に焼き直せば、今後地域移行（脱施設化）政策や地域生活支援策に欠かせないのは、「障害当事者のエンパワメント」と支援者による「障害当事者へのエンパワメントの視点」であり、障害当事者の「組織運営や政策立案への参加・参画を可能にすること」だということであろう。私たちは今後、この視点を大切に、さらに研究活動を継続し、本当の意味での脱施設化を実現させていかなければならないと思っている。

　本書は、2003年度 -2005年度科学研究費補助金（基礎研究（A）(2)）研究成果報告書「障害者の入所施設から地域の住まいへの移行に関する研究」（研究代表者　河東田博）が基になっている。本調査研究に参加いただいた対象者の方々、対象者選定や連絡調整にあたって下さった知的障害者援護施設Ａの関係者の方々、オランダ・ＬＦＢオンダリングシュタルク、ノルウェー・ボードゥー大学、オーストラリア・クイーンズランド大学、身体障害者療護施設ＡおよびＢ、療護施設自治会全国ネットワーク（前会長・故小峰和守氏他）、全国自立生活センター協議会（中西正司氏他）の施設（旧施設）・法人・機関・

大学等の関係者に心から感謝を申し上げたい。

　また、報告書をまとめるにあたって、2004年6月には宮城県仙台市でセミナーを、2005年11月には先述の東京の他、北海道の各地（札幌等）、大阪・東大阪でも国際フォーラムを開催し、新潟ではピープルファースト全国大会に参加をさせていただいた。各種セミナー、国際フォーラム等でお世話になった皆様、立教大学関係者の皆様、知的障害者援護施設A関係者の皆様、花崎三千子氏を始めとする札幌国際セミナー実行委員会の皆様、クリエイティブハウス・パンジー（大阪）の皆様、「かえる会」の皆様、「わらじの会」（埼玉）の皆様、ピープルファーストジャパン全国事務局や全国大会実行委員会の皆様、そして陰から支えて下さった青木良氏他、大勢の方々に心より御礼を申し上げたい。また、本書の出版を快く引き受けて下さった現代書館社長の菊地泰博氏、細部にわたるまで丁寧な編集を行って下さった編集部の小林律子氏にも御礼を申し上げたい。

　本書が、わが国の今後の障害者福祉のあり方、とりわけ脱施設化・地域移行の指針の一つとなってくれることを願い、結語としたい。なお、本書には、平成19年度（2007年度）科学研究費補助金（研究成果公開促進費）学術図書からの援助をいただいた。心より感謝申し上げる。

2007年11月15日

　　　　　　　　　　　　　　　　　　　　　　編著者代表　河東田 博

❖編著者代表

河東田　博（かとうだ・ひろし）
東京学芸大学教育学部特殊教育学科卒業。ストックホルム教育大学大学院教育学研究科博士課程修了（Ph. D）。1974年から86年まで12年間、東京都の社会福祉施設に勤務。86年から91年まで約5年間、スウェーデンに滞在。脱施設化や自立生活運動、当事者参加・参画に関心をもち、研究を開始。四国学院大学、徳島大学を経て、現在立教大学コミュニティ福祉学部教授。
主な著書に『スウェーデンの知的しょうがい者とノーマライゼーション』（単著）、『ヨーロッパにおける施設解体』（共著）、"A Study on Deinstitutionalization and Community Living of Persons with Intellectual Disabilities."（編著）、『スウェーデンにおける自立生活とパーソナル・アシスタンス』『ノーマライゼーションの原理』『スウェーデンにおける施設解体』（以上、共訳）、『福祉先進国に学ぶしょうがい者政策と当事者参画』（監修）（以上、現代書館）、『知的障害者の「生活の質」に関する日瑞比較研究』（共著、海声社）『障害者と福祉文化』（共著、明石書店）『コミュニティ福祉学入門』（共著、有斐閣）等がある。

福祉先進国における脱施設化と地域生活支援
2007年11月30日　第1版第1刷発行

編著者代表	河東田	博
発　行　者	菊地	泰博
組　　　版	コムツ	一
印　　　刷	平河工業社	（本　文）
	東光印刷所	（カバー）
製　　　本	矢嶋製本	
装　　　幀	若林繁裕	

発行所　株式会社 現代書館　〒102-0072　東京都千代田区飯田橋3-2-5
電話　03(3221)1321　FAX　03(3262)5906
振替　00120-3-83725　http://www.gendaishokan.co.jp/

校正協力・東京出版サービスセンター
©2007 KATODA Hiroshi Printed in Japan ISBN 978-4-7684-3474-1
定価はカバーに表示してあります。落丁本・乱丁本はお取り替えいたします。

本書の一部あるいは全部を無断で利用（コピー）することは、著作権法上の例外を除き禁じられています。但し、視覚障害その他の理由で活字のままでこの本を利用出来ない人のために、営利を目的とする場合を除き、「録音図書」「点字図書」「拡大写本」の製作を認めます。その際は事前に当社まで御連絡ください。また、テキストデータをご希望の方は右下の請求券を当社までお送り下さい。

テキストデータ請求券
福祉先進国における脱施設化と地域生活支援